달인의 랩통 고등한국사

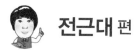

전근대 편

달인의 랩톡 고등한국사 : 전근대편

지은이 이재령
펴낸이 임상진
펴낸곳 (주)넥서스

초판 1쇄 발행 2017년 7월 5일
초판 2쇄 발행 2017년 7월 10일

출판신고 1992년 4월 3일 제311-2002-2호
10880 경기도 파주시 지목로 5
Tel (02)330-5500 Fax (02)330-5555

ISBN 979-11-6165-056-2 53910

시험, 상식, 교양을 위한 랩으로 통암기하는 한국사 청소년 필독서

달인의 랩통 고등한국사

전근대 편

이재령 지음

넥서스

이 책을 펴내며

요즘 '한국사 열풍'이 불었다 해도 과언이 아닙니다. 2017학년도 수능부터 한국사가 필수가 되고, 공무원 및 교원 임용시험, 각 기업의 신규 채용이나 승진 등에서도 한국사능력검정시험 자격증 등 한국사 능력을 필수적인 평가 요소로 제시되고 있습니다. 이렇게 우리 역사에 대한 기본적인 지식과 역사적 사고력을 필수적으로 평가하겠다는 것은 그만큼 역사 교육의 중요성이 대두되고 있다는 뜻입니다.

그래서 '어떻게 하면 재미있게 우리 역사를 공부할 수 있을까?'라는 고민에서부터 출발했던 『랩으로 통암기하는 한국사 교과서』 기본편이 여러분들의 많은 성원에 힘입어 『달인의 랩통 고등한국사』(전근대편/근현대편)로 발전하여 출간하게 되었습니다. 『랩통 한국사 기본편』이 우리 역사의 전체적인 흐름과 중요 역사적인 내용을 스토리텔링식으로 노래했다면, 『달인의 랩통 고등한국사』는 고등학교 교육 과정에 맞추어 더욱 자세한 내용과 시험에 꼭 나오는 역사 용어 중심의 내용을 다양한 장르의 노래에 담았습니다.

또한 본 책은 87개(mp3 파일 30개)의 랩송 외에 본 도서의 내용으로 만든 뮤직 비디오와 동영상 강의가 별도로 판매되고 있습니다. 이들과 함께 본 책을 공부한다면 훨씬 재미있고 알찬 한국사 공부가 될 것입니다.

이 책의 학습법은 총 5단계로 구성되어 있습니다.

먼저 노래를 통해 각 시대의 중요 내용과 흐름을 파악합니다.

두 번째로 다양한 사료와 자료를 통해 세부적인 개념 정리를 하고,

세 번째로 표를 통해 전체적인 내용을 다시 정리했습니다.

네 번째는 스스로 노래 가사를 유추하면서 빈칸을 채워보는 시간을 통해 배운 내용을 확인할 수 있도록 했으며,

마지막 문제 풀이를 통해 재점검하도록 했습니다. 따라서 여러분들은 랩통 5단계 학습법을 통해 고등학교 내신을 물론 수능, 한국사능력시험까지 여러 마리 토끼를 한 번에 잡을 수 있을 거라 확신합니다.

모든 교육은 한 사람이 길을 만들어 갈 때 길잡이 역할을 해주는 것이라고 생각합니다. 그런 면에서 '한국사 교육'은 우리 선조들이 걸어간 길을 통해 여러분들이 "어떤 길을 갈까?" 하는 의구심에 조금이나마 길을 밝혀주기 위한 교육이자 기성세대의 의무입니다. 학교 시험이나 자격증, 대학에 가기 위해 어쩔 수 없이 한국사를 공부하기보다는 우리 역사에 흥미를 느끼고 재미있게 공부하셔서 여러분들의 앞날에 『랩통 고등한국사』가 한국인의 자부심을 갖게 하는 행복한 길잡이 역할을 했으면 좋겠습니다.

저자_이재령

파트별 공부법

STEP 1

- 암기송을 들으면서 스토리와 역사의 흐름을 파악한다.
- 특허로써 시도되는 암기송은 이 랩통이 처음이다.
- 중요 내용에는 부연 설명으로 추가적인 지식 습득과 이해력을 돕는다.

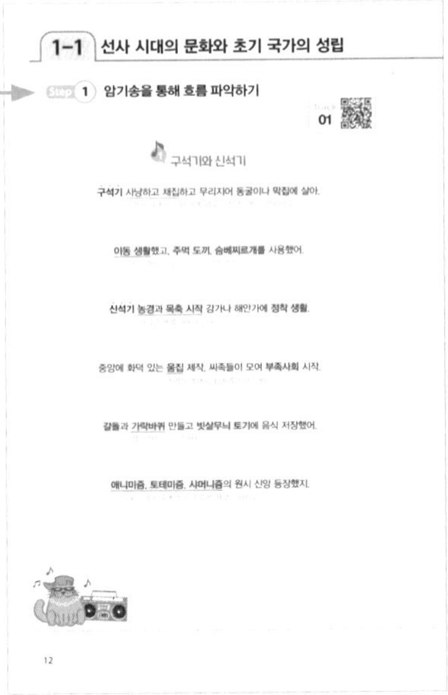
1-1 선사 시대의 문화와 초기 국가의 성립

Step 1 암기송을 통해 흐름 파악하기

01

구석기와 신석기

구석기 사냥하고 채집하고 무리지어 동굴이나 막집에 살아.

이동 생활했고, 주먹 도끼, 슴베찌르개를 사용했어.

신석기 농경과 목축 시작 강가나 해안가에 정착 생활.

중앙에 화덕 있는 움집 제작, 씨족들이 모여 부족사회 시작.

갈돌과 가락바퀴 만들고 빗살무늬 토기에 음식 저장했어.

애니미즘, 토테미즘, 샤머니즘의 원시 신앙 등장했지.

12

STEP 2

- 인과 관계로 풀어쓴 설명을 통해 세부 내용을 파악한다.
- 지도와 사진 등의 시각적 자료와 함께 공부한다.
- 역사적 용어나 어려운 단어는 아래 각주를 통해 확인한다.
- 사료를 통해 각 시대의 상황이나 내포된 의미를 해석한다.

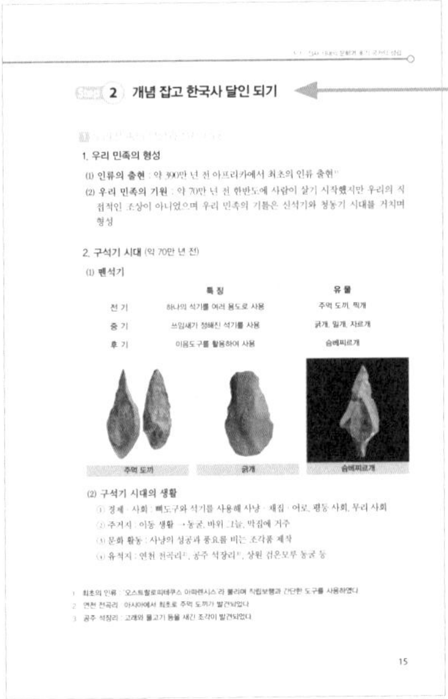
Step 2 개념 잡고 한국사 달인 되기

1. 우리 민족의 형성

(1) 인류의 출현 : 약 390만 년 전 아프리카에서 최초의 인류 출현[1]

(2) 우리 민족의 기원 : 약 70만 년 전 한반도에 사람이 살기 시작했지만 우리의 직접적인 조상이 아니었으며 우리 민족의 기틀은 신석기와 청동기 시대를 거치며 형성

2. 구석기 시대 (약 70만 년 전)

(1) 뗀석기

	특징	유물
전기	하나의 석기를 여러 용도로 사용	주먹 도끼, 찍개
중기	쓰임새가 정해진 석기를 사용	긁개, 밀개, 자르개
후기	이음도구를 활용하여 사용	슴베찌르개

주먹 도끼 / 긁개 / 슴베찌르개

(2) 구석기 시대의 생활

① 경제 · 사회 : 뼈도구와 석기를 사용해 사냥 · 채집 · 어로, 평등 사회, 무리 사회

② 주거지 : 이동 생활 → 동굴, 바위 그늘, 막집에 거주

③ 문화 활동 : 사냥의 성공과 풍요를 비는 조각품 제작

④ 유적지 : 연천 전곡리[2], 공주 석장리[3], 상원 검은모루 동굴 등

1 최초의 인류 : '오스트랄로피테쿠스 아파렌시스'라 불리며 직립보행과 간단한 도구를 사용하였다

2 연천 전곡리 : 아시아에서 최초로 주먹 도끼가 발견되었다

3 공주 석장리 : 고래와 물고기 등을 새긴 조각이 발견되었다

15

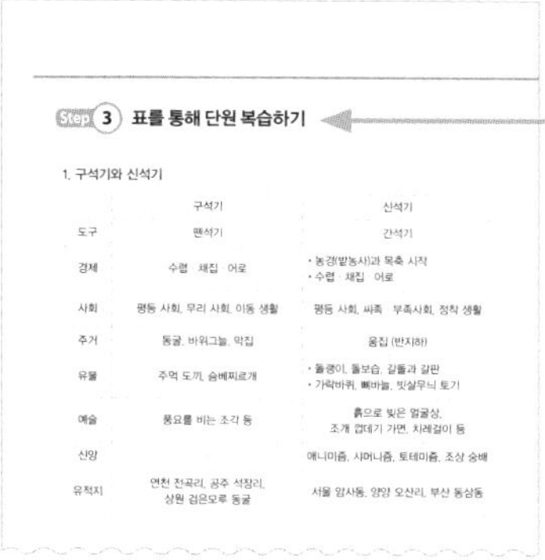

Step 3 표를 통해 단원 복습하기

1. 구석기와 신석기

	구석기	신석기
도구	뗀석기	간석기
경제	수렵 · 채집 · 어로	• 농경(밭농사)과 목축 시작 • 수렵 · 채집 · 어로
사회	평등 사회, 무리 사회, 이동 생활	평등 사회, 씨족 · 부족사회, 정착 생활
주거	동굴, 바위그늘, 막집	움집 (반지하)
유물	주먹 도끼, 슴베찌르개	• 돌괭이, 돌보습, 갈돌과 갈판 • 가락바퀴, 뼈바늘, 빗살무늬 토기
예술	풍요를 비는 조각 등	흙으로 빚은 얼굴상, 조개 껍데기 가면, 치레걸이 등
신앙		애니미즘, 샤머니즘, 토테미즘, 조상 숭배
유적지	연천 전곡리, 공주 석장리, 상원 검은모루 동굴	서울 암사동, 양양 오산리, 부산 동삼동

STEP 3

- 각 부분의 중요 내용은 표를 통해 한 번 더 복습한다.
- 용어만으로도 내포된 뜻과 시대적 배경을 이해할 수 있다.

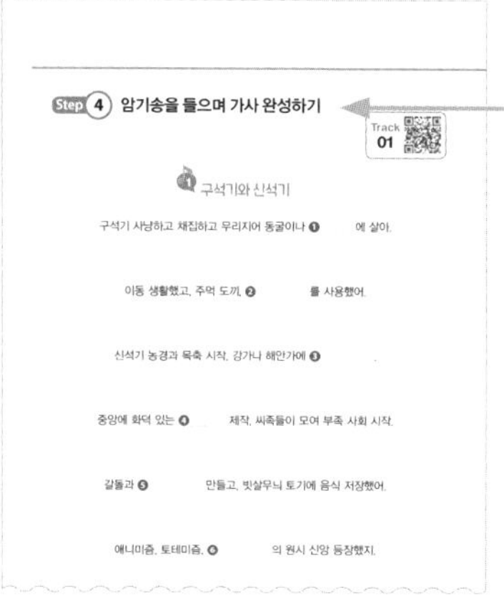

Step 4 암기송을 들으며 가사 완성하기

Track 01

1 구석기와 신석기

구석기 사냥하고 채집하고 무리지어 동굴이나 ❶ 에 살아.

이동 생활했고, 주먹 도끼, ❷ 를 사용했어.

신석기 농경과 목축 시작, 강가나 해안가에 ❸

중앙에 화덕 있는 ❹ 제작, 씨족들이 모여 부족 사회 시작.

갈돌과 ❺ 만들고, 빗살무늬 토기에 음식 저장했어.

애니미즘, 토테미즘, ❻ 의 원시 신앙 등장했지.

STEP 4

- 먼저 암기송을 듣지 않고 기억나는 부분이나 문맥을 유추하여 적어본다.
- 각 소단원의 내용을 확인하고 암기송을 들으며 빈칸을 채운다.
- 틀리는 부분이 있으면 반복적으로 들으며 빈칸을 완성한다.
- 완성된 가사를 암기송과 함께 한 번 더 들으며 암기한다.
- 반주(MR) 음원을 통해 노래를 따라 불러보며 완벽하게 암기한다.(선택)

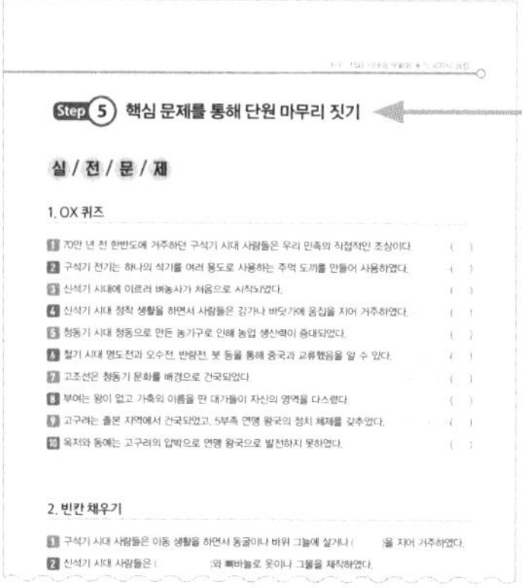

Step 5 핵심 문제를 통해 단원 마무리 짓기

실 / 전 / 문 / 제

1. OX 퀴즈

1 70만 년 전 한반도에 거주하던 구석기 시대 사람들은 우리 민족의 직접적인 조상이다. ( )
2 구석기 전기는 하나의 석기를 여러 용도로 사용하는 주먹 도끼를 만들어 사용하였다. ( )
3 신석기 시대에 이르러 벼농사가 처음으로 시작되었다. ( )
4 신석기 시대 정착 생활을 하면서 사람들은 강가나 바닷가에 움집을 지어 거주하였다. ( )
5 청동기 시대 청동으로 만든 농기구로 인해 농업 생산력이 증대되었다. ( )
6 철기 시대 명도전과 오수전, 반량전, 붓 등을 통해 중국과 교류했음을 알 수 있다. ( )
7 고조선은 청동기 문화를 배경으로 건국되었다. ( )
8 부여는 왕이 없고 가축의 이름을 딴 대가들이 자신의 영역을 다스렸다. ( )
9 고구려는 졸본 지역에서 건국되었고, 5부족 연맹 왕국의 정치 체제를 갖추었다. ( )
10 옥저와 동예는 고구려의 압박으로 연맹 왕국으로 발전하지 못하였다. ( )

2. 빈칸 채우기

1 구석기 시대 사람들은 이동 생활을 하면서 동굴이나 바위 그늘에 살거나 ( )을 지어 거주하였다.
2 신석기 시대 사람들은 ( )와 뼈바늘로 옷이나 그물을 제작하였다.

STEP 5

- 혼동되기 쉬운 문제를 통해 단원 내용을 정확히 숙지했는지 확인한다.
- 틀린 문제나 이해가 안 되는 부분이 있으면 다시 **Step 2**로 돌아가서 학습한다.
- 평소에도 틈틈이 암기송을 듣거나 책을 소지하여 공부한다.

Contents

1 우리 역사의 형성과 고대 국가의 발전

2 고려 귀족 사회의 형성과 변천

3 조선 유교 사회의 성립과 변화

1

우리 역사의 형성과 고대 국가의 발전

1-1 선사 시대의 문화와 초기 국가의 성립

Step 1 암기송을 통해 흐름 파악하기

Track 01

1 구석기와 신석기

구석기 사냥하고 채집하고 무리지어 동굴이나 막집에 살아.
구석기 시대의 주된 경제 활동은 사냥, 채집, 어로이다.

이동 생활했고, 주먹 도끼, 슴베찌르개를 사용했어.
먹을 곳을 찾아 이동하는 무리 사회였다.

신석기 농경과 목축 시작 강가나 해안가에 정착 생활.
'신석기 혁명'이라 부른다.

중앙에 화덕 있는 움집 제작, 씨족들이 모여 부족사회 시작.
반지하 형태로 4~6명이 거주했다.

갈돌과 가락바퀴 만들고 빗살무늬 토기에 음식 저장했어.
실을 만드는 기구이다.

애니미즘, 토테미즘, 샤머니즘의 원시 신앙 등장했지.
이 밖에도 영혼 숭배와 조상 숭배 사상도 나타났다.

2 청동기와 철기

청동기 벼농사가 시작되고, 반달 돌칼로 추수해.

농업 생산력이 증대되면서 계급이 발생하지.

잉여 생산물이 발생하고 사유 재산이 생겨나면서
남녀 분업과 계급이 발생하였다.

고인돌과 비파형 동검, 미송리식 토기, 민무늬 토기 만들어.

고조선의 세력 범위를 짐작할 수 있는 유물이다.

철기에는 철제 농기구로 인해 농업 생산력이 더 발달했고,

세형 동검, 잔무늬 거울 등 청동기도 독자적으로 발전하지.

독무덤을 만들고 명도전과 붓을 통해 중국과 교류했지.

이 밖에도 오수전, 반량전 등이 발견되었다.

3 고조선

청동기 시대 배경으로 기원전 2333년 단군왕검이 고조선을 건국했네.

홍익인간을 건국 이념으로 했던 제정 일치 사회였었네.

"인간세계를 널리 이롭게 한다"는 뜻이다.

이후 위만이 고조선의 왕이 되고 철기 문화를 본격적으로 수용하고,

기원전 2세기경 준왕을 몰아내고 왕이 되었다.

중계 무역으로 이익을 독점했지만,

한과 진 사이에서 무역했다.

한 무제 침입과 지배층의 내분으로 멸망했네.

(구석기 신석기 평등 사회, 청동기 철기 계급 사회)

4 여러 나라의 등장

고조선 멸망 이후 만주와 한반도에 여러 나라들이 등장했네.

부여 왕이 중앙을, 마가·우가·구가·저가들이 **사출도**를 다스리는 5부족 연맹 왕국.

풍습으로는 순장, 제천행사로 12월에 **영고** 열었지.

지배자가 죽었을 때 그 사람의 뒤를 따라 여러 사람을 함께 묻는 장례 풍습이다.

고구려 졸본에서 주몽이 건국 5부족 연맹 왕국,

왕 아래 상가·고추가 등의 대가들이 존재.

그리고 서옥제와 제천행사로 10월에 **동맹** 열었지.

남자가 여자 집에 작은 집을 짓고 살다 아이가 크면 남편 집으로 돌아가는 혼인 제도이다.

옥저와 **동예**는 왕이 없고 **읍군 · 삼로**라는 군장들이 자기 부족을 지배했고,

고구려의 압박받아 연맹 왕국으로 성장하지 못해.

옥저는 민며느리제와 **가족 공동묘**를 만들었고,

여자가 남자 집에서 미리 가서 살다가 결혼하는 제도이다.

동예는 족외혼과 책화, 10월에 **무천** 열었지.

부족의 경계선을 정해두고 만일 침범하면 소나 말 등으로 보상해야 했다.

삼한은 신지 · 읍차라 불리는 군장이 정치를 주관하고,

소도를 지배하는 **천군**이 제사를 담당, **제정 분리 사회**였어.

소도의 경계에 솟대를 세웠다.

그중 **변한**은 철로 유명했고,

화폐처럼 쓰이기도 했다.

벼농사가 발달하고 **5월**과 **10월**에 제천행사 열었었지.

Step 2 개념 잡고 한국사 달인 되기

1 우리 민족의 형성과 선사 시대

1. 우리 민족의 형성

(1) **인류의 출현** : 약 390만 년 전 아프리카에서 최초의 인류 출현[1]

(2) **우리 민족의 기원** : 약 70만 년 전 한반도에 사람이 살기 시작했지만 우리의 직접적인 조상이 아니었으며 우리 민족의 기틀은 신석기와 청동기 시대를 거치며 형성

2. 구석기 시대 (약 70만 년 전)

(1) **뗀석기**

	특 징	유 물
전 기	하나의 석기를 여러 용도로 사용	주먹 도끼, 찍개
중 기	쓰임새가 정해진 석기를 사용	긁개, 밀개, 자르개
후 기	이음도구를 활용하여 사용	슴베찌르개

주먹 도끼

긁개

슴베찌르개

(2) **구석기 시대의 생활**

① 경제 · 사회 : 뼈도구와 석기를 사용해 사냥 · 채집 · 어로, 평등 사회, 무리 사회

② 주거지 : 이동 생활 → 동굴, 바위 그늘, 막집에 거주

③ 문화 활동 : 사냥의 성공과 풍요를 비는 조각품 제작

④ 유적지 : 연천 전곡리[2], 공주 석장리[3], 상원 검은모루 동굴 등

1 최초의 인류 : '오스트랄로피테쿠스 아파렌시스'라 불리며 직립보행과 간단한 도구를 사용하였다.

2 연천 전곡리 : 아시아에서 최초로 주먹 도끼가 발견되었다.

3 공주 석장리 : 고래와 물고기 등을 새긴 조각이 발견되었다.

3. 신석기 시대 (기원전 8000년경)

(1) 간석기와 토기 제작

① 간석기 : 사냥 도구(돌도끼, 돌화살촉, 그물추 등) 농기구(돌괭이, 돌보습, 갈돌과 갈판)

② 토기 : 이른 민무늬 토기, 덧무늬 토기, 빗살무늬 토기

돌도끼

갈돌과 갈판

빗살무늬 토기

(2) 신석기 시대의 생활

① 경제 · 사회

- 농경과 목축 시작 : 밭농사 중심(조 · 피 · 수수 등), 여전히 사냥 · 채집 · 어로가 주요 경제 활동
- 원시 수공업 생산 : 가락바퀴와 뼈바늘로 옷이나 그물 제작
- 평등 사회, 씨족 사회 → 부족 사회[4]

② 주거지 : 정착 생활 → 강가나 바닷가에 움집[5]을 지어 생활

③ 원시 신앙의 발생 : 농경의 시작으로 자연에 대한 관심이 생겨남

애니미즘	자연 현상이나 자연물에 영혼이 있다고 믿는 사상
샤머니즘	무당과 그 주술을 믿는 사상
토테미즘	특정 동식물을 숭배하는 사상
조상 숭배	사람이 죽어서도 영혼은 없어지지 않는다 생각하여 조상 숭배

④ 예술 활동 : 흙으로 빚은 얼굴상, 조개 껍데기 가면, 동물 뼈로 만든 치레걸이 등

⑤ 유적지 : 양양 오산리[6], 서울 암사동[7], 부산 동삼동, 봉산 지탑리 등

4 부족 사회 : 다른 씨족과의 혼인(족외혼)을 통해 부족사회를 형성하였다.

5 움집 : 바닥이 원형이나 모서리가 둥근 사각형의 형태로 제작되었고, 보온을 위해 반지하 형태로 만들어졌으며, 중앙에 취사와 난방을 위한 화덕이 설치되어 있는 것이 특징이다.

6 양양 오산리 유적 : 흙으로 빚은 얼굴상이 출토되었다.

7 서울 암사동 유적 : 빗살무늬 토기와 움집터가 대규모 발견되었다.

가락바퀴

움집

조개 껍데기 가면

2 청동기 시대와 철기 시대

1. 청동기 시대 (기원전 20세기 ~ 기원전 15세기경)

(1) 기원

① 청동기 : 비파형 동검, 거친무늬 거울, 농경무늬 청동기, 청동 방울 등

② 간석기 : 반달 돌칼, 바퀴날도끼 등

③ 토기 : 민무늬 토기, 미송리식 토기, 붉은 간토기 등

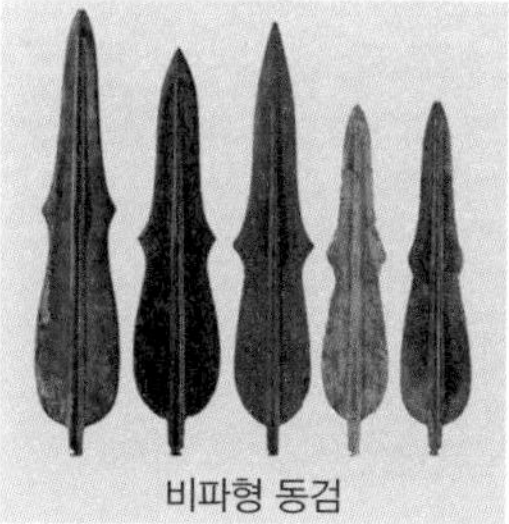
비파형 동검

거친무늬 거울

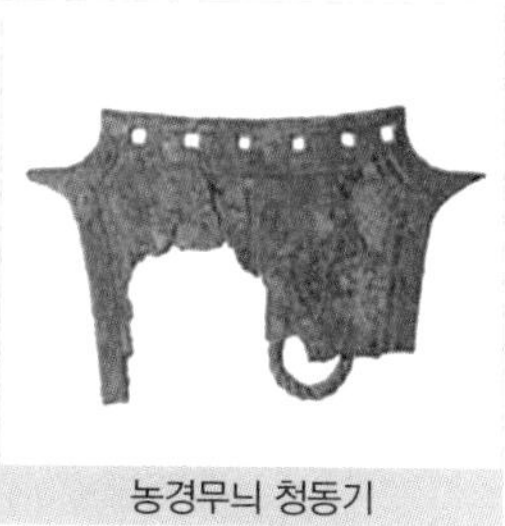
농경무늬 청동기

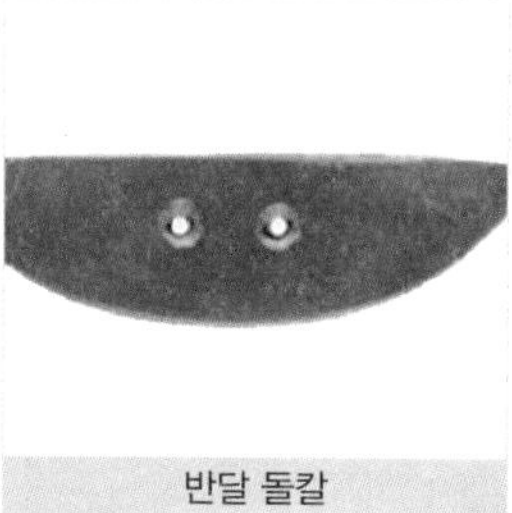
반달 돌칼

미송리식 토기

민무늬 토기

(2) **경제** : 벼농사 시작, 밭농사 중심

(3) **주거지** : 배산임수의 구릉 지대에 거주, 직사각형 모양의 움집 → 지상 가옥화

(4) **사회 변화** : 농업 생산력 증대 → 잉여 생산물 발생 → 사유 재산과 빈부 격차 발생 → 계급 발생(군장의 출현) → 국가의 형성

(5) **무덤** : 고인돌[8], 돌널무덤

2. 철기 시대 (기원전 4~5세기경)

(1) **도구**

① 철기 : 농기구와 무기 → 농업 생산력 증대, 인구 증가, 정복 전쟁 활발

② 청동기 : 한반도에서 독자적인 청동기 발달 → 세형 동검, 잔무늬 거울, 거푸집

③ 토기 : 민무늬 토기의 다양화, 검은 간토기 등

(2) **중국과 교류**

① 중국 화폐의 발견 : 명도전, 오수전, 반량전 등

② 붓 출토 : 한자 사용의 증거

(3) **무덤** : 독무덤, 널무덤 등

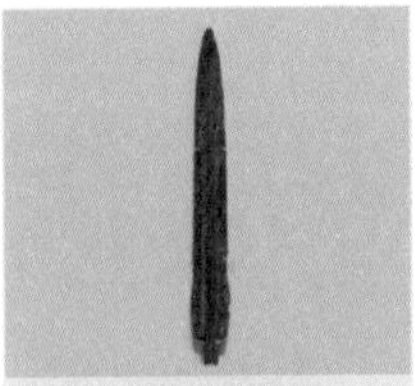
세형 동검

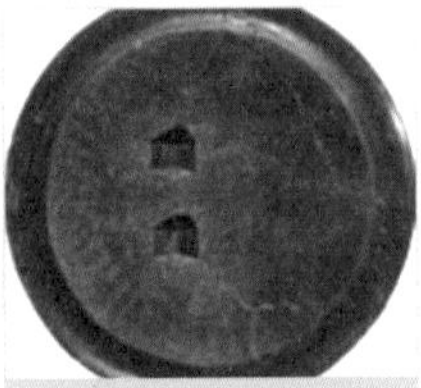
잔무늬 거울

명도전

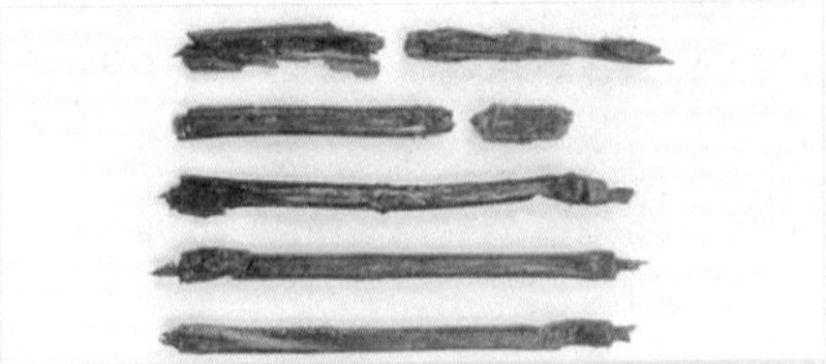
경남 다호리에서 출토된 붓

독무덤

8 고인돌 : 고인돌은 북방식 고인돌(탁자식 고인돌)과 남방식 고인돌(바둑판식 고인돌)로 구분할 수 있다. 많은 인력을 동원해야 만들 수 있는 무덤이므로 정치력과 경제력을 가진 지배자의 무덤임을 알 수 있다.

북방식 고인돌

남방식 고인돌

3 고조선과 여러 나라의 등장

1. 고조선의 성립과 발전

(1) **건국** : 기원전 2333년 단군왕검이 건국하였다고 『삼국유사』에 기록

(2) **단군의 건국 이야기** : 선민 사상[9], 농경 사회, 제정 일치 사회[10], 홍익인간[11]

> 환인의 아들 환웅이 자주 인간세상에 뜻을 두었다. 이에 환인은 인간세계를 내려다보니 널리 이롭게 할 만하였다. 환웅은 3000명을 거느리고 태백산 신단수 밑에 내려왔다. 환웅은 풍백, 우사, 운사를 거느리고 곡식, 수명, 질병, 형벌, 선악 등을 주관하여 인간세계를 다스렸다.
> 이때 곰과 호랑이 한 마리가 환웅에게 사람이 되기를 빌었다. 곰은 세이레 동안 참고 견디어 여자의 몸이 되었으나, 호랑이는 참지 못해 사람이 되지 못했다. 환웅이 웅녀와 혼인하여 아이를 낳으니 그 이름을 단군왕검이라 하였다.
>
> **『삼국유사』**

(3) **세력 범위** : 비파형 동검, 미송리식 토기, 북방식 고인돌의 분포

(4) **발전** : 기원전 3세기경 연(燕)과 대적할 만큼 성장 → 왕위 세습, 관직(상 · 대부 · 장군 등) 설치

(5) **위만조선** : 철기 문화 수용, 진과 한 사이에서 중계 무역

(6) **고조선의 멸망** : 한 무제의 침략과 지배층의 내분으로 멸망(기원전 108) → 한 군현[12] 설치

(7) **고조선의 8조 법** : 인간의 생명과 노동력 중시, 사유 재산 인정, 계급 사회, 화폐 사용 등

> 백성에게 금하는 법 8조가 있다. 대개 사람을 죽인 자는 즉시 죽이고, 남에게 상처를 입힌 자는 곡식으로 배상한다. 도둑질을 한 자가 남자이면 그 집의 사내종, 여자면 계집종으로 삼는다. 단 스스로 용서를 받고자 하는 자는 50만 전을 내야 한다. 비록 용서를 받더라도 사람들은 이를 수치스럽게 여겼다.
>
> **『한서』 지리지**

9 선민 사상 : 특정 집단이 신으로부터 선택받은 비범한 민족이라고 믿는 사상.

10 제정 일치 : 제사와 정치를 같은 인물이 담당한다는 뜻.

11 홍익인간 : 널리 인간세계를 이롭게 한다는 뜻.

12 한 군현 : 한이 고조선 멸망 이후 설치한 군현이다. 낙랑, 임둔, 진번, 현도 등이 있다.

2. 여러 나라의 등장[13]

(1) 부여

① 위치 : 만주 쑹화강 유역의 평야 지대

② 경제 : 농경과 목축 발달, 특산물 (말 · 주옥 · 모피)

③ 정치 : 5부족 연맹 왕국

- 중앙 → 왕 → 지방 → 마가 · 우가 · 구가 · 저가 → 사출도

④ 풍속

- 순장 : 지배자가 죽었을 때 노비나 신하 등을 함께 묻는 장례 풍습
- 영고 : 12월에 열리는 제천행사
- 형사취수혼 : 형이 죽은 뒤 동생이 형수와 부부 생활을 하는 혼인 풍습
- 점복 : 소를 죽여 그 굽으로 길흉을 점치는 것

⑤ 사회 : 엄격한 법률 제정 → 남의 물건을 훔친 자는 12배 배상, 살인 · 간음 등을 엄격히 처벌

(2) 고구려

① 위치 : 압록강 유역의 졸본 지방에서 건국

② 경제 : 산악 지대에 위치하여 농업이 발달하지 못함 → 정복 활동을 통한 약탈 경제

③ 정치 : 5부족 연맹 왕국

- 왕 → 상가, 고추가 등의 대가 → 각각 사자, 조의, 선인 등
- 제가회의

④ 풍속

- 서옥제 : 혼인 뒤 신랑이 처가 뒤쪽에 서옥이라는 집을 짓고 살다 자식이 크면 신랑 집으로 돌아가는 혼인 풍습
- 동맹 : 10월에 열리는 제천행사
- 형사취수혼

---

13 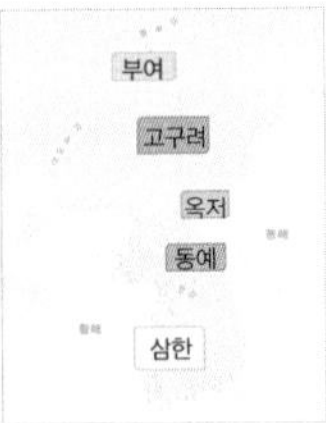

여러 나라의 등장 : 고조선 멸망 이후 만주와 한반도 일대에 여러 나라가 등장하였다.

부여	만주 쑹화강 유역
고구려	압록강 유역의 졸본 지방
옥저 · 동예	한반도 북부 동해안
삼한	한반도 남부

(3) 옥저와 동예

	옥저	동예
위치	함경도 동해안	강원도 북부 동해안
경제	농경 발달, 해산물 풍부	• 농경 발달, 해산물 풍부 • 특산물 : 단궁, 과하마, 반어피
정치	• 읍군, 삼로 • 고구려의 압박으로 연맹 왕국으로 발전하지 못함 • 특산물 : 단궁, 과하마, 반어피	
풍속	민며느리제[14], 가족 공동 무덤	• 족외혼, 책화[15] • 무천

(4) 삼한 (마한 · 진한 · 변한)

① 성립 : 한강 이남의 진(辰)과 고조선의 유이민(준왕 세력)이 결합

② 정치

- 신지, 읍차, 천군 → 소도[16] → 제정 분리 사회

③ 경제 : 변한 철 생산, 벼농사 발달

④ 풍속

- 5월 수릿날 · 10월 계절제 : 제천행사
- 두레 : 공동 노동 작업

14 민며느리제 : 어릴 때 혼인을 약속한 여자를 남자 집에서 키운 후, 성인이 되면 여자 쪽 집에 예물을 주고 혼인하는 풍습.

15 책화 : 다른 부족의 영역을 침범했을 때 노비나 소, 말 등으로 배상하는 풍습이다. 이는 씨족사회의 전통이 남아 있다는 것을 의미한다.

16 소도 : 제사장인 천군이 지배하는 신성한 지역으로, 만약 죄인이 이곳으로 달아나면 잡을 수 없었다. 소도의 입구에는 솟대를 세워 표시했다.

Step 3 표를 통해 단원 복습하기

1. 구석기와 신석기

	구석기	신석기
도구	뗀석기	간석기
경제	수렵 · 채집 · 어로	• 농경(밭농사)과 목축 시작 • 수렵 · 채집 · 어로
사회	평등 사회, 무리 사회, 이동 생활	평등 사회, 씨족 · 부족사회, 정착 생활
주거	동굴, 바위그늘, 막집	움집 (반지하)
유물	주먹 도끼, 슴베찌르개	• 돌괭이, 돌보습, 갈돌과 갈판 • 가락바퀴, 뼈바늘, 빗살무늬 토기
예술	풍요를 비는 조각 등	흙으로 빚은 얼굴상, 조개 껍데기 가면, 치레걸이 등
신앙	·	애니미즘, 샤머니즘, 토테미즘, 조상 숭배
유적지	연천 전곡리, 공주 석장리, 상원 검은모루 동굴	서울 암사동, 양양 오산리, 부산 동삼동

2. 청동기와 철기

	청동기	**철기**
경제	벼농사 시작, 밭농사 중심	벼농사 발달, 생산력 증대
유물	• 반달 돌칼 • 비파형 동검, 거친무늬 거울, 농경무늬 청동기 • 민무늬 토기, 미송리식 토기	• 철제 무기, 철제 농기구 • 세형 동검, 잔무늬 거울 • 민무늬 토기 다양화 • 명도전, 오수전, 반량전, 붓(중국과 교류)
사회	계급사회	
무덤	돌널무덤, 고인돌	널무덤, 독무덤

3. 고조선

	단군조선	위만조선
시기	기원전 2333년	기원전 2세기
특징	청동기 문화 바탕	• 철기 문화 본격 수용 • 한과 진 사이에서 중계 무역
세력 범위	미송리식 토기, 비파형 동검, 북방식 고인돌을 통해 짐작	
사회	• 선민 사상, 농경 사회, 제정 일치 사회 • 8조법 : 생명 · 노동력 중시, 사유 재산 인정, 계급 사회, 화폐 사용	
멸망	한 무제의 침입 → 멸망 → 한 군현 설치	

4. 여러 나라의 등장

	부여	고구려	옥저	동예	삼한
위치	쑹화강 유역	졸본	함경도 해안	강원도 북부 동해안	한강 이남
경제	농경 · 목축	약탈 경제	해산물 · 소금	단궁 · 과하마 반어피	농업 발달 변한 (철)
정치	• 왕(중앙) • 사출도(지방) 마가 · 우가 구가 · 저가	• 왕 • 대가 사자 · 조의 선인	군장 : 읍군 · 삼로		군장 : 신지 · 읍차 제사장 : 천군
풍속	순장, 1책 12법, 점복, 형사취수혼	서옥제, 형사취수혼	민며느리제, 가족 공동 무덤	족외혼, 책화	솟대와 소도 두레
제천 행사	12월 영고	10월 동맹	·	10월 무천	5월 수릿날 10월 계절제

Step 4 암기송을 들으며 가사 완성하기

Track 01

1 구석기와 신석기

구석기 사냥하고 채집하고 무리지어 동굴이나 ❶ ________ 에 살아.

이동 생활했고, 주먹 도끼, ❷ ________ 를 사용했어.

신석기 농경과 목축 시작, 강가나 해안가에 ❸ ________.

중앙에 화덕 있는 ❹ ________ 제작, 씨족들이 모여 부족 사회 시작.

갈돌과 ❺ ________ 만들고, 빗살무늬 토기에 음식 저장했어.

애니미즘, 토테미즘, ❻ ________ 의 원시 신앙 등장했지.

2 청동기와 철기

청동기 벼농사가 시작되고, ❶ ________ 로 추수해.

농업 생산력이 증대되면서 ❷ ______ 이 발생하지.

고인돌과 비파형 동검, 미송리식 토기, ❸ ________ 만들어.

철기에는 철제 농기구로 인해 농업 생산력이 더 발달했고,

❹ ________, 잔무늬 거울 등 청동기도 독자적으로 발전하지.

독무덤을 만들고, ❺ ______ 과 붓을 통해 중국과 교류했지.

3 고조선

청동기 시대 배경으로 기원전 2333년 ❶ ________ 이 고조선을 건국했네.

❷ ________ 을 건국 이념으로 했던 제정 일치 사회였었네.

이후 ❸ ______ 이 고조선의 왕이 되고 철기 문화를 본격적으로 수용하고,

❹ ________ 으로 이익을 독점했지만,

한 무제 침입과 지배층의 내분으로 멸망했네.

(구석기 신석기 평등 사회, 청동기 철기 계급 사회)

4 여러 나라의 등장

고조선 멸망 이후 만주와 한반도에 여러 나라들이 등장했네.

부여 왕이 중앙을, 마가·우가·구가·저가들이 ❶ ______ 를 다스리는 5부족 연맹 왕국.

풍습으로는 ❷ ______, 제천행사로 12월에 ❸ ______ 열었지.

고구려 ❹ ______에서 주몽이 건국 5부족 연맹 왕국,

왕 아래 상가 · 고추가 등의 대가들이 존재.

그리고 서옥제와 제천행사로 10월에 ❺ ______ 열었지.

옥저와 동예는 왕이 없고 ❻ ______라는 군장들이 자기 부족을 지배했고,

고구려의 압박받아 연맹 왕국으로 성장하지 못해.

옥저는 민며느리제와 ❼ ______를 만들었고,

동예는 족외혼과 ❽ ______, 10월에 ❾ ______ 열었지.

삼한은 신지 · 읍차라 불리는 군장이 정치를 주관하고,

소도를 지배하는 ❿ ______이 제사를 담당, 제정 분리 사회였어.

그중 변한은 ⓫ ______로 유명했고,

벼농사가 발달하고 5월과 10월에 제천행사 열었었지.

암/기/송/문/제/정/답

1. ① 막집 ② 슴베찌르개 ③ 정착 생활 ④ 움집 ⑤ 가락바퀴 ⑥ 샤머니즘
2. ① 반달 돌칼 ② 계급 ③ 민무늬 토기 ④ 세형 동검 ⑤ 명도전
3. ① 단군왕검 ② 홍익인간 ③ 위만 ④ 중계 무역
4. ① 사출도 ② 순장 ③ 영고 ④ 졸본 ⑤ 동맹 ⑥ 읍군, 삼로 ⑦ 가족 공동묘 ⑧ 책화 ⑨ 무천 ⑩ 천군 ⑪ 철

Step 5 핵심 문제를 통해 단원 마무리 짓기

실 / 전 / 문 / 제

1. OX 퀴즈

1. 70만 년 전 한반도에 거주하던 구석기 시대 사람들은 우리 민족의 직접적인 조상이다. ( )
2. 구석기 전기는 하나의 석기를 여러 용도로 사용하는 주먹 도끼를 만들어 사용하였다. ( )
3. 신석기 시대에 이르러 벼농사가 처음으로 시작되었다. ( )
4. 신석기 시대 정착 생활을 하면서 사람들은 강가나 바닷가에 움집을 지어 거주하였다. ( )
5. 청동기 시대 청동으로 만든 농기구로 인해 농업 생산력이 증대되었다. ( )
6. 철기 시대 명도전과 오수전, 반량전, 붓 등을 통해 중국과 교류했음을 알 수 있다. ( )
7. 고조선은 청동기 문화를 배경으로 건국되었다. ( )
8. 부여는 왕이 없고 가축의 이름을 딴 대가들이 자신의 영역을 다스렸다. ( )
9. 고구려는 졸본 지역에서 건국되었고, 5부족 연맹 왕국의 정치 체제를 갖추었다. ( )
10. 옥저와 동예는 고구려의 압박으로 연맹 왕국으로 발전하지 못하였다. ( )

2. 빈칸 채우기

1. 구석기 시대 사람들은 이동 생활을 하면서 동굴이나 바위 그늘에 살거나 ( )을 지어 거주하였다.
2. 신석기 시대 사람들은 ( )와 뼈바늘로 옷이나 그물을 제작하였다.
3. 청동기 시대의 토기는 ( ), 미송리식 토기, 붉은 간토기 등이 있다.
4. 철기 시대 잔무늬 거울, ( ), 거푸집 등을 통해 한반도에서 독자적인 청동기가 만들어졌음을 알 수 있다.
5. 고조선은 ( )이 준왕을 몰아내고 왕이 된 이후 철기 문화를 본격적으로 수용하였고 중계 무역을 통해 이익을 독점하였다.
6. 부여는 지배자가 죽었을 때 노비나 신하 등을 함께 묻는 ( )이라는 장례 풍습이 있었다.
7. 고구려는 대가들이 ( )를 통해 국가의 중대사를 결정하였다.
8. 옥저와 동예는 왕이 없고 ( ), ( )라 불리는 군장들이 나라를 지배하였다.
9. 삼한은 신지 · 읍차라 불리는 군장이 정치를 주관하고, 천군이 ( )를 지배하는 제정 분리 사회였

다.

10 삼한의 변한은 (　　　　　) 생산을 통해 낙랑이나 왜 등으로 수출하고, 화폐처럼 사용하기도 하였다.

3. 초성 퀴즈

1 구석기 후기 이음 도구를 활용한 뗀석기의 명칭은? ········· ㅅㅂㅉㄹㄱ (　　　　　)

2 구석기 시대 아시아에서 최초로 주먹 도끼가 발견된 구석기 시대의 유적지는?
········· ㅇㅊ ㅈㄱㄹ (　　　　　)

3 신석기 시대 농경의 시작으로 다양한 원시 신앙이 발생하였다. 그중 자연 현상이나 자연물에 영혼이 있다는 믿는 사상은? ········· ㅇㄴㅁㅈ (　　　　　)

4 신석기 시대 대표적인 토기는? ········· ㅂㅅㅁㄴ ㅌㄱ (　　　　　)

5 청동기 시대 곡식의 이삭을 따는 대표적인 농기구는? ········· ㅂㄷㄷㅋ (　　　　　)

6 '단군왕검'이라는 호칭을 통해 고조선이 어떤 사회였음을 알 수 있나? ········· ㅈㅈㅇㅊ (　　　　　)

7 고조선의 세력 범위를 알려주는 유물 3가지는?
········· ㅂㅍㅎ ㄷㄱ, ㅁㅅㄹㅅㅌㄱ, ㄱㅇㄷ (　　　　　)

8 신랑이 처가 뒤쪽에 집을 짓고 살다가 자식이 장성하면 신랑 집으로 돌아가는 고구려의 혼인 풍속은? ········· ㅅㅇㅈ (　　　　　)

9 10월에 열리는 동예의 제천행사는? ········· ㅁㅊ (　　　　　)

10 부여의 마가·우가·구가·저가가 다스린 지역의 명칭은? ········· ㅅㅊㄷ (　　　　　)

실전 문제 정답

1 OX 퀴즈
1. X　2. O　3. X　4. O　5. X　6. O　7. O　8. X　9. O　10. O

2 빈칸 채우기
1. 막집　2. 가락바퀴　3. 민무늬 토기　4. 세형 동검　5. 위만　6. 순장　7. 제가회의　8. 읍군, 삼로　9. 소도　10. 철

3 초성 퀴즈
1. 슴베찌르개　2. 연천 전곡리　3. 애니미즘　4. 빗살무늬 토기　5. 반달 돌칼　6. 제정 일치　7. 비파형 동검, 미송리식 토기, 고인돌　8. 서옥제　9. 무천　10. 사출도

1-2 삼국의 성립과 성장

Step 1 암기송을 통해 흐름 파악하기

Track 02

고구려

주몽이 세운 고구려는 졸본에서 국내성으로 수도를 옮기면서 발전했어.
유리왕 때 천도하였다.

태조왕은 옥저를 정복하고 계루부 고씨가 왕위를 독점적으로 세습하게 만들었지.

고국천왕은 5부를 개편하고 왕위의 부자 상속을 확립시켰어. (진대법도 실시)
부족적 성격의 5부를 행정적 성격으로 개편하였다.
을파소의 건의로 실시된 빈민 구휼 제도다.

미천왕은 영토 확장을 한 왕이야. 낙랑군을 몰아내고 대동강 유역을 확보했지.

소수림왕 전진과 수교하며 불교 수용, 태학 설립, 율령을 반포했지.
인재를 양성하기 위한 국립 대학이다.

2 백제

고구려의 장군총과 백제의 석촌동 무덤이 비슷한 걸 보니

초기 고구려와 백제의 무덤 양식이 돌무지 무덤으로 같다는 것과 『삼국사기』에 실린 온조 설화를 통해 백제 건국 세력이 고구려계 유이민이라는 것을 알 수 있다.

온조가 백제를 건국했음을 알 수 있지.

고이왕은 한강 유역을 장악, **관등제**를 정비, **관리**의 **복색**을 제정하고 **율령**을 반포했어.

근초고왕은 왕위의 부자 상속을 마련, **마한**을 병합해.

고구려를 공격해 고국원왕을 전사시켰어.

요서 · 산둥 · **규슈**로 진출하면서 백제의 전성기를 이뤘어.

일찌감치 한강 유역을 장악한 백제는 4세기 근초고왕 때 전성기를 누렸다.

침류왕 때 불교를 공인한 것도 절대 잊지 마!

걱정 마, 아주 매우 간단해. 이 노래를 듣고 네가 판단해.

알 만해 그래 할 만해. 간만에 공부가 잘될 거야 집중!

고구려의 왕은 태조왕, 고국천왕, 미천왕, 소수림왕.

백제의 왕은 고이왕과 근초고왕, 침류왕 기억해 다음!

3 신라

신라 **혁거세**가 세운 신라 **진한**의 **소국**인 **사로국**에서 출발.

박 · 석 · 김 씨 중에서 이사금을 선출했어~

신라의 왕호 변천은 박혁거세 때 거서간(귀인), 남해 때 차차웅(무당), 유리 때 이사금(연장장), 내물~소지까지 마립간(대군장), 지증왕 이후 왕으로 변화하였다.

내물왕은 김씨에 의한 **왕위 세습권**을 확립,

대군장을 의미하는 **'마립간'**이란 칭호 사용했지.

신라 해안에 왜가 침입하자 고구려 광개토 대왕의 도움을 받아 격퇴했어.

(호우명 그릇을 통해 알 수 있지)
경주 호우총에서 발견된 그릇으로 밑바닥에는
'국강상광개토지호태왕'이라는 글씨가 새겨져 있다.

4 삼국의 통치 체제

고구려는 10여 관등을 갖춰 대대로가 제가 회의를 주도,

백제는 16관등과 **상좌평**이 정사암 회의를,

신라는 17관등과 상대등이 만장 일치제인 **화백 회의**를 주관 했어~ x2

걱정 마, 아주 매우 간단해. 이 노래를 듣고 네가 판단해.
알 만해 그래 할 만해. 간만에 공부가 잘될 거야 집중!
고구려는 태조왕이 중앙 집권 국가의 기틀을 마련했고
백제는 고이왕이, 신라는 내물왕이 마련했어.

걱정 마, 아주 매우 간단해. 이 노래를 듣고 네가 판단해.
알 만해 그래 할 만해. 간만에 공부가 잘 될 거야 일어나!
하나 더 신라의 왕호 변천을 알아볼게.
신라의 왕호는 거서간, 차차웅, 이사금, 마립간, 왕으로 바뀌었어.

Step 2 개념 잡고 한국사 달인 되기

1 고대 국가의 발전 과정

1. 고대 국가의 특징

연맹 왕국	• 왕권 미약	• 연맹을 이룬 각 지역이 독자적으로 자기 영역 통치
고대국가	• 왕위 부자 상속 확립 • 활발한 정복 전쟁을 통한 영토 확장 • 중앙과 지방의 관제 정비 • 율령 반포 • 불교 수용	**중앙 집권 체제 정비**

2. 삼국의 성립

고구려	부여에서 남하한 주몽이 압록강 유역 졸본에서 건국 → 이후 국내성으로 천도하며 성장
백제	주몽의 아들 온조가 한강 유역의 위례성을 중심으로 건국
신라	박혁거세를 중심으로 진한 지역의 사로국으로 시작 → 이후 박 · 석 · 김씨가 교대로 지배자가 됨

3. 삼국의 고대 국가 기틀 마련 시기

고구려	1세기 후반 ~ 2세기 태조왕
백제	3세기 고이왕
신라	4세기 내물왕

2 삼국의 성장

1. 고구려

태조왕 I 1~2세기	옥저 정복, 요동 진출, 계루부 고씨에 의한 왕위 세습
고국천왕 I 2세기 후반	• 왕위의 부자 상속 확립 • 5부 개편[1] : 부족적 성격의 5부를 행정적 5부로 개편 (동 · 서 · 남 · 북 · 중) • 진대법[2] 실시
미천왕 I 4세기 초	낙랑군을 축출하고 대동강 유역 확보
소수림왕 I 4세기 후반	중앙 집권 체제 정비 노력 → 전진과 수교, 불교 수용, 태학 설립, 율령 반포

1 5부 개편 : 고구려는 계루부, 소노부, 관노부, 절노부, 순노부의 연맹 왕국이었다. 이렇게 부족적 성격이 강했던 5부를 고국천왕은 동 · 서 · 남 · 북 · 중부의 5부로 개편하였다.

2 진대법 : 흉년이 들면 농민들에게 곡식을 빌려주고 추수기에 갚게 하는 구휼 제도이다. 을파소의 건의로 시작되었다.

2. 백제

고이왕 ǀ 3세기	• 목지국 병합 → 한강 유역 장악 • 관리들의 복색 제정	• 관등제 정비(6좌평 · 16관등제) • 율령 반포
근초고왕 ǀ 4세기	• 왕위의 부자 상속 확립 • 고구려 공격 → 고구려의 고국원왕 전사, 요서 · 산둥 · 규슈 진출	• 마한 병합
침류왕 ǀ 4세기 후반	불교 수용	

⊙ 백제의 건국 세력

i. 백제의 건국 설화

주몽이 졸본에 와서 비류와 온조 두 아들을 낳았다. 주몽이 부여에서 낳았던 아들(유리)이 왕이 되자, 비류와 온조는 고구려를 떠나게 되었다. 동생 온조는 위례성에 도읍을 정하고 열 명의 신하로 하여금 보좌하게 하여 나라 이름을 십제라 하였다. 그 뒤 백성들이 많아지고 나라가 커지자 나라 이름을 백제라 하였다.

『삼국사기』

ii. 백제와 고구려의 무덤 양식

고구려의 장군총 ǀ 중국 지린성

백제의 석촌동 돌무지 무덤 ǀ 서울 송파

…› 『삼국사기』에 기록된 온조 설화와 초기 고구려, 백제의 무덤 양식이 비슷하다는 사실은 백제의 건국 세력이 고구려계 유이민이라는 증거가 된다.

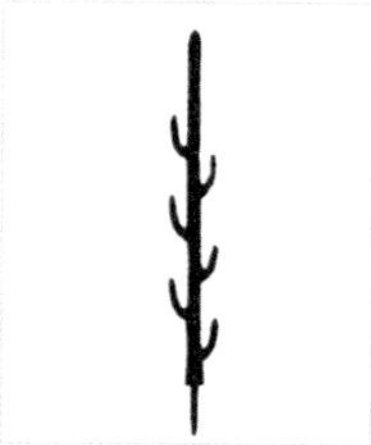

⊙ 칠지도

…› 4세기경 백제가 제작한 칼로, 왜왕에게 하사했다. 이는 백제와 왜 간의 활발한 교류를 보여주며, 현재 일본 이소노카미 신궁에 소장되어 있다.

3. 신라

내물왕	• 김씨에 의한 왕위 세습권 확립 • 낙동강 동쪽 진한 지역 장악 • '마립간' 칭호 사용 • 고구려 광개토 대왕의 도움을 받아 왜의 침입 격퇴

신라의 왕호 변천

거서간		차차웅		이사금		마립간		왕
박혁거세 – 귀인	→	남해 – 무당	→	유리 – 연장자	→	내물 – 대군장	→	지증왕 이후 – 중국식 칭호

광개토 대왕릉 비문과 호우명 그릇

i. 광개토 대왕릉 비문

영락 9년(399) 신라가 사신을 보내 왕에게 말하기를, "왜인이 나라 경내에 가득 차 성을 부수었으니, 노객(신라 왕)은 백성된 자로서 왕에게 귀의하여 분부를 청합니다."라고 하였다. 10년(400) 경자에 보병과 기병 5만을 보내 구원하게 하였다.

–광개토 대왕릉 비문–

···› 광개토 대왕이 신라에 침입한 왜를 격퇴하기 위해 군대를 파견한 사실이 기록되어 있다.

ii. 호우명 그릇

···› 경주 호우총에서 발견된 그릇으로, 그릇 바닥에 '을묘년 국강상광개토지호태왕 호우십'이라는 글자가 새겨져 있다. 이는 당시 신라와 고구려의 밀접한 관계를 보여준다.

3 삼국의 통치 체제

	고구려	백제	신라
관등	10여 관등	16관등	17관등
수상	대대로	상좌평	상대등
귀족 회의	제가 회의	정사암 회의	화백 회의[3]
행정 구역	수도 5부, 지방 5부	수도 5부, 지방 5방	수도 6부, 지방 5주

NOTE

3 화백 회의 : 만장 일치제로 운영되었다.

1. 고대 국가의 특징

- 왕위 부자 상속
- 영토 확장
- 율령 반포
- 불교 수용
- 관제 정비

→ **중앙 집권 체제 정비**

2. 삼국의 성장

시기	고구려	백제	신라
1세기	**태조왕** • 옥저 정복 • 계루부 고씨의 왕위 세습		
2세기	**고국천왕** • 왕위 부자 상속 • 5부 개편 • 진대법 실시		
3세기		**고이왕** • 목지국 병합 • 관등제 · 복색 마련 • 율령 반포	
4세기	**미천왕** • 낙랑군 축출 **소수림왕** • 불교 수용 • 율령 반포 • 태학 설립	**근초고왕** • 왕위 부자 상속 • 마한 병합 • 고구려 공격 • 요서 · 산둥 · 규슈 진출 **침류왕** • 불교 수용	**내물왕** • 김씨 왕위 세습 • 마립간 사용 • 광개토 대왕의 도움으로 왜 격퇴(호우명 그릇, 광개토 대왕릉비)

Step 4 암기송을 들으며 가사 완성하기

Track 02

1 고구려

주몽이 세운 고구려는 졸본에서 ❶______으로 수도를 옮기면서 발전했어.

태조왕은 옥저를 정복하고 ❷______ 고씨가

왕위를 독점적으로 세습하게 만들었지.

고국천왕은 ❸______를 개편하고

왕위의 부자 상속을 확립시켰어. (❹______도 실시)

미천왕은 영토 확장을 한 왕이야. ❺______을 몰아내고

대동강 유역을 확보했지.

소수림왕 전진과 수교하며 불교 수용, 태학 설립, ❻______을 반포했지.

❷ 백제

고구려의 장군총과 백제의 ❶ ________이 비슷한 걸 보니

온조가 백제를 건국했음을 알 수 있지.

고이왕은 한강 유역을 장악, ❷ ______를 정비,

관리의 복색을 제정하고 율령을 반포했어.

근초고왕은 왕위의 ❸ ______을 마련, 마한을 병합해.

고구려를 공격해 고국원왕을 전사시켰어.

❹ ________로 진출하면서 백제의 전성기를 이뤘어.

침류왕 때 ❺ ________를 공인한 것도 절대 잊지 마!

걱정 마, 아주 매우 간단해. 이 노래를 듣고 네가 판단해.

알 만해 그래 할 만해. 간만에 공부가 잘될 거야 집중!

고구려의 왕은 태조왕, 고국천왕, 미천왕, 소수림왕.

백제의 왕은 고이왕과 근초고왕, 침류왕 기억해 다음!

❸ 신라

신라 혁거세가 세운 신라 진한의 소국인 ❶ ______에서 출발.

❷ ________씨 중에서 이사금을 선출했어~

내물왕은 ❸______에 의한 왕위 세습권을 확립,

대군장을 의미하는 ❹______이란 칭호 사용했지.

신라 해안에 왜가 침입하자 고구려 ❺________의 도움을 받아 격퇴했어.

(❻________을 통해 알 수 있지)

4 삼국의 통치 체제

고구려는 10여 관등을 갖춰 ❶______가 제가 회의를 주도,

백제는 16관등과 ❷______이 정사암 회의를,

신라는 17관등과 ❸______이 만장 일치제인 화백 회의를 주관했어~ x2

걱정 마, 아주 매우 간단해. 이 노래를 듣고 네가 판단해.
알 만해 그래 할 만해. 간만에 공부가 잘될 거야 집중!
고구려는 ❹______이 중앙 집권 국가의 기틀을 마련했고
백제는 ❺______이 신라는 ❻______이 마련했어.

걱정 마, 아주 매우 간단해. 이 노래를 듣고 네가 판단해.
알 만해 그래 할 만해. 간만에 공부가 잘될 거야 일어나!
하나 더 신라의 왕호 변천을 알아볼게
신라의 왕호는 거서간, 차차웅, ❼______, 마립간, 왕으로 바뀌었어.

암/기/송/문/제/정/답
1. ① 국내성 ② 계루부 ③ 5부 ④ 진대법 ⑤ 낙랑군 ⑥ 율령
2. ① 석촌동 무덤 ② 관등제 ③ 부자 상속 ④ 요서 · 산둥 · 규슈 ⑤ 불교
3. ① 사로국 ② 박 · 석 · 김 ③ 김씨 ④ 마립간 ⑤ 광개토 대왕 ⑥ 호우명 그릇
4. ① 대대로 ② 상좌평 ③ 상대등 ④ 태조왕 ⑤ 고이왕 ⑥ 내물왕 ⑦ 이사금

Step 5 핵심 문제를 통해 단원 마무리 짓기

실 / 전 / 문 / 제

1. OX 퀴즈

1 고대국가의 특징은 연맹을 이루는 각 부가 독자적으로 자기 영역을 통치하는 것이다. ( )

2 고구려는 부여에서 남하한 주몽이 졸본에 터를 잡고 건국하였다. ( )

3 백제는 온조가 국내성을 중심으로 건국하였다. ( )

4 신라는 진한 지역의 사로국에서 시작하였다. ( )

5 신라는 박혁거세 이후 박씨 성이 왕위를 독점적으로 계승하였다. ( )

6 고구려의 중앙 집권 국가의 기틀을 마련한 왕은 태조왕이다. ( )

7 백제의 중앙 집권 국가의 기틀을 마련한 왕은 개로왕이다. ( )

8 신라의 중앙 집권 국가의 기틀을 마련한 왕은 내물왕이다. ( )

9 고구려 태조왕은 옥저를 정복하고 요동으로 진출하였다. ( )

10 고구려 고국천왕은 행정적 성격의 5부를 부족적 성격의 5부로 개편하였다. ( )

2. 빈칸 채우기

1 4세기 초 고구려의 ( )은 낙랑군을 축출하고 대동강 유역을 확보하였다.

2 백제의 ( )은 관등제와 관리들의 복색을 제정하고 율령을 반포하였다.

3 근초고왕은 백제 전성기를 이루었으며 ( ), ( ), ( )로 진출하였다.

4 고구려의 ( )은 전진과 수교하면서 불교를 수용하였다.

5 신라의 ( )은 김씨에 의한 왕위 세습권을 확립하였다.

6 백제의 ( )은 불교를 수용하고 공인하였다.

7 신라의 왕호 변천은 '거서간 → 차차웅 → 이사금 → ( ) → 왕' 순으로 변화하였다.

8 신라 내물왕 때 고구려 ( )의 도움을 받아 왜의 침입을 격퇴할 수 있었다.

9 백제의 석촌동 돌무지 무덤과 고구려의 ( ) 무덤 양식이 비슷하다는 것을 통해 백제의 건국 세력이 고구려계 유이민이라는 사실을 알 수 있다.

10 고구려의 ( )은 계루부 고씨에 의한 왕위 세습을 확립하였다.

3. 초성 퀴즈

1 왕위의 부자 상속을 확립시킨 고구려의 왕은? ㄱㄱㅊㅇ (　　　)

2 고구려 소수림왕의 업적 중 인재를 양성하기 위해 건립한 것은? ㅌㅎ (　　　)

3 백제 근초고왕이 마한을 병합하고 고구려를 공격해 전사시킨 고구려 왕은? ㄱㄱㅇㅇ (　　　)

4 4세기경 백제와 왜의 활발한 교류를 보여주는 유물은? ㅊㅈㄷ (　　　)

5 경주에서 발견된 유물로 당시 신라와 고구려의 관계를 보여주는 유물은? ㅎㅇㅁ ㄱㄹ (　　　)

6 고구려의 제가 회의를 주관했던 수상의 명칭은? ㄷㄷㄹ (　　　)

7 백제의 귀족 회의의 명칭은? ㅈㅅㅇㅎㅇ (　　　)

8 백제의 귀족 회의를 주관하던 수상의 명칭은? ㅅㅈㅍ (　　　)

9 신라의 상대등이 주관했던 귀족 회의의 명칭은? ㅎㅂㅎㅇ (　　　)

10 고구려 고국천왕 때 실시된 구휼 제도는? ㅈㄷㅂ (　　　)

실전 문제 정답

1 OX 퀴즈

1. X 2. O 3. X 4. O 5. X 6. O 7. X 8. O 9. O 10. X

2 빈칸 채우기

1. 미천왕 2. 고이왕 3. 요서, 산둥, 규슈 4. 소수림왕 5. 내물왕 6. 침류왕 7. 마립간 8. 광개토 대왕 9. 장군총 10. 태조왕

3 초성 퀴즈

1. 고국천왕 2. 태학 3. 고국원왕 4. 칠지도 5. 호우명 그릇 6. 대대로 7. 정사암 회의 8. 상좌평 9. 화백 회의 10. 진대법

1-3 삼국의 경쟁과 가야

Step 1 암기송을 통해 흐름 파악하기

Track 03

♪1 고구려의 팽창

고구려 **광개토 대왕**은 만주 지역을 정복하고,
소수림왕 때 다져진 체제를 기반으로 광개토 대왕은 적극적인 대외 팽창을 추진할 수 있었다.

백제를 압박하고 한강 이북의 땅을 차지하고,

연호인 **'영락'**을 사용했어.
최초의 연호로 중국과 대등하다는 고구려 중심의 천하관을 엿볼 수 있다.

장수왕은 평양으로 천도하고 백제 공격했어.
국내성의 귀족 세력 약화와 남진 정책을 위해 천도하였다.

한성을 함락시키고 남한강 유역 진출,

충주 고구려비 · 광개토 대왕릉비를 건립.
남한강 유역을 차지하고 세운 기념비이다. 아버지 광개토 대왕의 업적을 기록한 비석이다.

♪2 백제의 위기와 중흥 노력

고구려의 남진정책으로 백제의 위기가 시작. 개로왕이 전사하고 웅진으로 천도했어.
비유왕 때 신라 눌지왕과 나제 동맹이 성립되었다. 문주왕 때 천도하였다.

동성왕은 나 · 제 동맹 강화.
동성왕은 신라와 혼인 동맹을 통해 나제 동맹을 강화시켰다.

무령왕 중국 남조와 교류, 22담로에 왕족 파견~ 지방 통제 강화시켰어.
무령왕릉은 남조의 영향을 받아 벽돌 무덤 양식으로 만들어졌다.

성왕은 웅진에서 사비로 천도했고.

국호를 '남부여'로 고치고 불교를 적극적으로 장려했어.

노리사치계를 보내 일본에 불교를 전파했다.

신라와 연합하여 한강 일시적으로 회복,

진흥왕과 연합하여 고구려를 공격해
한강 하류 지역을 일시적으로 수복하였다.

진흥왕의 배신으로 관산성 싸움에서 전사하지.

삼국의 전성기는 4세기 백제 근초고왕, 5세기 고구려 장수왕, 6세기 신라 진흥왕~

가야는 연맹 왕국 단계에서 신라에 멸망 했어~

3 신라의 팽창

지증왕 '신라' 국호로 제정, 왕호 '왕'으로 제정.

이사부를 보내 우산국을 복속, 우경을 실시, 동시전을 설치하지.

지금의 울릉도와 독도를 말한다. 소를 이용해 농사짓는 것을 말한다.
동시전 : 동쪽에 있는 시장을 관리하는 관청이다.

법흥왕은 율령을 반포, 불교를 공인했고.

이차돈의 순교를 계기로 공인하였다.

병부와 상대등 설치, 건원이란 연호를 사용하고, 금관가야를 정복했어.

진흥왕은 화랑도를 개편, 한강 장악, 대가야 정복.

국가적인 조직으로 개편하였다.

단양적성비와 4개의 순수비를 건립했지.

고구려의 영토를 점령한 후에 세웠다. 영토를 확장한 기념으로 세웠다.
창녕비 · 북한산비 · 황초령비 · 마운령비가 있다.

4 가야 연맹

변한 지방 성립한 가야는 **중계 무역** 통해 성장해.

우수한 철기 기술과 해상 교통의 이점을 통해 낙랑과 왜를 연결하는 중계 무역으로 발전하였다.

전기 가야 연맹 **김해**의 **금관가야** 주도. 고구려 공격받아 쇠퇴해.

김수로왕 설화가 있다.

후기 가야 주도한 **고령**의 **대가야**.

5세기 후반 백제 · 신라와 세력 다툼을 벌였다.

고대 국가로 성장 못하고 **연맹 왕국 단계**에서 신라에게 병합되지.

금관가야는 신라 법흥왕 때, 대가야는 신라 진흥왕 때 병합되었다.

4세기 백제 근초고왕, 5세기 고구려 장수왕, 6세기 신라 진흥왕~
가야는 연맹 왕국 단계에서 신라에 멸망했어~

Step 2 개념 잡고 한국사 달인 되기

1 삼국의 경쟁

1. 고구려의 팽창

광개토 대왕	• 만주 지역 정복 → 북진 정책 • 백제를 공격하여 한강 이북의 영토 차지 • 신라에 침입한 왜 격퇴 및 금관가야 공격 • 최초로 독자적인 연호 사용 → '영락'
장수왕	• 평양 천도(국내성 → 평양성) → 남진 정책 • 백제의 한성 함락(개로왕을 전사시킴) • 남한강 유역 진출 → 충주 고구려비 건립[1] • 중국 남북조와 교류 • 광개토 대왕릉비[2] 건립

광개토 대왕릉비
중국 집안

충주 고구려비
충청도 충주

2. 백제의 위기와 중흥 노력

비유왕	• 신라 눌지왕과 나 · 제 동맹 체결
문주왕	• 한성 함락 후 웅진(공주) 천도
동성왕	• 나 · 제 동맹 강화 → 신라 소지왕과 혼인 동맹 체결
무령왕	• 22담로에 왕족을 파견하여 지방 통제 강화 • 중국 남조와 활발히 교류 → 무령왕릉(벽돌 무덤)
성왕	• 사비(부여) 천도 • 국호를 '남부여'로 개편 • 중앙과 지방 통치 조직 재정비 • 불교 적극 장려 → 왜에 전파 • 신라와 연합하여 한강 하류 지역 일시적 회복 → 신라 진흥왕의 배신 → 관산성 전투에서 성왕 전사

1 충주 고구려비 : 한반도에 유일하게 남아 있는 고구려 비석이다. 장수왕의 남진 정책으로 한강 유역을 차지하고 충주까지 영토가 확장되었음을 보여준다.

2 광개토 대왕릉비 : 주몽의 건국 신화와 광개토 대왕의 대외 정복 활동이 기록되어 있다.

3. 신라의 팽창

지증왕	• 국호 '신라', 왕호 '왕' 사용 • 주 · 군 · 현 제도 정비 • 이사부를 보내 우산국 정복	• 우경[3]과 수리 사업 장려 • 동시전[4] 설치
법흥왕	• 율령 반포, 불교 공인[5] • 병부 · 상대등 설치 • 17관등제 마련, 관리들의 복색 제정	• 골품제 정비 • 금관가야 정복 • 연호 '건원' 사용
진흥왕	• 화랑도 개편[6] • 한강 유역 장악, 함경도까지 진출 → 단양 적성비, 4개의 순수비[7] • 대가야 정복 • 당항성을 통해 중국과 직접 교류	

신라의 골품제도

관등
골품
공복
등급
관등명
진골
6두품
5두품
4두품
1 이벌찬
2 이찬
3 잡찬
4 파진찬
5 대아찬
6 아찬
7 이길찬
8 사찬
9 급벌찬
10 대나마
11 나마
12 대사
13 사지
14 길사
15 대오
16 소오
17 조위
자색
비색
청색
황색

···› 골품제는 왕족인 성골과 귀족인 진골, 6두품, 5두품, 4두품 등으로 나뉘었다. 골품에 따라 관직의 상한선이 정해져 있을 뿐만 아니라 의복의 색깔, 가옥의 규모, 수레의 크기 등 일상생활의 전반을 규제하는 폐쇄적인 신분제였다.

단양 적성비 충북 단양

북한산 순수비

단양 적성비와 북한산 순수비

···› 단양 적성비는 진흥왕이 고구려의 적성을 지역을 점령하고 세운 비석이며, 북한산 순수비는 한강 하류 지역을 점령한 뒤 세웠다.

3 우경 : 소를 이용한 밭갈이를 말한다.

4 동시전 : 동쪽에 설치된 시장(동시)을 관리하는 관청이다.

5 불교 공인 : 이차돈의 순교를 계기로 불교를 공인하였다.

6 화랑도 개편 : 청소년 수련 단체를 국가적인 조직으로 개편하였다. 화랑은 귀족층을 중심으로 선발하였고, 낭도는 귀족뿐만 아니라 평민층도 선발하여 계층 간 대립을 완화하는 역할을 하였다.

7 4개의 순수비 : 진흥왕이 영토를 확장하고 세운 비석이다. 북한산비, 황초령비, 마운령비, 창녕비가 있다.

4. 삼국의 전성기

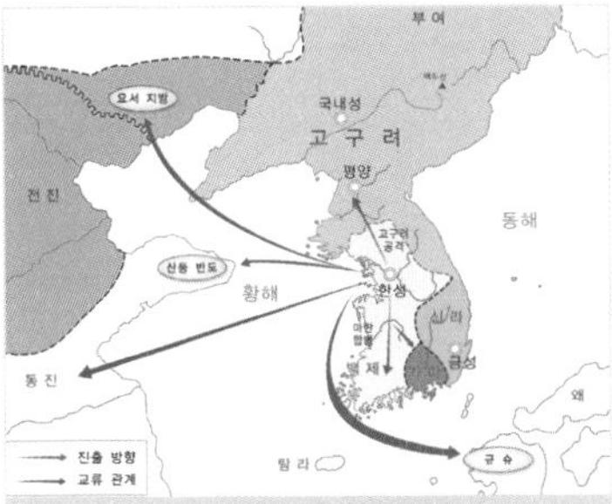

4세기 백제 | 근초고왕

5세기 고구려 | 장수왕

6세기 신라 | 진흥왕

2 가야의 성립과 발전

1. 가야의 성립

변한 지역의 풍부한 철과 농경지를 기반으로 가야 연맹이 성립함

2. 가야의 발전과 멸망

전기 가야 연맹	• 금관가야(김해, 김수로)가 중심이 되어 주도 • 풍부한 철을 중심으로 낙랑 · 왜와 교류 • 고구려의 공격으로 쇠퇴 → 신라 법흥왕에 의해 멸망(532)
후기 가야 연맹	• 대가야(고령)가 중심이 되어 주도 • 신라 진흥왕에 의해 멸망(562)
한계와 의의	• 중앙 집권 국가로 발전하지 못하고 연맹 왕국 단계에서 멸망 • 가야의 철과 토기 기술이 일본에 전파 • 우륵의 가야금이 신라에 전파

Step 3 표를 통해 단원 복습하기

1. 삼국의 경쟁

시기	고구려	백제	신라
4세기	**고국원왕** • 근초고왕의 공격으로 전사	**근초고왕** • 왕위 부자 상속 • 마한 병합 • 고구려 공격 • 요서 · 산둥 · 규슈 진출	**내물왕** • 중앙 집권 국가의 기틀 마련
5세기	**광개토 대왕** • 만주 장악, 백제 공격 • 신라에 침입한 왜 격퇴, 가야 공격 • 연호 '영락' **장수왕** • 평양 천도 • 한성 함락 • 광개토 대왕릉비, 충주 고구려비	**비유왕** • 나 · 제 동맹 체결 **개로왕** • 장수왕의 공격으로 전사 **문주왕** • 웅진 천도 **동성왕** • 나 · 제 동맹 강화 (혼인 동맹)	**눌지왕** • 나 · 제 동맹 체결 **소지왕** • 나 · 제 동맹 강화 (혼인 동맹)
6세기		**무령왕** • 22담로에 왕족 파견 • 중국 남조와 교류 **성왕** • 사비 천도, 국호 '남부여' • 신라와 연합 – 한강 회복 • 관산성 전투에서 전사	**지증왕** • '신라', '왕' 사용 • 우산국 복속 • 우경 실시, 동시전 설치 **법흥왕** • 율령 반포, 불교 공인 • 병부, 상대등 설치 • 금관가야 정복 • '건원' **진흥왕** • 화랑도 개편 • 한강 장악 • 단양 적성비, 순수비 • 대가야 정복 • 당항성 – 중국과 교류

2. 삼국의 중앙 집권 과정

구분	고구려	백제	신라
중앙 집권 기틀 마련	태조왕 (2세기)	고이왕 (3세기)	내물왕 (4세기)
왕위 부자 상속	고국천왕	근초고왕	눌지왕
율령 반포	소수림왕	고이왕	법흥왕
불교 공인	소수림왕	침류왕	법흥왕
전성기	장수왕 (5세기)	근초고왕 (4세기)	진흥왕 (6세기)

3. 가야의 성립과 멸망

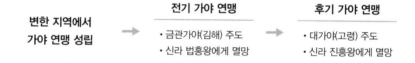

변한 지역에서 가야 연맹 성립 → **전기 가야 연맹**

- 금관가야(김해) 주도
- 신라 법흥왕에게 멸망

→ **후기 가야 연맹**

- 대가야(고령) 주도
- 신라 진흥왕에게 멸망

Step 4 암기송을 들으며 가사 완성하기

Track 03

♪1 고구려의 팽창

고구려 광개토 대왕은 ❶ ______ 지역을 정복하고,

백제를 압박하고 한강 이북의 땅을 차지하고, 연호인 ❷ ______ 을 사용했어.

장수왕은 ❸ ______ 으로 천도하고 백제 공격했어.

❹ ______ 을 함락시키고 남한강 유역 진출, ❺ ______ · 광개토 대왕릉비를 건립.

♪2 백제의 위기와 중흥 노력

고구려의 ❶ ______ 으로 백제의 위기가 시작.

개로왕이 전사하고 ❷ ______ 으로 천도했어. ❸ ______ 은 나 · 제 동맹 강화.

무령왕 중국 ❹ ______ 와 교류, ❺ ______ 에 왕족 파견~ 지방 통제 강화시켰어.

성왕은 웅진에서 ❻ ______ 로 천도했고.

국호를 ❼______로 고치고 ❽______를 적극적으로 장려했어.

신라와 연합하여 한강 일시적으로 회복,

❾______의 배신으로 관산성 싸움에서 전사하지.

삼국의 전성기는 4세기 백제 근초고왕, 5세기 고구려 장수왕, 6세기 신라 진흥왕~
가야는 연맹 왕국 단계에서 신라에 멸망했어~

3 신라의 팽창

지증왕 ❶______ 국호로 제정, 왕호 '왕'으로 제정.

❷______를 보내 우산국을 복속, 우경을 실시, ❸______을 설치하지.

법흥왕은 율령을 반포, ❹______를 공인했고,

병부와 상대등 설치, ❺______이란 연호를 사용하고, ❻________를 정복했어.

진흥왕은 ❼______를 개편, 한강 장악, ❽______ 정복.

❾__________와 4개의 순수비를 건립했지.

4 가야 연맹

변한 지방 성립한 가야는 ❶__________ 통해 성장해.

전기 가야 연맹 ❷______의 금관가야 주도. 고구려 공격받아 쇠퇴해.

후기 가야 주도한 ❸______의 대가야.

고대 국가로 성장 못하고 ❹__________ 단계에서 신라에게 병합되지.

4세기 백제 ❺__________, 5세기 고구려 ❻__________, 6세기 신라 ❼__________

가야는 연맹 왕국 단계에서 신라에 멸망했어~

암/기/송/문/제/정/답

1. ① 만주 ② 영락 ③ 평양 ④ 한성 ⑤ 충주 고구려비
2. ① 남진 정책 ② 웅진 ③ 동성왕 ④ 남조 ⑤ 22담로 ⑥ 사비 ⑦ 남부여 ⑧ 불교 ⑨ 진흥왕
3. ① 신라 ② 이사부 ③ 동시전 ④ 불교 ⑤ 건원 ⑥ 금관가야 ⑦ 화랑도 ⑧ 대가야 ⑨ 단양 적성비
4. ① 중계 무역 ② 김해 ③ 고령 ④ 연맹 왕국 ⑤ 근초고왕 ⑥ 장수왕 ⑦ 진흥왕

Step 5 핵심 문제를 통해 단원 마무리 짓기

실 / 전 / 문 / 제

1. OX 퀴즈

1 고구려 광개토 대왕은 만주 지역과 백제를 공격하여 한강 이북의 영토를 차지하였다. ( )

2 광개토 대왕은 영토 확장 이후 광개토 대왕릉비를 건립하였다. ( )

3 장수왕은 백제의 한성을 함락하고 단양 적성비를 건립하였다. ( )

4 백제는 장수왕의 남진 정책으로 신라와 나 · 제 동맹을 체결하였다. ( )

5 백제는 한성이 함락되고 사비로 천도하였다. ( )

6 무령왕릉은 중국 남조의 영향을 받은 벽돌 무덤 양식이다. ( )

7 지증왕은 국호를 '신라'로 바꾸고 마립간의 칭호를 '왕'으로 바꾸었다. ( )

8 법흥왕은 우경을 장려하고, 주 · 군 · 현 제도를 정비하였다. ( )

9 신라의 골품제는 능력에 따라 관직에 오를 수 있는 개방적인 신분제였다. ( )

10 가야는 중앙 집권 국가로 발전하지 못하고 연맹 왕국 단계에서 멸망하였다. ( )

2. 빈칸 채우기

1 광개토 대왕은 최초로 독자적인 연호인 (　　　　)을 사용했다. 이를 통해 중국과 대등하다는 고구려의 천하관을 엿볼 수 있다.

2 장수왕은 국내성에서 (　　　　)으로 천도하고 백제와 신라를 압박하였다.

3 무령왕은 (　　　　)에 왕족을 파견하여 지방 통제를 강화하려 하였다.

4 백제의 (　　　　)은 신라와 연합하여 한강을 일시적으로 회복했지만 신라의 배신으로 한강 유역을 빼앗겼다.

5 신라의 (　　　　)은 율령을 반포하고 불교를 공인하였다. 또한 병부와 상대등을 설치하고 골품제를 정비하였다.

6 신라의 진흥왕은 (　　　　)를 국가적인 조직으로 개편하여 인재를 양성하였다.

7 신라의 지증왕은 시장을 관리하기 위해 (　　　　)을 설치하였다.

8 전기 가야 연맹은 김해의 (　　　　)가, 후기 가야 연맹은 고령의 (　　　　)가 주도하였다.

9 삼국의 전성기는 4세기 백제 근초고왕, 5세기 고구려 장수왕, 6세기 신라 (   ) 순으로 경쟁하였다.

10 금관가야는 신라 (   )에, 대가야는 신라 (   )에 의해 멸망하였다.

3. 초성 퀴즈

1 광개토 대왕이 신라에 침입한 왜를 격퇴한 후 공격한 곳은? ………… ㄱㄱㄱㅇ (   )

2 고구려 장수왕이 남한강 유역으로 진출하고 세운 비석은? ………… ㅊㅈ ㄱㄱㄹㅂ (   )

3 성왕이 일시적으로 바꾼 백제의 국호는? ………… ㄴㅂㅇ (   )

4 신라 지증왕이 이사부를 보내 정복한 곳은? ………… ㅇㅅㄱ (   )

5 신라 법흥왕이 사용한 독자적인 연호는? ………… ㄱㅇ (   )

6 백제 문주왕이 한성 함락 이후 수도를 천도한 곳은? ………… ㅇㅈ (   )

7 신라 진흥왕이 고구려의 성을 점령하고 세운 비석은? ………… ㄷㅇㅈㅅㅂ (   )

8 진흥왕의 4개의 순수비 중 한강 하류를 점령한 후 세운 비석은? ………… ㅂㅎㅅ ㅅㅅㅂ (   )

9 진흥왕이 중국과 직접적으로 교류하기 위해 활용한 곳은? ………… ㄷㅎㅅ (   )

10 성왕이 신라와의 전쟁 중 전사한 전투는? ………… ㄱㅅㅅ ㅈㅌ (   )

실전 문제 정답

1 OX 퀴즈

1. O 2. X 3. X 4. O 5. X 6. O 7. O 8. X 9. X 10. O

2 빈칸 채우기

1. 영락 2. 평양성 3. 22담로 4. 성왕 5. 법흥왕 6. 화랑도 7. 동시전 8. 금관가야, 대가야 9. 진흥왕 10. 법흥왕, 진흥왕

3 초성 퀴즈

1. 금관가야 2. 충주 고구려비 3. 남부여 4. 우산국 5. 건원 6. 웅진 7. 단양 적성비 8. 북한산 순수비 9. 당항성 10. 관산성 전투

1-4 신라의 삼국 통일과 통일신라의 발전

Step 1 암기송을 통해 흐름 파악하기

Track 04

1 고구려의 수·당 전쟁

6세기 말 동북 아시아의 정세는 남북 세력과 동서 세력이 대립했지.
6세기 중엽 이후 신라가 한강 유역을 차지하게 되면서 삼국의 세력 판도가 바뀌었다.

먼저 수나라가 중국을 통일하고 고구려를 압박했지.
6세기 말에 중국의 남북조 시대가 수의 등장으로 통일됐다.

수양제는 우중문에게 30만 별동대 주어,
수의 압박으로 고구려의 영양왕이 598년 요서 지방을 공격한 것이
발단이 되어 수의 문제와 양제는 고구려를 침입했다.

평양성을 치게 했지만, 을지문덕이 살수 대첩으로 이겨냈지.

수나라 멸망 이후 건국된 당나라. 연개소문 당의 침입을 막기 위해 천리장성 축조했어.
대당 강경파인 연개소문은 온건파를 제거하고
최고 관직인 대막리지가 됐다.

당 태종 고구려를 침략했지만, 안시성 싸움에서 양만춘을 만나 실패했어. 성의 공략.
연개소문의 강경 노선에 자극을 받아 직접 수십 만의 군대를 이끌고 요동 지역을 공격했다.

신라의 삼국 통일

신라는 백제와 고구려의 합세로 위기에 처했고,
당은 고구려 공략에 실패한 후 신라와 손을 잡았다.

신라의 **삼국 통일**은 김춘추의 나당 동맹으로 시작되지.

7세기 중엽 김유신 세력과 결탁하여
권력을 장악했다.

그렇게 결성된 나당 연합군은 **계백**이 이끄는 **백제**를 **황산벌**에서 격파,

그 후 사비성을 함락시켰고,

백제는 의자왕의 실정과 지배층의 향락과 분열 등으로 멸망했다.

고구려 또한 연개소문 사후 약해진 틈을 타 **평양성**을 **함락**.

연개소문 죽은 후 그의 아들들 간에 권력 쟁탈전이 벌어졌다.

백제와 고구려는 멸망했지만 다시 나라 일으키려 부흥 운동을 전개.

백제는 복신 · 도침 · 흑치상지가 왕자 풍을 추대,

신라는 당나라 군대를 몰아내기 위해 고구려 부흥 운동을 후원했다.
금마저(익산)에 고구려 유민의 나라인 보덕국을 세우고
보장왕의 서자인 안승을 보덕국 왕으로 임명했다.

고구려는 검모잠과 고연무가 안승을 추대.

고구려 부흥 운동을 주도하였으나 내분으로
안승에게 피살당하고 부흥 운동은 실패했다.

하지만 실패했고 **당**은 웅진 도독부와 안동 도호부를 설치.

한반도를 전부 다 지배하려 했어.

그렇게 해서 **나 · 당 전쟁**이 일어났고, 매소성 · 기벌포 전투를 승리하면서

신라는 당의 한반도 지배 야욕에 분노를 느끼고 전쟁을 전개했다.
매소성에 이어 기벌포에서 설인귀의 수군을 섬멸하고 대승을 거두었다.

문무왕 때 삼국 통일을 완성했어.

3 통일신라의 발전

신문왕은 김흠돌의 난 진압하고 전제 왕권을 확립.

신문왕이 즉위하던 해에 왕의 장인이었던 김흠돌이 반란을 도모했다가 제거됐다.

녹읍을 폐지, 관료전을 지급했지.

토지에 대한 수조권만을 지급하는 것으로, 귀족으로부터 백성에 대한 지배권을 뺏기 위함이었다.

국립 대학인 국학을 세우고 지방을 9주 5소경으로 나누고,

유학 교육을 위해 설립했다.

9주는 옛 고구려와 백제의 땅에 각각 3주를 두었고, 5소경은 수도 금성(경주)이 지역적으로 치우쳐 있는 것을 보완하기 위해 설치했다.

신라는 지방 세력을 견제하기 위해 상수리 제도를 실시했어.

군사 조직은 민족 융합을 위한 중앙군인 9서당과 지방군인 10정을 설치했어.

9서당은 고구려, 백제 및 말갈인을 포함하여 편성했다.

농민 생활을 안정시키기 위해 **성덕왕** 때 정전을 지급했고,

농민의 경제를 안정시키고 국가에서 직접 농민의 토지를 지배하여 왕권을 강화하려는 것이었다.

지방에 세금을 걷기 위해 3년마다 민정문서를 작성하며 발전했어.

신라 시대 촌락의 경제 상황을 상세히 알 수 있는 문서로, '촌락문서'라고도 한다.

Step 2 개념 잡고 한국사 달인 되기

1 고구려와 수·당의 전쟁

1. 6세기 말 국제 정세 – 수에 의한 중국 통일

(1) **남북 세력** : 고구려와 돌궐[1] · 백제 · 왜 연결

(2) **동서 세력** : 신라와 수 · 당 연결

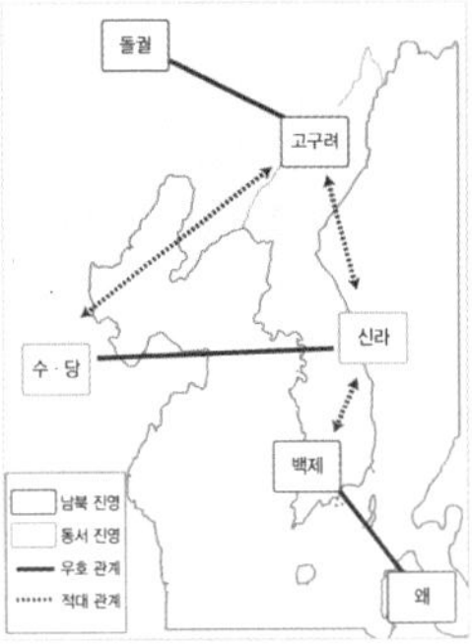

6세기 말 국제 정세

6세기 말 수가 중국을 통일하면서 주변 국가들을 압박하였다. 이 과정에서 돌궐, 고구려, 백제, 왜의 남북 세력과 신라, 수(당)의 동서 세력이 형성되었다.

2. 고구려 – 수의 전쟁

(1) **배경** : 수의 압력에 대항하여 고구려가 요서 지방을 선제 공격함 (598, 영양왕 9년)

(2) **전개**

① 수 문제의 침입(598) : 요하를 지켜내고 침략을 막아냄

② 수 양제의 침입(612) : 113만 대군을 동원하여 고구려를 침공 → 우중문의 30만 별동대 평양성 침입 → 을지문덕의 유도 작전 → 살수에서 격파(살수 대첩)

(3) **결과** : 수의 패배와 멸망

■ 여수장우중문시

신묘한 계책은 천문을 꿰뚫어볼 만하고 오묘한 전술은 땅의 이치를 모조리 알도다. 전쟁에 이겨 공이 이미 높아졌으니 만족을 알고 그만 돌아가시구려.

「삼국사기」

1 돌궐 : 돌궐은 투르크를 한자화한 명칭이다. 돌궐족은 6~8세기에 몽골 고원을 중심으로 활약하였다.

3. 고구려 – 당의 전쟁

(1) **배경** : 고구려가 당의 침략에 대비하여 천리장성[2] 축조
천리장성의 축조를 감독하면서 연개소문이 성장하여 권력을 장악하고 내부적으로는 독재 정치, 대외적으로는 당에 대한 강경 정책을 실시 → 이에 당 태종의 침입

(2) **전개 및 결과** : 당 군이 요하를 건너 요동 지역 장악 → 안시성[3] 싸움에서 성주 양만춘을 비롯하여 군 · 민 모두가 힘을 합쳐 당에 대항 → 고구려 승리(645)

4. 의의 : 고구려가 한반도의 방파제 역할을 함

2 신라의 삼국 통일

1. 나 · 당 동맹의 성립

(1) **신라** : 김춘추가 김유신과 제휴하여 권력을 장악, 백제 의자왕의 공격으로 신라의 요충지인 대야성 함락[4], 고구려와 연합을 시도했으나 실패 후 당과 연합

(2) **당** : 신라를 이용하여 한반도를 장악하려는 목적

2. 백제의 멸망

(1) **원인 및 과정** : 지배층의 향락과 정치 질서의 문란으로 약해진 백제를 먼저 공격 → 김유신의 신라군은 탄현을 넘어 황산벌로 침입, 계백의 저항(황산벌 전투), 소정방이 이끈 당군은 금강 하류로 침입 → 사비성 함락, 백제 멸망(660)

(2) **백제 부흥운동** : 주류성(복신과 도침)과 임존성(흑치상지)을 거점으로 일본에 가 있던 왕자 풍을 왕으로 추대 → 200여 성을 회복하고 사비성과 웅진성을 공격하여 당군을 괴롭힘 → 왜의 지원군이 백강[5]에서 패배 → 지도층의 내분과 주류성 함락 → 임존성 함락으로 실패(665)

3. 고구려의 멸망

(1) **원인 및 과정** : 연개소문 사후 지도층의 내분, 수 · 당과의 오랜 전쟁으로 국력 약화 → 나당 연합군의 공격으로 평양성 함락(668)

---

2 고구려의 천리장성 : 동북쪽으로는 부여성(현재 중국의 지린성에 있는 농안)과 서남쪽으로는 발해만의 비사성(현재 중국의 대련)을 잇는 성으로 고려의 천리장성과 구분된다.

3 안시성 : 안시성은 당시 고구려의 요동 지역을 방어하는 전략적 요충지였다.

4 대야성 함락 : 백제 의자왕은 집권 초기, 신라의 전략적 요충지인 대야성을 공격하였다. 이 싸움에서 패배한 신라는 고구려와의 연합을 요청하였지만 실패하고 당과 연합을 시도하게 된다.

5 백강 : 백강은 지금의 금강 일대를 말한다. 백제 부흥군이 왜에 지원을 요청하여 군대를 파견했지만 백강 전투에서 패배하였다.

(2) **고구려 부흥 운동** : 검모잠은 보장왕의 서자인 안승을 왕으로 받들고 고구려 유민을 모아 한성(재령)을 근거로 부흥 도모, 한때 평양성 탈환에 성공 → 고연무는 압록강을 건너 당군 공격 → 지도층의 내분으로 실패 → 이후 신라는 안승을 금마저(익산)에 보덕 국왕으로 임명하여 고구려 유민을 모아 당의 세력을 축출하는 데 이용함

4. 신라의 통일

(1) **당의 한반도 지배 야욕** : 당은 옛 백제 땅에 웅진 도독부, 고구려 땅에 안동 도호부, 신라 본토에 계림 도독부[6]를 설치함

(2) **나 · 당 전쟁** : 백제 지역의 주둔군 공격으로 시작 → 매소성에서 당의 20만 대군 격파 → 금강 하구의 기벌포에서 당의 수군 섬멸, 당군 축출 → 삼국 통일(676)

(3) **의의** : 무력으로 당의 세력을 축출함, 고구려 · 백제의 문화를 아우르는 민족 문화 발전에 공헌함

(4) **한계** : 통일 과정에서 외세의 협조를 얻음, 대동강 이남의 통일에 그침

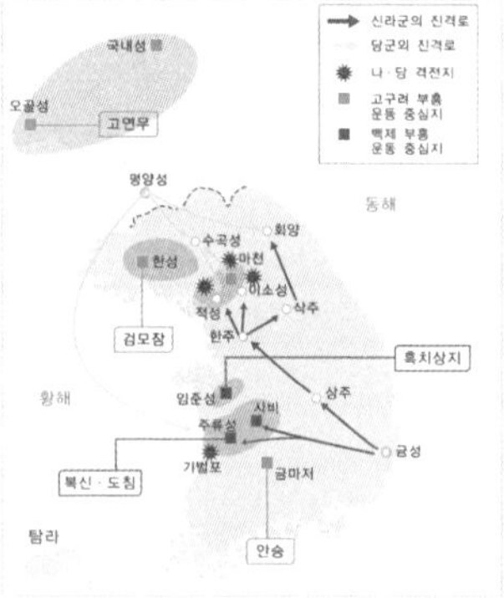

백제 · 고구려의 부흥 운동과 나 · 당 전쟁

한성(재령)을 근거로 검모잠이 고구려 부흥 운동을, 임존성을 근거로 흑치상지가 백제의 부흥 운동을 꾀했지만 실패하였다. 또한 신라는 매소성 전투와 기벌포 전투에서 당군을 격파하였다.

3 통일신라의 발전

1. 통일신라의 전제 왕권

(1) **무열왕** : 김유신의 후원을 받아 최초의 진골 출신 왕이 됨, 이후 8세기 후반에 이르기까지 무열왕의 직계 자손이 왕위를 계승함

6 도호부 · 도독부 : 당이 정벌한 지역을 통치하기 위해 설치한 군사 행정 구역이다. 이러한 군사 행정 구역의 설치를 통해 당의 한반도 지배 야욕을 엿볼 수 있다.

(2) **문무왕** : 통일 완성, 통일 전후로 유교 정치 이념 도입, 중앙 집권적 관료 정치 발달로 왕실의 권위가 높아지고 왕권이 더욱 강화됨, 수중릉

(3) **신문왕** : 김흠돌의 난[7]을 진압하고 귀족 세력을 숙청하며 전제 왕권을 확립함, 관료전을 지급하고 녹읍을 폐지, 제도의 완비(9주 5소경 체제), 국학 설립

(4) **성덕왕** : 신라의 전제 왕권 안정, 정전 지급

2. 통치 조직의 정비

(1) 중앙 통치

① 집사부의 기능과 시중[8]의 지위 강화 : 집사부는 귀족적인 전통보다는 왕권의 지배를 받는 행정부의 성격을 갖음 → 상대등의 세력 약화

② 행정 업무(집사부, 위화부[9] 등), 감찰 업무(사정부)

(2) 지방 통치 – 9주 5소경 체제

① 9주 : 주에는 총관(뒤의 도독)이, 주 아래의 군현에는 태수와 현령이 각각 중앙에서 파견됨, 주 · 군에는 감찰 임무를 가진 외사정[10]을 둠

② 5소경 : 수도가 지나치게 동남쪽에 치우쳐 있는 것을 보완하고, 지방의 균형 있는 발전을 위해 설치

③ 촌 : 토착 세력인 촌주가 지방관의 통제를 받으며 다스림

④ 향 · 부곡 : 정복 과정에서 반항 주민들에게는 특수한 역을 부과하여 특수 행정 구역으로 편입

⑤ 상수리 제도 : 지방 세력을 통제하기 위해 일정기간 수도에 와서 거주하게 하던 것으로 고려 시대 기인 제도로 이어짐

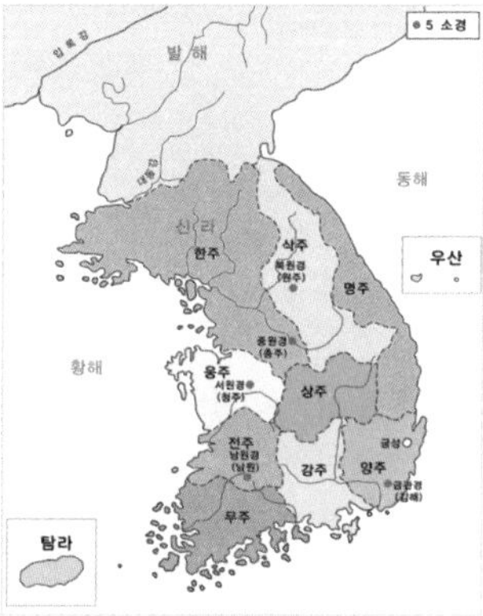

9주 5소경 체제

(3) 군사 조직 – 9서당 10정

① 중앙군 : 신문왕 때 9서당 완성. 고구려인, 백제인은 물론 말갈족까지 포함시켜 편성 → 민족 융합책

② 지방군 : 지방의 9주에 각 1정의 군 부대 배치, 북쪽의 한주(한산주)는 지역의 특성을 고려하여 2개의 정을 배치하여 10정의 부대가 지방에 분산

---

7 김흠돌의 난 : 신문왕 즉위년에 당시 신문왕의 장인이자 가장 막강한 진골 세력인 김흠돌이 정권 장악에 실패하자 난을 일으킨 것으로, 이 난을 진압하면서 왕권의 전제화를 이룰 수 있게 되었다.

8 집사부와 시중 : 신라 시대의 최고 행정 기구로 집사부가 있었고 이 기구의 장은 중시(뒤에 시중)라 했다. 왕권이 강해지면서 중시(시중)의 권한이 강해지고 귀족 대표인 상대등의 세력은 약화되었다.

9 위화부 : 신라에서 인사에 관한 사무를 맡던 관청이다.

10 외사정(外司正) : 주 · 군에 감찰관을 파견한 것으로 중앙 집권적 성격을 더욱 강화하였다. 중앙에는 사정부를 두었다.

3. 사회와 경제

(1) 사회 모습

① 왕권의 전제화, 진골의 김씨가 정치 권력 독점

② 6두품 귀족의 부각 : 왕권과 결탁, 학문적 · 종교적 식견을 가지고 국왕의 정치적 조언자가 됨

③ 귀족은 사치 생활 영위, 평민은 자연 재해 · 고리대 등으로 어려운 생활을 함

■ 귀족의 사치 생활

흥덕왕 9년 왕이 말하기를 "사람에게는 위와 아래가 있고, 벼슬에도 높음과 낮음이 있어 명칭과 법식이 같지 않고 의복 또한 다른 것이다. 그런데 세상의 습속은 점점 각박해지고 백성들은 다투어 사치와 호화를 일삼고 오로지 외래품의 진귀한 것만을 숭상하고 토산품의 야비한 것을 싫어한다. 그리하여 예절이 분수에 넘치는 데 빠지고 풍속이 파괴되는 데에까지 이르렀다. 이에 옛날 법에 따라 엄한 명령을 베푸는 것이니 그래도 만약 일부러 범하는 자가 있으면 진실로 응당한 형벌이 있을 것이다."라고 하였다.

「삼국사기」

⇨ 왕이 사치를 금하는 법을 제정할 만큼 귀족들의 지나친 사치 생활이 문제가 되고 있음을 보여주고 있다.

(2) 경제

① 전제 왕권의 강화 : 관리에게 관료전[11] 지급, 귀족의 녹읍 폐지(신문왕), 일반 백성에게 정전[12] 지급(성덕왕)

② 수취 체제 : 조세(생산량의 1/10), 공납(특산물), 역(16세~60세 정남, 군역 · 요역[13])

③ 상업의 발달 : 금성에 동시 외에 서시, 남시가 설치

④ 민정문서 : 남녀별, 연령별의 정확한 인구와 소 · 말 · 뽕나무 · 호두나무 · 잣나무 등의 수를 촌주가 3년마다 한 번씩 통계를 내어 작성한 문서로, 노동력과 생산 자원이 철저하게 관리됨을 알 수 있음

■ 민정문서의 내용

사해점촌은 11호인데, 중하 4호, 하상 2호, 하하 5호이다. 인구는 147명인데, 남자는 정(丁)이 29명(노비 1명 포함), 조자 7명(노비 1명 포함)…등이다. 논은 102결 정도인데, 관모답 4결, 촌민이 받은 것은 94결이며…뽕나무는 914그루가 있었고 3년간 90그루를 새로 심었다.

「삼국사기」

⇨ 민정문서는 토지 면적, 호수, 인구 수, 나무 종류와 수까지 상세하게 기록하고 있음을 알 수 있다.

11 관료전 : 귀족에게 조세를 수취할 수 있는 수조권만을 제공한 토지로 세습이 불가하였다. 이는 귀족의 경제적, 군사적 기반을 약화시켰다.

12 정전 : 백성들의 토지를 법적으로 인정해 주거나 토지가 없는 백성들에게는 토지를 지급하였던 것을 의미한다.

13 요역 : 국가가 토목 공사 등에 동원하기 위해 백성의 노동력을 징발하는 제도이다.

Step 3 표를 통해 단원 복습하기

1. 고구려와 수 · 당의 전쟁

6세기 말 국제 정세	남북 세력 (돌궐 · 고구려 · 백제 · 왜) ↔ 동서 세력 (수(당) · 신라)
고구려 · 수 전쟁	수양제의 침입 → 을지문덕의 살수 대첩(612)
고구려 · 당 전쟁	당태종의 침입 → 안시성 싸움(645)

2. 신라의 삼국 통일

나 · 당 연합 성립 → **백제 공격, 사비성 함락 (660)** → **백제 부흥 운동, 실패 (복신, 도침, 흑치상지)**

고구려 공격, 평양성 함락 (668) → **고구려 부흥 운동, 실패 (검모잠, 고연무)** → **당의 한반도 지배 야욕**

나당 전쟁 (매소성,기벌포 전투) → **삼국 통일 (676)**

3. 통일신라의 발전

◇ 전제 왕권

무열왕	최초의 진골 출신
문무왕	통일 완성
신문왕	귀족 숙청, 전제 왕권, 관료전 지급, 국학 설립

◇ 통치 조직

통치 조직	중앙	집사부(시중 강화), 위화부(행정), 사정부(감찰) 등 13부
	지방	9주(밑에 주, 군), 5소경(수도 보완)
군사 조직	중앙	9서당(민족 융합)
	지방	10정

◇ 사회와 경제

사회		왕권의 전제화, 6두품 귀족의 부각
경제	토지	관리에게 관료전 지급(녹읍 폐지), 백성에게 정전 지급
	수취	조세, 공납, 역

Step 4 암기송을 들으며 가사 완성하기

Track 04

1 고구려의 수·당 전쟁

❶ ______ 말 동북 아시아의 정세는

❷ ____________ 과 ❸ ____________ 이 대립했지.

먼저 ❹ ______ 가 중국을 통일하고 고구려를 압박했지.

❺ ______ 는 우중문에게 30만 별동대 주어,

평양성을 치게 했지만, 을지문덕이 ❻ ____________ 으로 이겨냈지.

수나라 멸망 이후 건국된 당나라.

❼ ____________ 은 당의 침입을 막기 위해 ❽ ____________ 축조했어.

당 태종 고구려를 침략했지만,

❾ ______________ 에서 양만춘을 만나 실패했어. 성의 공략.

2 신라의 삼국 통일

신라의 삼국 통일은 김춘추의 ❶________으로 시작되지.

그렇게 결성된 나당 연합군은 ❷______이 이끄는 백제를 황산벌에서 격파,

그 후 ❸______을 함락시켰고,

고구려 또한 연개소문 사후 약해진 틈을 타 ❹______을 함락.

백제와 고구려는 멸망했지만 다시 나라 일으키려 ❺______을 전개.

백제는 복신 · 도침 · ❻________가 왕자 풍을 추대,

고구려는 ❼______과 고연무가 안승을 추대.

하지만 실패했고 당은 ❽__________와 안동 도호부를 설치.

한반도를 전부 다 지배하려 했어.

그렇게 해서 나 · 당 전쟁이 일어났고,

❾________________를 승리하면서

❿______ 때 삼국 통일을 완성했어.

3 통일신라의 발전

❶ ______ 은 김흠돌의 난 진압하고 전제 왕권을 확립.

녹읍을 폐지, ❷ ______ 을 지급했지.

국립 대학인 ❸ ______ 을 세우고 지방을 ❹ ______ 으로 나누고,

신라는 지방 세력을 견제하기 위해 ❺ ______ 를 실시했어.

군사 조직은 민족 융합을 위한 중앙군인 ❻ ______ 과

지방군인 ❼ ______ 을 설치했어.

농민 생활을 안정시키기 위해 성덕왕 때 ❽ ______ 을 지급했고,

지방에 세금을 걷기 위해 3년마다 ❾ ______ 를 작성하며 발전했어.

암/기/송/문/제/정/답

1. ① 6세기 ② 남북 세력 ③ 동서 세력 ④ 수나라 ⑤ 수양제 ⑥ 살수 대첩 ⑦ 연개소문 ⑧ 천리장성 ⑨ 안시성 싸움
2. ① 나당 동맹 ② 계백 ③ 사비성 ④ 평양성 ⑤ 부흥 운동 ⑥ 흑치상지 ⑦ 검모잠 ⑧ 웅진 도독부 ⑨ 매소성 · 기벌포 전투 ⑩ 문무왕
3. ① 신문왕 ② 관료전 ③ 국학 ④ 9주 5소경 ⑤ 상수리 제도 ⑥ 9서당 ⑦ 10정 ⑧ 정전 ⑨ 민정문서

Step 5 핵심 문제를 통해 단원 마무리 짓기

실 / 전 / 문 / 제

1. OX 퀴즈

1 당은 113만 대군을 동원하여 고구려를 침입했지만 을지문덕이 살수에서 격파하였다. ( )

2 신라는 백제의 공격으로 고구려와 연합을 시도했으나 실패하고 당과 연합하였다. ( )

3 복신과 도침, 흑치상지는 일본에 가 있던 왕자 풍을 추대하여 고구려 부흥 운동을 꾀하였다. ( )

4 신문왕은 통일을 완성하였다. ( )

5 신문왕은 관료전을 지급하고 녹읍을 폐지함으로써 왕권을 강화시켰다. ( )

6 9주는 수도가 지나치게 동남쪽에 치우친 것을 보완하는 제도이다. ( )

7 중앙군인 9서당은 고구려인, 백제인, 말갈족까지 포함시켜 민족 융합을 꾀하였다. ( )

8 지방의 9주에 각 1정의 군 부대가 배치되고 수도에 2개의 정을 배치하였다. ( )

9 통일신라에서 조세는 생산량의 1/2을 국가에 납부하는 것이었다. ( )

10 신라의 통일은 대동강 이남 지역에 한정되었다는 한계를 가진다. ( )

2. 빈칸 채우기

1 6세기 말 수에 의한 중국 통일로 고구려는 돌궐, 백제, 왜와 (　　　) 세력을, 신라와 수 · 당은 (　　　) 세력을 형성하였다.

2 연개소문은 (　　　)의 축조를 감독하면서 성장하였다.

3 고구려는 (　　　) 사후 지도층의 내분으로 국력이 약화되었고 나당 연합군의 공격으로 멸망하였다.

4 당의 한반도 지배 야욕으로 나 · 당 전쟁이 일어나 (　　　)와 (　　　)에서 당의 군대를 격파하고 삼국 통일을 이룩하였다.

5 (　　　)은 최초의 진골 출신 왕이 되었다.

6 왕권이 강화되면서 집사부의 장관인 (　　　)의 권한이 강화되었고, 귀족 대표인 (　　　)은 약화되었다.

7 말단 행정 구역인 촌은 토착 세력인 (　　　)가 지방관의 통제를 받으며 다스렸다.

8 정복 과정에서 반항 주민들에게는 특수한 역을 부과하여 특수 행정 구역으로 (　　), (　　)을 편성하였다.

9 신라는 안승을 금마저에 보내 (　　)왕으로 임명하여 고구려 유민을 모아 당의 세력을 축출하는 데 이용하였다.

10 상업의 발달로 경주에는 동시 외에 (　　), (　　)가 설치되었다.

3. 초성 퀴즈

1 성주인 양만춘을 비롯하여 군 · 민 모두가 힘을 합쳐 당에 대항한 곳은? ㅇㅅㅅ (　　)

2 보장왕의 서자인 안승을 왕으로 받들고 고구려 부흥 운동을 도모한 사람은? ㄱㅁㅈ (　　)

3 신문왕이 유교 정치 이념을 확립하기 위해 설치한 것은? ㄱㅎ (　　)

4 신문왕이 귀족 세력을 숙청하면서 전제 왕권을 확립하는 계기가 된 사건은? ㄱㅎㄷㅇ ㄴ (　　)

5 통일신라에서 지방 세력을 통제하기 위해 일정 기간 수도에 와서 거주하게 한 제도는? ㅅㅅㄹ ㅈㄷ (　　)

6 성덕왕 때 일반 백성에게 지급된 토지는? ㅈㅈ (　　)

7 통일신라에서 촌주가 3년마다 한 번씩 통계를 내어 작성하던 문서로 노동력과 생산 자원의 관리를 볼 수 있는 것은? ㅁㅈㅁㅅ (　　)

8 통일신라의 수취 체제 중 특산물을 내는 것은? ㄱㄴ (　　)

9 신라의 중앙에서 감찰 업무를 하는 부서는? ㅅㅈㅂ (　　)

10 왕권이 강해지면서 학문적 · 종교적 식견을 가지고 국왕의 정치적 조언자가 된 세력은? ㅇㄷㅍ (　　)

실전 문제 정답

1 OX 퀴즈
1. X　2. O　3. X　4. X　5. O　6. X　7. O　8. X　9. X　10. O

2 빈칸 채우기
1. 남북, 동서　2. 천리장성　3. 연개소문　4. 기벌포, 매소성　5. 무열왕　6. 시중, 상대등　7. 촌주
8. 향, 부곡　9. 보덕국　10. 서시, 남시

3 초성 퀴즈
1. 안시성　2. 검모잠　3. 국학　4. 김흠돌의 난　5. 상수리 제도　6. 정전　7. 민정문서　8. 공납
9. 사정부　10. 육두품(6두품)

1-5 발해의 발전과 통일신라의 동요

Step 1 암기송을 통해 흐름 파악하기

Track 05

1 발해의 건국과 발전

조선 후기의 실학자 유득공의 『발해고』에서
통일신라와 발해를 '남북국'이라는 용어로 서술했다.

고구려의 유민 대조영이 동모산에서 발해를 건국. 남북국 시대가 개막해~!!

7세기 말 거란족의 반란으로 당의 지배가 약화된 틈을 타
대조영이 고구려 유민과 말갈인들을 데리고 만주 동북 지방에
새로운 국가를 세웠다.

발해의 왕은 무왕, 문왕, 선왕이 가장 중요해~ (지금부터 잘 들어봐. Listen!)

무왕은 영토 확장에 주력한 왕. 장문휴 보내 당의 산둥 지방을 공격. (인안)

독자적 연호의 사용은 중국과 대등한 지위를 가졌음을 알려준다.

문왕은 당과 친선 관계 수립한 왕. 상경으로 천도하고 신라도를 개설. (대흥)

발해의 상경에서 동경, 남경을 거쳐 동해안을 따라 신라에 이르던 교통로다.

선왕은 발해 최고 전성기 이룩한 왕. 해동성국이라 불렸지. (건흥)

선왕 때 가장 안정된 국력을 유지하면서 당으로부터 '해동성국'이라는 칭호를 얻게 됐다.

발해는 당의 3성 6부제를 수용. 발해만 독자적인 방식으로 운영.

당과 달리 정당성 중심의 이원적 운영과 유교식 명칭을 사용하여 독자성을 유지했다.

지방을 5경 15부 62주로 나누고 중앙군인 10위를 두었어~

고구려를 계승한 발해~!! 지배층이 고구려 출신, 일본에 보낸 국서 통해 알 수 있지.

'고구려의 옛 땅을 회복시키고 부여의 전통을 잇는다.'라고 되어 있다.

(하지만)

발해는 거란의 침입으로 멸망. 후발해, 정안국 세워 부흥 운동 벌였지만,

압록강 중류 지역에 발해의 유민이 세운 나라이다. 거란에 의해 멸망됐다.

실패하고 역사 속으로 남게 되었어.

2 통일신라의 동요

폐지됐던 녹읍은 경덕왕 때 부활. 왕권이 약화됐다는 것을 증명!

신라 하대 혜공왕이 피살되며 진골 귀족 간의 권력 다툼 심화.

김헌창의 난이 발생하고, 장보고의 난도 발생했어.

해상무역으로 세력이 커진 장보고는
문성왕이 자기의 딸을 아내로 맞아주지 않는 데
분개하여 반란을 일으켰다가 자객에 의해 살해됐다.

진성여왕의 사치로 원종과 애노가 난을 일으켰지.

진성여왕이 즉위 시절 왕의 정치적 문란과 실정,
귀족의 사치 풍조, 자연재해 등이 겹치면서 중앙정부에 대한
강한 불만이 생겼고 이는 백성들의 반란을 불러왔다.

지방에 대한 통제력이 약화되자 이틈을 타 **호족**들이 성장했어.

신라 말기 불교에서는 선종이 성장했다.
선종은 교종에 대항하며 신라 말기 호족의 후원으로
뚜렷한 종파를 형성하게 되었다.

선종 받아들이고, 풍수지리설 수용. 6두품과 연합했어.

6두품은 신라에서 왕권 강화에 중요한 역할을 수행했다.
당나라 유학생도 많이 배출되었지만 지식 수준에 비해
정치적 대우를 받지 못하여 불만이 많은 계층이었기 때문에
신라 말기 지방 호족 세력과 연합하여 사회 개혁을 추구했다.

신라 말 원종·애노의 난을 시작으로 기훤, 양길, 견훤 등이
각각 농민 반란을 주도했다. 이 세력들 중
견훤은 완산주 지역에 도읍하여 '후백제'를 건국했다.

견훤이 완산주에 후백제를 건국. **궁예**는 송악에 후고구려를 건국.

궁예는 신라 왕족의 후예이지만 권력 투쟁으로 밀려난 후
승려가 됐다. 이후 양길의 부하로 군사를 이끌고 세력을 키웠고,
송악을 중심으로 '후고구려'를 세웠다.

궁예는 도읍을 철원으로 이동. 나라 이름 태봉으로 고쳐.

후삼국 시대가 시작된 거야.

Step 2 개념 잡고 한국사 달인 되기

1 발해의 건국과 발전

1. 발해의 성립

(1) **발해의 건국** : 고구려 장군 출신인 대조영이 고구려 유민들을 이끌고 동모산[1]을 중심으로 나라를 세움(698) → 남북국의 형세 마련

(2) **발해의 주민 구성** : 지배층을 형성한 고구려인과 피지배층의 말갈인으로 구성

(3) **발해의 고구려 계승 의식**

① 발해가 일본에 보낸 외교 문서에 스스로 고려국왕이라 칭함

② 고구려 문화 계승 : 불상, 기와, 건축 구조, 고분의 모줄임 천장[2] 등의 미술 양식과 발해의 온돌 장치 등이 고구려 문화와 유사함

발해와 고구려의 연꽃무늬 수막새

발해의 문화가 고구려의 문화와 유사함을 보여 준다.

2. 발해의 발전

(1) **무왕**(인안, 719~737)

① 영토 확장에 주력 : 동쪽의 여러 부족을 복속시키고 북만주 일대 장악

② 당과 적대 관계 : 발해의 영토 확장으로 당은 흑수부 말갈족[3]을 이용하여 대립, 발해는 흑수부 말갈을 공격하고 장문휴로 하여금 산둥 지방을 공격하게 함

(2) **문왕**(대흥, 737~793)

① 천도 : 수도를 중경에서 상경으로 옮김

② 대외 관계

- 당과 친선 관계 : 국교 수립, 유학생 파견, 중국 문화 수입으로 문화 발전
- 신라 : 상설 교통로인 신라도를 개설하여 대립 관계를 해소하려 함

1 동모산 : 오늘날 중국 지린성 둔화성에 위치하는 곳으로 사방이 험준하여 방어에 유리한 곳이다.

2 모줄임 천장 : 사각의 방 천장을 만들 때 모서리에 세모의 굄돌을 걸치는 식으로 모를 줄여가며 천장을 올리는 형식으로, 고구려 고분의 특징이다. 이와 같은 형식이 정혜공주 묘에서 나타나고 있는 것으로 보아 고구려 문화를 계승했음을 알 수 있다.

3 흑수부 말갈족 : 말갈족 중 하나로 대부분의 말갈족은 발해에 편입되었으나 흑수 말갈은 포섭되지 않고 당의 발해 공격에 이용되었다.

(3) **선왕**(건흥, 818~830)

① 지방 행정 조직 정비 : 5경 15부 62주

② 영토 확장 : 북쪽에 있는 여러 부족 병합으로 영토 확장

③ 전성기 : 당으로부터 '해동성국'이라 칭해짐

(4) **발해의 자주성** : 인안, 대흥 등 독자적 연호 사용 – 대외적으로 중국과의 대등한 지위, 대내적으로 왕권의 강대함 표현

3. 발해의 멸망

(1) **멸망** : 10세기 초 국력이 약화되면서 거란족에게 멸망(926)

(2) **부흥 운동** : 후 발해국 · 정안국 · 대 발해국 등 멸망 후 200여 년 뒤까지 지속됨

4. 발해의 통치 구조

(1) 발해의 중앙 정치 기구

① 당의 3성 6부제 수용 : 정당성, 선조성, 중대성의 3성과 충부 · 인부 · 의부 · 지부 · 예부 · 신부의 6부가 중심, 그 밖에 중정대(관리감찰), 주자감(최고교육기관) 등

② 독자적 특징

- 이원적 통치 : 중국 3성이 대등한 것과 달리 정당성이 최고 합의 기구로, 아래에 6부를 3부씩 나누어 각각 관리함
- 유교식 명칭 사용 : 충부 · 인부 · 의부 · 지부 · 예부 · 신부

발해의 중앙 정치 조직

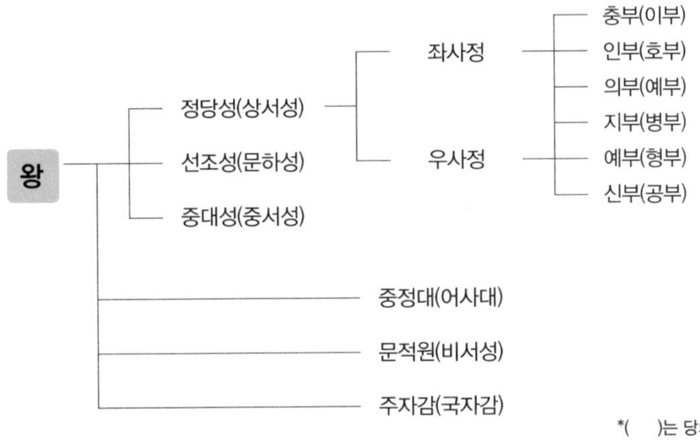

*(　　)는 당의 관제

(2) 지방 제도

① 5경 15부 62주 체제 : 수도인 상경 외에 중경, 동경, 남경, 서경을 둠, 15부가 지방 행정의 중심으로 도독 파견, 밑으로 62주에는 자사 파견, 주 밑에는 현을 두고 말단 조직으로 촌락이 존재

② 지방관은 고구려인으로 임명하였으나 말단 조직인 촌락의 촌장은 말갈인 등 토착 세력이 지배함

(3) 군사 제도 : 중앙군 10위(각 위마다 대장군과 장군이 통솔)

5. 발해의 사회와 경제

(1) 사회

① 구성 : 지배층은 고구려계가 대부분이고 피지배층은 대체로 말갈인으로 구성

② 사회 모습

- 상층 사회 : 당의 제도와 문화 수용, 당에 유학생 파견
- 하층 사회 : 고구려나 말갈 사회의 전통적인 생활 모습 유지

(2) 경제

① 귀족의 생활 : 대토지 소유, 무역을 통해 당의 비단 · 서적 수입

② 농업

- 기후로 인해 논농사보다 밭농사 중심
- 철제 농기구 확산 · 수리 시설의 확충 → 일부 지방 벼농사

③ 수공업 : 제철업 발달, 방직업, 도자기 분야에서 발달

④ 목축과 수렵 : 솔빈부[4]의 말은 주요한 수출품이 됨

2 통일신라의 동요

1. 중앙 정치의 문란

(1) 왕권의 동요

① 경덕왕 이후 녹읍제 부활 등 전제 왕권이 동요되기 시작 → 상대등 강화(시중 약화)

② 혜공왕 때 귀족들의 반란으로 왕이 피살되고 전제 왕권이 몰락, 이후 150여 년간 20명의 왕이 교체되는 등 왕위 쟁탈전 전개

③ 김헌창의 난 : 웅천주 도독 김헌창은 자신의 아버지 김주원이 원성왕에 밀려 왕위에 오르지 못한 것에 원한을 품고 반란을 일으킴 → 중앙 정부의 지방 통제력 약화 → 호족의 성장

4 솔빈부 : 발해의 15부 중 하나로 말의 특산지로 이름이 났던 곳이다.

■ 통일신라 왕권의 동요

헤공왕 2년 7월 3일에 대공 각간의 적도가 일어나 왕도와 5도 주군에서 96각간이 서로 싸워 크게 어지러워졌다.…헤공왕 16년, 이찬 김지정은 왕을 배반하고 무리를 모아서 궁궐을 포위하여 침범하였다.…왕과 왕비는 난병들에게 살해되었다.

「삼국사기」

⇨ 헤공왕이 어린 나이에 즉위하자 그동안 불만을 품고 있던 귀족들이 전국적으로 난을 일으켰다. 이후 왕위 쟁탈전은 더욱 치열해졌다.

■ 김헌창의 난

헌덕왕 14년 3월 웅천주 도독 김헌창은 그 아버지 주원이 왕이 되지 못한 이유를 내세워 반란을 일으켰다. 나라 이름을 장안이라 하고 연호를 경운 원년이라 하였다. 무진주, 완산주, 청주, 사벌주의 4주 도독과 국원경, 서원경, 금관경의 사신과 여러 군현의 수령들을 위협하여 자기의 소속으로 삼았다.

「삼국사기」

⇨ 김헌창의 난으로 귀족들 사이에 왕위 쟁탈전이 심화되고 지방에 대한 통제력이 약화되어 호족이 성장하는 배경이 되었다.

④ 장보고의 난 : 자신의 딸을 문성왕의 왕비로 보내려 했으나 군신들의 반대로 좌절되자 난을 일으킴

2. 지방 통제 약화

(1) 사회 혼란

① 진성여왕 이후 정치적 문란과 잇단 천재지변으로 농민 반란이 빈발(원종 · 애노의 난)

② 최치원 등 6두품 지식인들이 새로운 정치 질서를 꾀했지만 배척당함

(2) 6두품

① 골품제의 한계로 인해 당으로 유학 후 빈공과[5]에 합격(최치원)

② 통일 후 정계에 진출하여 왕권과 결탁, 신라 말 새로운 정치 질서를 꾀했지만 배척당하고 선종 · 호족 세력과 연합

(3) 호족 세력의 등장

① 배경 : 중앙 정부의 지방 통제력 약화로 등장

② 특징

- 중앙 정부의 통제에서 벗어나 군 단위의 지방을 다스리면서 성주나 장군으로 자처
- 선종과 풍수지리설 수용, 6두품과 결탁

5 빈공과 : 당에서 외국인을 상대로 실시했던 과거 시험이다. 신라에서는 골품제로 인해 관직 진출의 한계가 있는 6두품이 빈공과에 응시하여 합격한 경우가 있었다.

③ 유형
- 토착 세력인 촌주의 성장
- 지방으로 내려간 중앙 귀족
- 해상 무역을 통해 부를 축적하면서 군사적 기반까지 마련한 군진 세력 등

3. 후삼국의 성립

(1) **후백제**(900) : 견훤이 완산주에 도읍, 충청도와 전라도 지역 장악

(2) **후고구려**(901) : 궁예가 송악에 도읍, 강원도와 경기도 일대 장악 → 철원 천도, 국호 변경(마진→ 태봉), 미륵신앙[6]을 이용해 왕권 강화

■ 견훤과 궁예

- 견훤은 상주 가은현 사람으로 본래의 성은 이씨였는데 후에 견으로 성씨를 삼았다.…신라 진성왕 6년 아첨하는 소인들이 왕의 곁에 있어 정권을 농간하매 기강은 문란하여 해이해지고, 기근이 곁들어 백성들이 떠돌아다니고 도적들이 벌 떼처럼 일어났다. 이에 견훤이 은근히 반심을 품고 무리를 모아 서울 서남쪽 주현들로 진격하니, 가는 곳마다 호응하여 무리가 한 달 사이에 5000여 인에 이르렀다.…"지금 내가 도읍을 완산에 정하고, 어찌 감히 의자왕의 쌓인 원통함을 씻지 아니하랴."하고, 드디어 후백제 왕이라 스스로 칭하고 관부를 설치하여 직책을 나누었다.

「삼국사기」

- 궁예는 신라 사람으로 성은 김씨이고, 아버지는 제47대 헌안왕 의정이며, 어머니는 헌안왕의 후궁이었다.…신라 말기에 정치가 거칠어지고 백성들이 흩어져서…이곳저곳에서 도적들이 벌 떼처럼 일어나서 개미같이 모여드는 것을 보고 궁예는 어지러운 때를 틈타서 무리를 끌어 모으면 자기 뜻을 이룰 수 있을 것이라 생각하였다.… 궁예는 왕이라 자칭하고 사람들에게 이르기를 "이전에 신라가 당나라에 군사를 청하여 고구려를 격파하였기 때문에 옛 서울 평양은 묵어서 풀만 무성하게 되었으니 내가 반드시 그 원수를 갚겠다."라고 하였다.

「삼국사기」

⇨ 신라 말에 정치가 어지러운 틈을 타 각지에서 반 신라 세력이 일어나고 있었다. 그중 세력을 키운 견훤은 후백제를, 궁예는 후고구려를 세웠다.

6 미륵신앙 : 미륵신앙은 미륵불이 미래의 어느 때에 출현하여 세상을 구원한다는 신앙이다. 궁예는 스스로를 미륵불이라 칭하였다.

Step 3 표를 통해 단원 복습하기

1. 발해의 건국과 발전

◇ 발해의 건국과 발전

성립	대조영이 동모산을 중심으로 건국(698)	
발전	무왕	영토 확장, 산둥 지방 공격(장문휴) → 당과 적대 관계
	문왕	천도(중경→상경), 당과 친선 관계, 신라도 개설
	선왕	5경 15부 62주 정비, 9세기 전성기(해동성국)
멸망	10세기 초 거란에 멸망 → 부흥 운동	

◇ 정치와 사회 · 경제

정치	중앙	• 3성 6부제(당제도 수용) • 독자적 운영(이원적 통치, 유교식 명칭)
	지방	5경 15부 62주
	군사	10위(중앙군)
사회	고구려인(지배층), 말갈인(피지배층)	
경제	밭농사 중심, 솔빈부 말 수출	

2. 통일신라의 동요

중앙 정치 문란	경덕왕 이후 녹읍제 부활 → 혜공왕 이후 왕위 쟁탈전(김헌창의 난)
지방 통제 약화	• 진성여왕 이후 사회 혼란(원종 · 애노의 난) • 6두품이 선종 · 호족세력과 연합 • 호족 세력의 등장 : 지방에서 성주나 장군으로 자처
후삼국 성립	• 후백제(900) : 견훤(완산주) • 후고구려(901) : 궁예(송악)

Step 4 암기송을 들으며 가사 완성하기

Track 05

1 발해의 건국과 발전

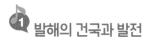

고구려의 유민 ❶_______이 동모산에서 발해를 건국. 남북국 시대가 개막해~!!

발해의 왕은 무왕, 문왕, 선왕이 가장 중요해~ (지금부터 잘 들어봐. Listen!)

❷_______은 영토 확장에 주력한 왕. 장문휴 보내 당의 산둥 지방을 공격. (인안)

문왕은 당과 친선 관계 수립한 왕. 상경으로 천도하고 ❸_______를 개설. (대흥)

❹_______은 발해 최고 전성기 이룩한 왕. ❺__________이라 불렸지. (건흥)

발해는 당의 ❻______________를 수용. 발해만의 독자적인 방식으로 운영.

지방을 5경 15부 62주로 나누고 중앙군인 ❼_______를 두었어~

❽_______를 계승한 발해~!

지배층이 고구려 출신, 일본에 보낸 국서 통해 알 수 있지.

(하지만)

발해는 거란의 침입으로 멸망. 후발해, ❾_______ 세워 부흥 운동 벌였지만,

실패하고 역사 속으로 남게 되었어.

❷ 통일신라의 동요

폐지됐던 ❶______은 경덕왕 때 부활.

왕권이 약화됐다는 것을 증명!

신라 하대 ❷______이 피살되며 진골 귀족 간의 권력 다툼 심화.

❸____________이 발생하고, 장보고의 난도 발생했어.

진성여왕의 사치로 ❹____________가 난을 일으켰지.

지방에 대한 통제력이 약화되자 이틈을 타 ❺______들이 성장했어.

선종 받아들이고, 풍수지리설 수용. ❻______과 연합했어.

❼______이 완산주에 후백제를 건국.

궁예는 송악에 ❽_________를 건국.

궁예는 도읍을 철원으로 이동. 나라 이름 ❾______ 으로 고쳐.

후삼국 시대가 시작된 거야.

암/기/송/문/제/정/답

1. ① 대조영 ② 무왕 ③ 신라도 ④ 선왕 ⑤ 해동성국 ⑥ 3성 6부제 ⑦ 10위 ⑧ 고구려 ⑨정안국
2. ① 녹읍 ② 혜공왕 ③ 김헌창의 난 ④ 원종과 애노 ⑤ 호족 ⑥ 6두품 ⑦ 견훤 ⑧ 후고구려 ⑨ 태봉

Step 5 핵심 문제를 통해 단원 마무리 짓기

실 / 전 / 문 / 제

1. OX 퀴즈

1 발해는 지배층을 형성한 고구려인과 피지배층의 말갈인으로 구성되었다. ( )

2 문왕은 영토 확장 과정에서 흑수부 말갈을 공격하였다. ( )

3 발해는 신라와 전혀 교류하지 않았다. ( )

4 발해의 지방 행정 조직은 5경 15부 62주로 정비되었다. ( )

5 발해는 당의 3성 6부제를 수용하여 중앙정치기구를 구성하였다. ( )

6 발해는 논농사가 중심이 되었다. ( )

7 혜공왕 이후 녹읍제가 부활되면서 왕권이 동요되기 시작하였다. ( )

8 녹읍제가 부활되면서 귀족의 권한이 강해지고 시중도 강화되었다. ( )

9 통일신라 말 사회가 혼란스러워지자 농민 반란이 빈번히 일어났다. ( )

10 호족은 토착 세력인 촌주를 비롯하여 지방으로 내려간 중앙 귀족 등으로 이루어졌다. ( )

2. 빈칸 채우기

1 (　　)은 영토 확장에 주력하고 (　　)로 하여금 산둥 반도를 공격하게 하였다.

2 발해의 기와, 고분 양식 등은 (　　)의 문화를 계승하고 있음을 보여준다.

3 무왕은 (　　), 문왕은 (　　)이라는 연호를 사용하였다.

4 발해는 10세기 초 (　　)에게 멸망하였다.

5 발해의 6부는 (　　) 명칭을 쓴 것이 특징이다.

6 발해는 중앙군으로 (　　)가 있었다.

7 발해의 최고 교육 기관은 (　　)이었다.

8 아버지 김주원이 원성왕에 밀려 왕위에 오르지 못한 것에 원한을 품고 (　　)이 일어났다.

9 중앙 정부의 지방 통제력 약화로 지방 세력인 (　　)이 새롭게 등장하였다.

10 궁예는 (　　)을 이용하여 왕권을 강화하려 하였다.

3. 초성 퀴즈

1. 9세기 선왕 때 전성기를 이룩하고 당으로부터 무엇이라 불리었는가? ······ ㅎㄷㅅㄱ (　　　)
2. 문왕은 발해의 수도를 중경에서 어디로 옮겼는가? ······ ㅅㄱ (　　　)
3. 고구려 유민들을 이끌고 동모산을 중심으로 발해를 건국한 사람은? ······ ㄷㅈㅇ (　　　)
4. 발해의 최고 합의 기구는? ······ ㅈㄷㅅ (　　　)
5. 발해의 15부 중 말의 특산지로 이름이 났던 곳은? ······ ㅅㅂㅂ (　　　)
6. 발해의 중앙 정치 기구 중 관리 감찰을 맡았던 곳은? ······ ㅈㅈㄷ (　　　)
7. 진성여왕 때 정치 문란으로 일어났던 농민 반란은? ······ ㅇㅈ · ㅇㄴㅇ ㄴ (　　　)
8. 호족이 수용했던 불교는? ······ ㅅㅈ (　　　)
9. 궁예가 후고구려를 건국하면서 도읍으로 삼은 곳은? ······ ㅅㅇ (　　　)
10. 완산주를 도읍으로 후백제를 건국한 사람은? ······ ㄱㅎ (　　　)

실전 문제 정답

1 OX 퀴즈
1. O　2. X　3. X　4. O　5. O　6. X　7. X　8. X　9. O　10. O

2 빈칸 채우기
1. 무왕, 장문휴　2. 고구려　3. 인안, 대흥　4. 거란　5. 유교식　6. 10위　7. 주자감
8. 김헌창의 난　9. 호족　10. 미륵신앙

3 초성 퀴즈
1. 해동성국　2. 상경　3. 대조영　4. 정당성　5. 솔빈부　6. 중정대　7. 원종 · 애노의 난
8. 선종　9. 송악　10. 견훤

1-6 고대 국가의 문화와 대외 교류

Step 1 암기송을 통해 흐름 파악하기

Track 06

1 유교의 보급과 역사서의 편찬

삼국 시대의 **유교** 교육은 고구려의 태학,

백제 박사 제도, 신라 임신서기석으로 알 수 있지.

통일신라의 신문왕은 국학을 설립했고 원성왕은 독서삼품과를 실시했지.

원성왕은 유교경전을 이해하는 수준에 따라 상등, 중등, 하등으로 구분하여 관리 선발에 참고하였다.

신라 제일의 문장가 중 한 명으로, 역사적인 중요 사건을 기록한 『계림잡전』, 화랑들의 전기를 모은 『화랑세기』 등을 저술했다.

김대문은 화랑세기 저술, 최치원은 빈공과에 합격.

최치원은 6두품 출신으로 뛰어난 학식을 가지고 당에서 빈공과에 합격한 후 귀국했지만 자신의 뜻을 이루지 못함에 산으로 들어가 가야산 해인사에서 여생을 마쳤다.

발해는 주자감을 설립했어.

역사서는 고구려 신집, 백제는 서기, 신라는 국사를 편찬했지.

삼국은 중앙 집권적 체제를 정비해가는 과정에서 국가적 사업으로 역사서를 편찬했다.

2 불교의 발전

고구려는 금동연가 7년명 여래 입상.

초기에는 목탑이 유행하였다가 이후에는 석탑으로 바뀌었는데,
미륵사지 석탑은 목탑의 형식을 가지고 있어 과도기적 성격을 보여준다.

백제는 미륵사지 석탑, 정림사지 5층 석탑, 서산 마애 삼존상.

선덕여왕 때 벽돌 모양으로 다듬어 쌓은 모전 석탑이다.

신라는 황룡사 9층 목탑, 분황사 석탑, 배동 석조여래 삼존 입상.

7세기 선덕여왕 때 세워진 것으로 높이가 70여 미터에 이르는
거대한 목탑이었을 것으로 추정된다.
그러나 몽골의 침입으로 소실됐다.

통일신라 원효는 나무아미타불로 불교의 대중화에 앞장섰지.

화쟁 사상을 주장하고 금강삼매경론을 저술하지.

『금강삼매경』이 함축하고 있는 다양한 내용을
원효 사상의 핵심인 화쟁사상이라는 큰 흐름 속에서
설명하고 있는 책이다.

당으로 간 의상은 화엄종을 개창하고,

의상은 당나라에서 화엄학을 배우고 귀국하여,
부석사를 창건하고 신라에 화엄종을 개창했다.

부석사를 건립. 혜초는 왕오천축국전을 저술했어.

인공적으로 석굴을 만들고 사원을 만들었다.
신라의 높은 과학기술을 보여준다.

감은사지 3층 석탑, 불국사 3층 석탑, 다보탑, 석굴암 본존 불상

불국사는 불교적 세계관을 표현하고 있는 사찰이다.
백운교와 청운교, 3층 석탑과 다보탑 등은
뛰어난 조형미를 보여주고 있다.

신라 하대 9산 선문 건립. 쌍봉사 철감선사 승탑.

발해는 영광탑과 이불병좌상!

중국 장백현에 남아 있는 발해 시대의 탑으로,
전탑 양식을 가지고 있어 통일신라와 비교되기도 하고,
발해에서도 역시 불교가 중요하였음을 보여준다.

3 도교와 풍수지리설

귀족 사회를 중심으로 유행한 도교.

고구려 사신도, 백제는 산수무늬 벽돌 · 금동 대향로.

신선들이 사는 이상적인 세계를 그린 듯 구름무늬, 산수무늬 등이 아름답게 새겨져 있는 이 벽돌은 백제의 도가 사상이 잘 표현되어 있다.

풍수지리설은 신라 말 도선에 의해 전래 **지방의 중요성**을 강조했어.

4 고대 국가의 대외 교류

삼국 문화의 **일본 전파**는 고구려의 담징이 종이와 먹을 전해주고,

백제의 노리사치계는 불경과 불상을 전해줬어. 신라는 조선술,

일본 아스카 문화의 대표적인 토기로 가야 토기의 영향을 많이 받았다.

가야 일본 스에키 토기에 영향. 일본 아스카 문화 형성에 기여했던 삼국 문화.

7세기 전반에 나라 남쪽 아스카 지방을 중심으로 한 문화이다. 쇼토쿠 태자 시대의 문화로 불교가 크게 발달했다.

통일신라는 울산항을 기점 당나라에 신라방을 설치, 장보고 청해진을 설치하지.

일본 하쿠호 문화에 영향.

통일신라 때 전해진 불교와 유교에 영향을 받았다.

발해 또한 조공도와 신라도를 통해 이웃 나라들과 교류했어.

발해와 당이 교류하던 교통로로, 요동 반도와 산둥 반도를 잇는 바닷길이었다.

Step 2 개념 잡고 한국사 달인 되기

1 고대 국가의 문화

1. 불교의 발달

(1) 불교의 수용

① 고구려는 소수림왕, 백제는 침류왕 때 공인, 신라는 법흥왕 때 이차돈의 순교 후 공인[1]

② 불교의 기능 : 종교로서의 기능, 중앙 집권화에 기여, 불교의 전래와 함께 선진 문화 수용

(2) 불교의 발달–통일신라

① 원효

- 불교의 대중화 : 아미타신앙[2], '나무아미타불' 암송 강조
- 화쟁 사상[3] 주장, 『금강삼매경론』, 『대승기신론소』 저술 → 불교의 이해 기준 확립, 종파 융합 강조

■ 원효의 화쟁 사상

열면 헬 수 없고 가없는 뜻이 대종(大宗)이 되고, 합하면 이문(二門) 일심(一心)의 법이 그 요체가 되어 있다. 그 이문 속에 만 가지 뜻이 다 포용되어 조금도 혼란됨이 없으며 가없는 뜻이 일심과 하나가 되어 혼융된다. 이런 까닭에 전개, 통합이 자재하고, 수립, 타파가 걸림이 없다. 펼친다고 번거로운 것이 아니고 합친다고 좁아지는 것도 아니다.

「대승기신론소」

⇨ 원효는 모든 것이 한마음으로부터 나온다는 일심 사상을 바탕으로 종파 간의 대립을 조화시키려 하였다.

② 의상

- 신라 화엄종 개창, 『화엄일승법계도』[4] 저술
- 조화의 사상을 제시함으로써 왕권 강화에 이용됨
- 부석사 건립

③ 원측 : 당에 가서 현장의 제자가 되어 법상종[5]성립의 기반 마련

④ 혜초 : 인도 · 서역 지방을 순례하며 『왕오천축국전』 저술

1 신라의 불교 공인 : 신라는 법흥왕 이전에 이미 고구려를 통해 불교를 수용했지만 귀족의 반대가 심하여 불교가 공인되지 못하고 있었다. 이에 법흥왕은 이차돈의 순교를 통해 귀족들의 반대를 누르고 불교를 공인하였다.

2 아미타신앙 : 나무아미타불을 열심히 암송하면 극락에 갈 수 있다는 신앙으로 불교의 대중화에 기여하였다.

3 화쟁 사상 : 원효의 대표적 사상으로써 서로 대립하는 것같이 보이는 교리나 학설 모두 하나의 궁극적인 깨달음의 진리를 가리킨다고 보았다.

4 화엄일승법계도 : 의상이 화엄 사상의 요지를 요약한 그림 시로, 모든 존재는 상호 의존적인 관계에 있으면서 조화를 이루고 있다는 화엄 사상을 주장하였다.

5 법상종 : 통일신라 때 성립된 불교 종파의 하나로 유식 사상과 미륵신앙을 기반으로 성립되었다. 유식 사상은 인도 대승불교의 하나로 중국의 현장이 소개하였다.

(3) 선종의 등장

① 등장 : 통일신라 전후에 전래 → 신라 말기 지방 세력의 성장과 더불어 유행
② 특징 : 형식과 권위를 부정하고 실천 · 수행을 통한 깨달음을 얻는 것 중시
③ 영향 : 사회 변혁을 희망하던 호족 · 6두품과 결탁, 9산[6]의 성립

2. 도교와 풍수지리설의 유행

(1) 도교 – 신선사상과 불로장생의 결합

① 고구려 : 고분 벽화(사신도), 연개소문이 보장왕 때 당으로부터 도교 도입
② 백제 : 신선 사상 유행(산수무늬 벽돌, 금동 대향로)
③ 신라 : 화랑을 일명 국선 · 풍월 · 선랑이라 함

(2) 풍수지리설

① 신라 말기 도선에 의해 유입
② 도참 신앙[7]과 결부, 지방 호족 세력 합리화

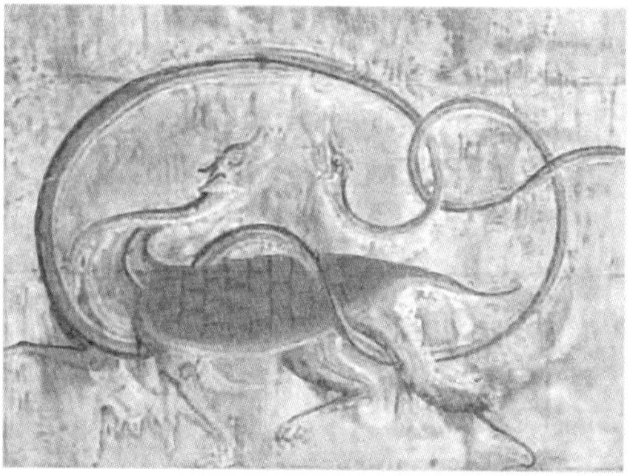

고구려 사신도(강서대묘)

사신(四神)은 청룡 · 백호 · 주작 · 현무를 말한다. 도교에서 동서남북 네 방위를 지키는 수호신으로 고구려 고분 벽화에 많이 나타난다.

6 9산 선문 : 선종이 중국에서 유입된 이후 신라 곳곳에 형성한 9개의 선문(문파)이다. 선종의 성장을 보여준다.
7 도참 신앙 : 미래에 대한 예언을 믿는 신앙이다.

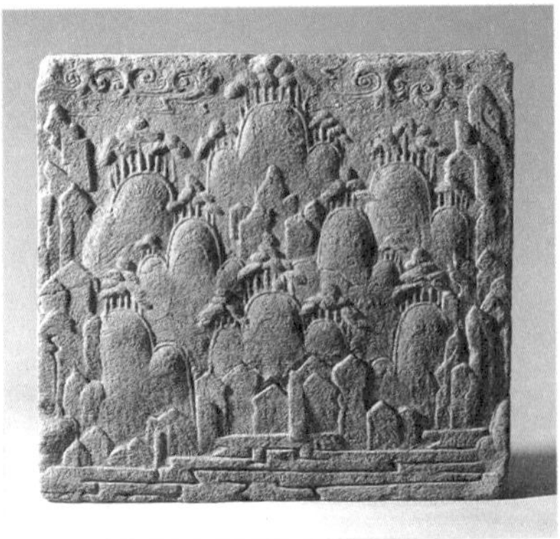

백제의 산수무늬 벽돌

산수무늬는 도교의 이상향 곧 신선 사상을 표현하고 있다.

백제의 금동 대향로

불교와 도교 사상이 융합되어 있는 공예품으로 신선 사상을 표현하고 있다.

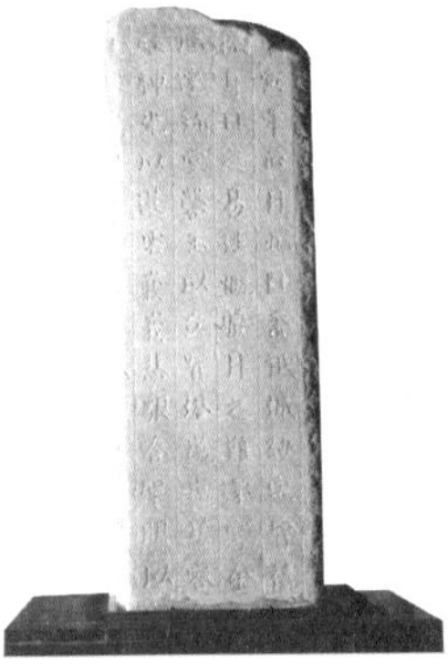

백제의 사택지적비

노장 사상의 허무주의가 나타나는 도교적 내용이 나타난다. 또한 세련된 한문은 유학의 발달을 보여준다.

3. 학문의 발달

(1) 삼국의 학문 발달

	고구려	백제	신라
한학의 발달	태학과 경당을 세워 한학을 가르침	5경 박사와 사택지적비를 통해 높은 수준 추측	임신서기석[11]의 내용 (유학 보급)
역사서의 편찬	이문진이 『유기』를 간추려 『신집』 편찬	고흥의 『서기』 편찬	거칠부의 『국사』 편찬

(2) 통일신라의 학문 발달

① 유학 장려 : 국학 설립(신문왕), 독서삼품과[9](원성왕)

② 한학의 발달

- 6두품 출신으로 유교적 이념과 도덕적 합리주의 주장 : 최치원-『계원필경』, 『토황소격문』, 강수-외교 문서 작성, 설총-이두[10] 정리, 『화왕계』
- 김대문 『화랑세기』, 『고승전』, 『한산기』 저술

→ 신라 문화의 주체적 인식

최치원	『계원필경』, 『토황소격문』
강 수	외교 문서
설 총	이두 정리 『화왕계』

(3) 발해의 학문

① 유교 교육 : 주자감 설립, 당의 빈공과 급제

② 정혜공주 묘지와 정효공주 묘지에서 세련된 4 · 6변려체[11] 발견

4. 과학기술의 발달

(1) **천문학** : 농업의 발달과 밀접, 신라의 첨성대는 동양에서 현존하는 가장 오래된 천문대

(2) **수학** : 건축물 제작에 기하학의 원리 도입, 역법에 응용

(3) **금속기술** : 신라의 금관, 백제의 칠지도, 통일신라의 범종(상원사 동종, 성덕대왕신종)을 통해 뛰어난 세공 및 도금 기술을 알 수 있음

(4) **목판 인쇄술** : 무구정광대다라니경(현존하는 제일 오래된 목판 인쇄물)

8 임신서기석 : 신라에 대한 충성을 맹세하는 글이 새겨진 비석으로 당시 유교 경전을 널리 공부하고 있었음을 보여준다.

9 독서삼품과 : 원성왕이 국학 내에 설치한 것으로 학생들을 유교경전 독해 능력에 따라 상 · 중 · 하로 구분하는 일종의 졸업 시험이었다. 이를 관리 임용에 참고하였다.

10 이두 : 한자의 음과 훈을 빌려 우리말을 적던 표기법이다.

11 4 · 6변려체 : 남북조 시대에 유행하던 화려한 한문 문체이다.

신라의 금관

신라의 뛰어난 금 세공 기술을 보여준다.

신라의 성덕대왕 신종

우리나라에서 두 번째로 오래되고 규모가 큰 범종으로 몸체의 비천상이 아름답기로 유명하다.

신라의 첨성대

신라 선덕여왕 때 만들어진 것으로 동양에서 현존하는 가장 오래된 천문대이다.

5. 예술의 발달

(1) 고구려

① 고분

- 초기 돌무지 무덤(장군총), 굴식 돌방 무덤(무용총, 강서고분-사신도)
- 고분 벽화의 특징 : 도교의 영향, 생활 풍속이나 가옥의 모습, 수렵이나 행렬의 모습, 서역 계통의 영향[12]을 보여줌

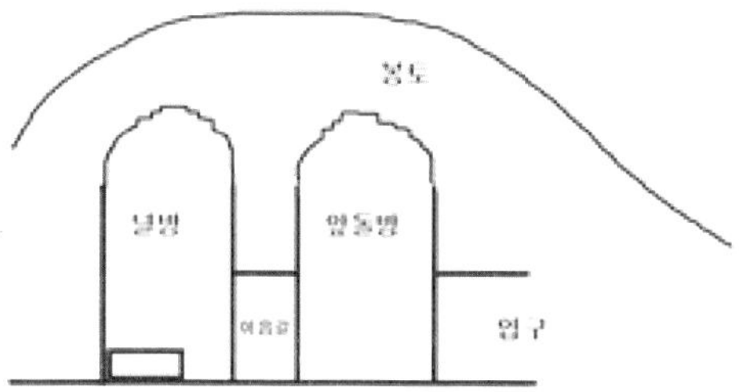

고구려의 굴식 돌방 무덤

입구가 들어가기 쉬운 구조여서 거의 대부분 도굴되었다. 그러나 방 구조로 벽화가 많이 남아 있다.

고구려의 장군총

고구려의 대표적인 돌무지 무덤이다. 계단식으로 쌓아져 만들어졌으며 외부에 호석을 기대어 놓았다. 장수왕의 무덤으로 추정된다.

② 불상 : 중국 북조의 영향, 금동연가 7년명 여래 입상

12 고구려와 서역의 교류 : 각저총의 씨름도 등에는 서역인의 얼굴을 한 인물들이 등장한다. 이를 통해 고구려가 당시 서역과 교류하고 있었음을 알 수 있다.

고구려의 무용총 수렵도(상) • 각저총 씨름도(좌)

고구려의 고분 중 굴식 돌방 무덤에는 고분 벽화가 많이 그려져 있다. 초기에는 생활 풍속이나 수렵과 관련된 것이 많은데 무용총에서는 사냥하는 모습, 각저총에서는 서역인의 모습을 살펴볼 수 있다. 고분 벽화는 후기로 갈수록 사신도가 많이 그려졌다.

고구려의 금동연가 7년명 여래 입상

광배 뒷면에 고구려와 관련된 글이 새겨져 있는 것이 특징이다.

(2) 백제

① 고분

- 한성 시기 : 석촌동 돌무지 무덤(고구려 영향)
- 웅진 시기 : 굴식 돌방 무덤, 벽돌 무덤(무령왕릉, 중국 남조의 영향)
- 사비 시기 : 굴식 돌방 무덤(능산리)

② 불상 : 서산 마애 삼존 불상

③ 탑 : 미륵사지 석탑(익산), 정림사지 5층 석탑(부여)

④ 공예 : 백제 금동 대향로 - 도교와 불교의 영향

백제의 석촌동 돌무지 무덤

고구려의 영향을 받은 무덤 양식이다.

백제의 익산 미륵사지 석탑

우리나라에서 가장 오래된 석탑이며 목탑 양식으로 만들어진 것이 특징이다.

백제의 정림사지 5층 석탑

전체적인 형태가 매우 안정적이고 아름다운 것이 특징이다. 백제 석탑의 전형을 보여준다.

백제의 서산 마애 삼존 불상

백제 후기에 제작된 것으로 삼존상에 나타나는 온화한 미소가 특징이다.

(3) 신라

① 고분 : 돌무지 덧널무덤 – 천마총(천마도)

② 불상 : 미륵보살 반가 사유상(삼국 공통), 배동 석조여래 삼존 입상

③ 탑 : 분황사 석탑, 황룡사 9층 목탑

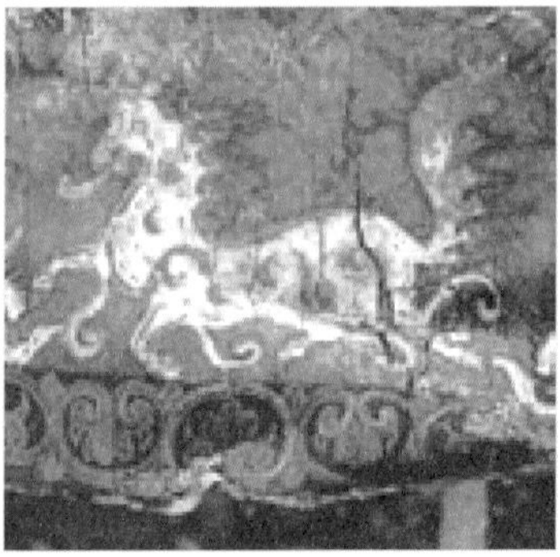

신라의 천마도

천마총에서 발견된 것으로 말의 안장의 장니(말을 탄 사람의 옷에 흙이 튀지 않게 안장에 다는 것)에 그려진 말그림으로 신라 시대 그림으로는 거의 유일하다.

신라의 금동 미륵보살 반가 사유상

삼국에서 공통으로 발견되는 유물로, 일본 고류사 목조 반가 사유상과 모습이 비슷한 것으로 주목되기도 한다.

신라의 배동 석조여래 삼존 입상

7세기 작품으로 추정되고 불상의 미소 띤 표정이 특징이다.

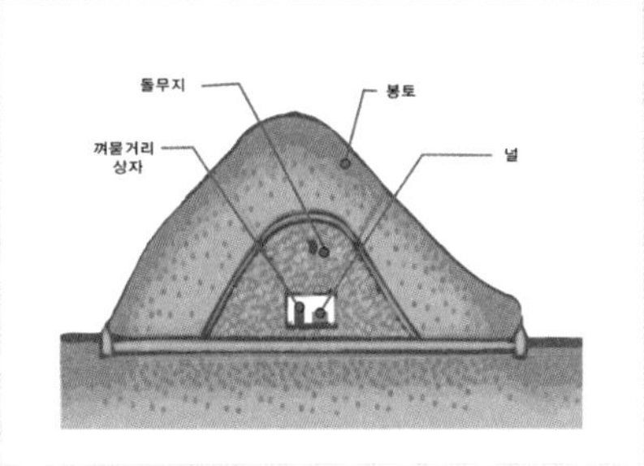

신라의 돌무지 덧널 무덤

돌무지가 쌓여 있어 도굴이 어려운 형태로 되어 있는 것이 특징이다. 대표적 고분으로 천마총, 황남 대총 등이 있다.

(4) 통일신라

① 고분 : 굴식 돌방 무덤, 12지 신상 둘레돌(김유신 묘)

② 불상 : 석굴암 본존 불상(균형잡힌 모습과 사실적인 조각)

③ 탑 : 감은사지 3층 석탑, 불국사 3층 석탑, 다보탑, 화순 쌍봉사 철감선사 승탑(선종의 영향)

④ 건축

- 불국사(불국토의 이상 실현), 안압지(귀족적 성격)
- 태종 무열왕릉비의 이수와 귀부의 조각(생동감 있는 묘사), 성덕 대왕릉 둘레돌, 불국사의 석등, 법주사의 쌍사자 석등(단아하면서도 균형잡힌 모습)

⑤ 서예 : 김인문, 김생

통일신라의 석굴암 본존 불상

통일신라 불상 중 최고의 기술과 아름다움을 살펴볼 수 있다. 아름다운 균형미와 조각술이 매우 뛰어나게 표현되어 있다.

통일신라의 화순 쌍봉사 철감선사 승탑

통일신라 후기 선종이 유행하면서 세워진 승탑이다. 조각이 매우 아름답게 새겨져 있는 것이 특징이다.

(5) 발해

① 고분

- 정혜공주 묘 : 굴식 돌방 무덤, 모줄임 구조, 고구려 영향, 돌사자상
- 정효공주 묘 : 묘지와 벽화가 발굴됨

② 불상 : 이불병좌상(고구려 계승)

③ 탑 : 영광탑

④ 건축 : 상경성의 주작대로(당의 영향)

발해의 이불병좌상

중국 지린성에서 발견된 발해의 불상으로 광배의 모양이나 조각 등이 고구려의 영향에 의해 만들어졌음을 보여준다.

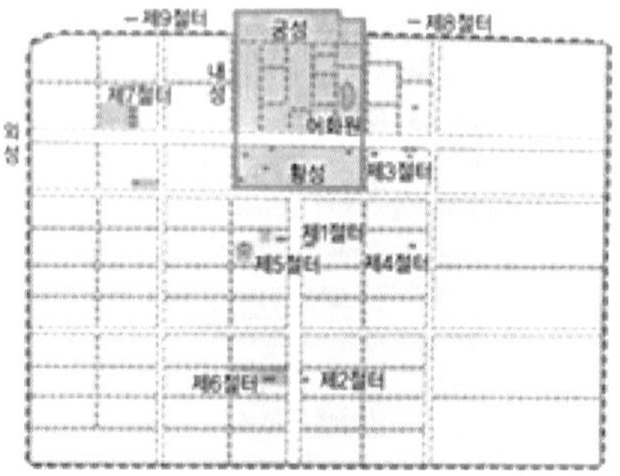

발해의 상경성 주작대로

발해의 수도였던 상경성은 당나라 장안의 주작대로를 모방하여 도시가 세워졌다.

2 고대 국가의 국제 교류

1. 삼국 문화의 일본 전파 → 일본 고대 아스카 문화 성립에 이바지함

(1) 고구려

① 승려 혜자 : 일본 쇼토쿠 태자의 스승

② 담징 : 종이와 먹의 제조 방법, 호류사 금당 벽화

③ 수산리 고분 벽화 : 일본 다카마스 고분 벽화와 유사

(2) 백제

① 아직기와 왕인 : 한문을 가르침

② 노리사치계 : 불경과 불상 전파

③ 칠지도 : 일본과 긴밀한 관계를 보여줌

백제의 칠지도

백제의 왕이 왜왕에게 전달한 것으로 알려진 검으로, 백제와 일본 사이의 관계를 알려준다.

(3) **신라** : 축제술과 조선술 전파

(4) **가야** : 일본 스에키 토기에 영향을 줌

2. 통일신라의 국제 교류

(1) **대당 무역**

① 수출품 : 베, 해표피, 인삼, 금 · 은 세공품

② 수입품 : 비단, 책 등의 귀족 사치품

③ 해로 : 전남 영암에서 상하이 방면으로 가는 길, 경기도 남양만에서 산둥 반도로 가는 길, 울산은 국제 무역항으로 이슬람 상인까지 왕래함

④ 산둥 반도에 신라인 거주지인 신라방, 관청인 신라소, 숙박 시설인 신라관, 절인 신라원이 세워짐

(2) **청해진** : 장보고가 지금의 완도에 청해진을 설치하고 해적들을 소탕한 후 남해와 황해의 해상 교통을 지배함 → 당 · 일본과의 무역을 독점하고 정치 세력으로 성장함

(3) **일본과의 무역** : 원효 · 강수 · 설총 등의 불교, 유교 문화는 일본 하쿠호 문화의 성립에 이바지함, 심상에 의해 전해진 의상의 화엄 사상은 일본 화엄종을 크게 일으킴

남북국의 무역 교통로

3. 발해의 국제 교류

(1) **대당 무역** : 8세기 후반 이후 활발, 덩저우에는 발해관 설치

① 수출품 : 모피, 인삼, 말, 금, 은, 불상, 유리잔

② 수입품 : 비단, 책 등의 귀족 사치품

(2) **신라와는 신라도를 통해 교류**

Step 3 표를 통해 단원 복습하기

1. 고대 국가의 문화

◇ 사상의 발달

불교	수용	고구려(소수림왕), 백제(침류왕), 신라(법흥왕이 이차돈 순교 후 공인)
	통일신라	• 원효: 불교의 대중화, 화쟁 사상 • 의상: 화엄종 개창 • 혜초: 『왕오천축국전』 저술 • 선종: 실천과 수행 강조 통일신라 말기, 호족 · 6두품과 결탁
도교	고구려 고분 벽화(사신도), 백제 신선 사상(산수무늬 벽돌 등)	
풍수지리설	신라 말기 지방 호족 세력에 의해 이용	

◇ 학문의 발달

고구려	태학과 경당, 이문진(신집)
백제	5경 박사 제도, 고흥(서기)
신라	임신서기석, 거칠부(국사)
통일신라	국학 설립, 독서삼품과(원성왕), 최치원 · 강수 · 설총 · 김대문 등 문장가 배출
발해	주자감 설립

◇ 과학기술의 발달

천문학	신라 첨성대
금속기술	신라의 금관, 범종(성덕대왕 신종)
목판인쇄술	무구정광대다라니경

◇ 예술의 발달

고구려	고분	돌무지 무덤(장군총) → 굴식 돌방 무덤(고분 벽화 – 무용총, 강서고분)
	불상	금동연가 7년명 여래 입상
백제	고분	돌무지 무덤 → 굴식 돌방 무덤, 벽돌 무덤
	불상	서산 마애삼존 불상
	탑	미륵사지 석탑, 정림사지 5층 석탑
신라	고분	돌무지 덧널 무덤
	불상	배동 석조여래 삼존 입상
	탑	분황사 석탑, 황룡사 9층 목탑
통일신라	고분	굴식 돌방 무덤
	불상	석굴암 본존 불상
	탑	감은사지 3층 석탑, 불국사 3층 석탑, 다보탑
발해	고분	정혜공주 묘, 정효공주 묘
	불상	이불병좌상
	탑	영광탑

2. 대외 교류

◇ 삼국 문화의 일본 전파

고구려	혜자(쇼토쿠 태자 스승), 담징(종이 · 먹 제조법)
백제	아직기와 왕인(한문), 노리사치계(불경, 불상), 칠지도(일본과 긴밀한 관계)
신라	축제술과 조선술

◇ 남북국의 대외 교류

통일신라	• 울산항(국제 무역항, 아라비아 상인 왕래), 신라인 거주지(산둥 반도) • 청해진(장보고, 해상권 장악)
발해	• 덩저우에 발해관 설치 • 신라도를 통해 신라와 교류

Step 4 암기송을 들으며 가사 완성하기

Track 06

1 유교의 보급과 역사서의 편찬

삼국 시대의 유교 교육은 고구려의 ❶ ________,

백제 박사 제도, 신라 ❷ ____________으로 알 수 있지.

통일신라의 신문왕은 국학을 설립했고

원성왕은 ❸ ____________를 실시했지.

김대문은 화랑세기 저술, ❹ ______은 빈공과에 합격.

발해는 ❺ ______을 설립했어.

역사서는 고구려 ❻ ______, 백제는 서기, 신라는 국사를 편찬했지.

2 불교의 발전

고구려는 금동연가 7년명 여래 입상.

백제는 미륵사지 석탑, ❶ ____________, 서산 마애 삼존상.

신라는 ❷ ____________, 분황사 석탑, 배동 석조여래 삼존 입상.

통일신라 ❸ ______ 는 나무아미타불로 불교의 대중화에 앞장섰지.

❹ ________ 을 주장하고 금강삼매경론을 저술하지.

당으로 간 의상은 ❺ ______ 을 개창하고,

부석사를 건립. 혜초는 ❻ ____________ 을 저술했어.

감은사지 3층석탑, ❼ ____________, 다보탑, 석굴암 본존 불상

신라 하대 9산 선문 건립. 쌍봉사 철감선사 승탑.

발해는 영광탑과 ❽ __________!

3 도교와 풍수지리설

귀족 사회를 중심으로 유행한 도교.

고구려 ❶ ______, 백제는 산수무늬 벽돌 · ❷ ______.

❸ ______은 신라 말 도선에 의해 전래 지방의 중요성을 강조했어.

4 고대 국가의 대외 교류

삼국 문화의 일본 전파는 고구려의 ❶ ______이 종이와 먹을 전해주고,

백제의 ❷ ______는 불경과 불상을 전해줬어. 신라는 조선술,

가야 일본 스에키 토기에 영향. 일본 ❸ ______ 형성에 기여했던 삼국 문화.

통일신라는 ❹ ______을 기점 당나라에 신라방을 설치,

장보고 ❺ ______을 설치하지.

일본 ❻ ______에 영향.

발해 또한 조공도와 신라도를 통해 이웃 나라들과 교류했어.

암/기/송/문/제/정/답

1. ① 태학 ② 임신서기석 ③ 독서삼품과 ④ 최치원 ⑤ 주자감 ⑥ 신집
2. ① 정림사지 5층 석탑 ② 황룡사 9층 목탑 ③ 원효 ④ 화쟁 사상 ⑤ 화엄종 ⑥ 왕오천축국전 ⑦ 불국사 3층 석탑 ⑧이불병좌상
3. ① 사신도 ② 금동대향로 ③ 풍수지리설
4. ① 담징 ② 노리사치계 ③ 아스카 문화 ④ 울산항 ⑤ 청해진 ⑥ 하쿠호 문화

Step 5 핵심 문제를 통해 단원 마무리 짓기

실 / 전 / 문 / 제

1. OX 퀴즈

1 신라는 법흥왕 때 이차돈의 순교로 불교가 공인되었다. ( )

2 의상은 화쟁 사상을 주장하며 『대승기신론소』 등을 저술하였다. ( )

3 선종은 실천과 수행을 강조하며 귀족적 불교로 성장하였다. ( )

4 고구려 고분 벽화의 사신도를 통해 풍수지리설의 영향을 받았음을 알 수 있다. ( )

5 신라에서는 화랑을 국선, 풍월이라 하는 등 사회 전반에 도교가 유행했었다. ( )

6 6두품 출신으로 유교적 이념과 도덕적 합리주의를 주장한 사람으로 강수, 설총 등이 있다. ( )

7 첨성대는 동양에서 현존하는 가장 오래된 천문대이다. ( )

8 고구려 장군총에는 사신도 등 고분 벽화가 그려져 있다. ( )

9 백제 석촌동 돌무지 무덤은 고구려의 영향을 받았음을 보여준다. ( )

10 발해 정혜공주 묘는 고구려의 영향을 받았음을 보여준다. ( )

2. 빈칸 채우기

1 고구려는 ( ) 때, 백제는 ( ) 때 불교가 공인되었다.

2 혜초는 인도 지방을 순례하며 ( )을 저술하였다.

3 선종은 전국적으로 ( )이 성립되었다.

4 백제에서는 고흥이 ( )를 편찬하고 신라에서는 거칠부가 ( )를 편찬하였다.

5 발해는 ( )을 설치하고 유교 교육을 실시하였다.

6 백제의 ( )은 벽돌 무덤으로 중국 남조의 영향을 보여준다.

7 발해 상경성의 ( )는 당의 영향을 받아 만들어졌다.

8 통일신라의 ( )는 불국토의 이상을 실현하기 위해 만들어졌다.

9 통일신라의 ( )은 국제 무역항으로 이슬람 상인까지 왕래하였다.

10 산동 반도에 신라인 거주지인 ( ), 관청인 ( ), 숙박 시설인 ( ), 절인 ( )이 세워졌다.

3. 초성 퀴즈

1 통일신라에서 '나무아미타불' 암송을 강조하며 불교의 대중화에 힘쓴 승려는? ······ ㅇㅎ (　　　)

2 당에 가서 현장의 제자가 되어 법상종 성립의 기반을 마련한 승려는? ······ ㅇㅊ (　　　)

3 고구려 이문진이 '유기'를 간추려 편찬한 역사서는? ······ ㅅㅈ (　　　)

4 원성왕이 국학 내에 설치하여 학생들의 유학 능력을 평가하였던 것은?
······ ㄷㅅㅅㅍㄱ (　　　)

5 신라의 뛰어난 금속 기술을 보여주고 몸체의 비천상이 아름다운 범종은?
······ ㅅㄷㄷㅇㅅㅈ (　　　)

6 현존하는 가장 오래된 목판 인쇄물은? ······ ㅁㄱㅈㄱㄷㄷㄹㄴㄱ (　　　)

7 신라의 목탑으로 몽골의 침입으로 소실된 것은? ······ ㅎㄹㅅㄱㅊㅁㅌ (　　　)

8 고구려 승려로 일본 쇼토쿠 태자의 스승이 되었던 사람은? ······ ㅎㅈ (　　　)

9 삼국 문화의 일본 전파는 일본의 어떤 문화 성립에 이바지하였는가?
······ ㅇㅅㅋㅁㅎ (　　　)

10 장보고가 지금의 완도에 설치한 것으로 무역의 중심이 된 곳은? ······ ㅊㅎㅈ (　　　)

실전 문제 정답

1 OX 퀴즈
1. O　2. X　3. X　4. X　5. O　6. O　7. O　8. X　9. O　10. O

2 빈칸 채우기
1. 소수림왕, 침류왕　2. 왕오천축국전　3. 9산　4. 서기, 국사　5. 주자감　6. 무령왕릉　7. 주작대로
8. 불국사　9. 울산항　10. 신라방, 신라소, 신라관, 신라원

3 초성 퀴즈
1. 원효　2. 원측　3. 신집　4. 독서삼품과　5. 성덕대왕 신종　6. 무구정광대다라니경
7. 황룡사 9층 목탑　8. 혜자　9. 아스카 문화　10. 청해진

2 고려 귀족 사회의 형성과 변천

2-1 고려의 체제 정비와 무신 정변의 발생

Step 1 암기송을 통해 흐름 파악하기

Track 07

1 고려의 성립과 체제 정비

왕건은 연호를 천수라 하고 고려 세워.

신라 경순왕이 항복(후백제를 정복) (후삼국을 통일)

신라의 마지막 왕으로 신라의 국력이 매우 쇠퇴하고 민심이 고려로 기울어짐을 알고 935년 고려에 항복했다. 이후 금성의 사심관으로 임명되었는데 이는 고려 사심관 제도의 시초가 됐다.

태조는 취민유도와 흑창을 설치, 연등회와 팔관회를 열었지.

봄에 곡식을 나눠주고 가을에 갚게 했던 빈민 구제 기관으로 고구려의 진대법과 비슷하다.

호족 통합 위해 혼인 정책, 왕씨 성을 하사. 사심관 제도와 기인 제도 실시.

왕건은 호족을 포섭하기 위해 유력한 호족 가문들과 혼인을 맺어 부인이 29명이나 되었다.

(북진 정책 위해 서경 중시.) (영토를 확장해. 훈요 10조 남겨.)

"훈요 10조"는 왕건이 후대의 왕들이 지켜야 할 10가지 정책 방향을 제시한 것이고, 『정계』, 『계백료서』는 신하들에게 관리로서 지켜야 할 규범을 제시한 것이다.

광종은 노비안검법과 과거제를 실시. 왕권을 강화해. 공복을 제정해.

공복은 관리들의 옷을 등급별로 자색, 비색, 녹색 등으로 정하여 입게 한 것으로 위계 질서를 정하고 나아가 왕권을 강화하려는 목적이 있다.

(성종, 최승로 시무 28조 수용) 유교 이념 바탕으로 통치 체제 정비해.

신라 6두품 집안에서 태어나 뛰어난 학식으로 고려에서 유교 정치 이념을 구현하는 데 큰 공헌을 했다.

12목에 지방관을 파견하고, 당의 3성 6부제를 수용하고,

성종은 전국의 주요 지역에 12목을 설치했다. 최승로는 시무 28조에서 지방관 파견을 건의하였고, 성종은 12목에 수령을 파견하였다.

2성 6부제로 운영하지. (도병마사, 식목도감 고려 독자적인 기구)

고려 전국 5도 양계로 나누고, 5도에 안찰사 , 양계에 병마사 파견.

안찰사는 5도에 파견된 관리로 지방 행정을 담당하기보다는 지방을 순찰하는 성격이 강했다.

중앙군으로 2군 6위 두고 지방군으로 주현군 · 주진군을 두었지.

태조는 호족들을 통합하려 했고 광종은 왕권 강화하기 위해 노력.
성종은 유교 이념 바탕으로 통치 체제 정비하여 고려 발전할 수 있었어.

이자겸의 난과 묘청의 서경 천도 운동으로 문벌귀족 사회 흔들려
무신 정권 성립 이후 백성들은 고통 시달렸고 고려 후기로 접어들게 되지.

2 문벌귀족 사회의 동요와 무신 정권

당시 대표적 문벌 가문으로 경원 이씨, 해주 최씨, 경주 김씨, 파평 윤씨 등이 있었는데 이자겸은 경원 이씨의 대표적 인물이다.

문벌귀족 사회 동요는 이자겸의 난으로 시작돼. **묘청**, 정지상, **서경**으로 **천도**.

고려 초 · 중반의 귀족들은 음서와 공음전을 기반으로 하고 혼인 관계를 통해 정권을 장악하였는데 이들을 문벌귀족이라 한다.

묘청은 서경의 승려로서, 서경 출신의 문신 정지상의 소개로 중앙 정계에 진출하여 풍수지리설을 바탕으로 한 서경 천도를 주장했다.

금을 정벌하자 주장하며 김부식의 개경파와 대립하며, **서경 천도 운동**을 일으키지.

김부식은 묘청의 난을 진압하면서 크게 성장하였고, 이후 『삼국사기』를 저술했다.

무신을 차별 대우하면서 정중부가 **무신 정변** 일으켰어.

무신들은 **중방**을 중심으로 권력을 행사했어.

최충헌이 이의민을 몰아내고 정권을 잡은 뒤 최우 · 최항 · 최의로 이어지면서 4대에 걸쳐 최씨 정권이 유지되었다.

최충헌이 이의민을 제거하고 교정도감 중심 60년간 통치.

교정도감은 최충헌 정권의 중심 기관으로 인사 · 재정 · 감찰권을 모두 가진 기구이다. 왕은 있었지만 모든 권력은 최충헌에게 있었다.

최우는 **강화도**로 **천도**했고, **정방**과 **서방** 설치했어.

조위총의 난이 발생하고, **공주 명학소**에서 **망이 · 망소이** 형제가 난 일으켰지.

전주에서는 관노비, 경상도에서 김사미 · 효심이 봉기.

개경에서 최충헌의 노비였던 **만적**이 **신분 해방 운동**을 전개하지.

더불어 삼국 부흥 운동 일어났지만 모두 실패하지.

1202년 경주를 중심으로 하여 일어난 세력이 관군과 전투를 벌였는데, 이들은 신라의 부흥을 외치기도 했다.

태조는 호족들을 통합하려 했고 광종은 왕권 강화하기 위해 노력.
성종은 유교 이념 바탕으로 통치 체제 정비하여 고려 발전할 수 있었어.
이자겸의 난과 묘청의 서경 천도 운동으로 문벌귀족 사회 흔들려.
무신 정권 성립 이후 백성들은 고통 시달렸고 고려 후기로 접어들게 되지. ~*2

Step 2 개념 잡고 한국사 달인 되기

1 고려의 건국

1. 고려의 건국

(1) **왕건의 등장** : 송악 지방의 호족 출신, 궁예의 부하가 되어 수군을 이끌고 나주 지방을 점령[1], 후백제를 견제하는 데 큰 공을 세움

(2) **고려의 건국** : 궁예의 실정으로 궁예가 축출되면서 신하들의 추대 형식을 빌려 왕건 즉위, 고구려 계승을 내세워 국호를 '고려'라 하고 송악으로 천도함

(3) **민족의 재통일**

① 고려의 재통일

- 왕건은 후백제와 대결하고 신라에 대해 화친 정책을 폄, 신라 경순왕이 고려에 귀순(935)
- 후백제의 내분(견훤 금산사 유폐 사건[2])으로 견훤이 귀순, 후백제 격파(936)
- 발해 멸망 후 발해의 유민들이 고려로 망명 → 민족의 재통일 이룩

② 대내적 의미 : 지방 세력을 흡수 · 통합함

③ 대외적 의미 : 중국의 여러 나라들과 외교 관계를 수립하여 국제적 지위를 높임

2. 고려의 정치적 변천

(1) **태조의 정책**

① 민생 안정 : 취민 유도(호족의 지나친 수취 금지), 조세를 1/10로 경감, 흑창 설치(빈민 구제 기관)

② 호족 정책

- 회유 정책 : 정략 결혼, 공신들에게 역분전 지급, 관직과 왕씨 성 하사(사성 정책)
- 견제 정책
  - 사심관 제도 : 출신지와 연고가 있는 중앙 관리에게 출신지 지방의 행정과 치안에 대한 연대 책임 부여
  - 기인 제도 : 향리의 자제를 중앙에 일정 기간 머물게 하는 제도

③ 북진 정책 : 연호 사용(천수), 고구려 계승 의식, 거란에 대해 강경책(만부교 사건[3]), 서경(평양)을 중시하고 거점으로 삼아 북진 정책 실시, 영토 확장(청천강~영흥만)

---

1 왕건의 나주 점령 : 왕건은 수군을 거느리고 후백제의 나주 지역을 공격하였다. 견훤에 대적하는 나주 호족들의 이해 관계와 맞물리면서 왕건의 나주 지역 점령은 성공할 수 있었다. 이로써 후백제의 힘은 크게 약화되었고, 왕건은 이후 나주 지역을 기반으로 고려 건국에 힘을 실을 수 있었다.

2 견훤 금산사 유폐 사건 : 견훤은 왕위를 첫째 아들 신검이 아닌 넷째 아들 금강에게 물려주려 하였다. 이에 신검이 견훤을 금산사에 유폐시켰고 견훤은 이곳을 탈출하여 고려의 왕건에게 귀순하였다. 이후 견훤은 후백제를 멸망시키는 데 일조하게 된다.

3 만부교 사건 : 태조가 거란은 발해를 멸망시킨 나라라 하여 적대시하였고 거란에서 보내온 낙타 50필을 만부교 아래에 매어놓고 굶어죽게 하였다.

④ 훈요 10조 : 자손들에게 군주로서 지켜야 할 교훈을 남김

■ 태조의 민생 안정책

하늘이 도와주는 위업에 힘을 입었으나 역시 백성의 추대하는 힘에 의지하였으니, 백성들로 하여금 편안히 살고 집집마다 모두 착한 사람이 되게 하려 한다. 그러나 쇠락한 때에 조세를 면제해 주고 농업을 권장하지 않으면 어찌 집마다 넉넉하게 하고 사람마다 만족하게 할 수 있겠는가? 백성들에게 3년간 조세와 부역을 면제해 주고, 사방으로 떠돌아다니는 자는 전리로 돌아가게 하며, 곧 대사하여 함께 휴식하도록 하라.

「고려사절요」

⇨ 태조는 민생 안정을 위해 조세를 감면해주고 농업을 권장하였다.

■ 사심관 제도

태조 18년 신라왕 김부(경순왕)가 항복해 오니 신라국을 없애고 경주라 하였다. 김부로 하여금 경주의 사심이 되어 부호장 이하의 임명을 맡게 하였다. 이에 여러 공신이 이를 본받아 각기 자기 출신 지역의 사심이 되었다.

「고려사」

⇨ 사심관 제도는 지방 호족을 견제하고 지방 통치를 보완하고자 실시하였다.

(2) 광종의 개혁

① 배경 : 태조 이후 왕권 다툼으로 정치 불안, 왕권 약화

② 왕권 강화 정책

- 노비안검법 : 후삼국의 혼란기에 불법적으로 노비가 된 자를 조사하여 양인으로 해방시켜 주는 제도, 호족의 경제적 · 군사적 기반 약화, 국가 재정 기반 강화
- 과거제 실시 : 쌍기[4]의 건의로 실시, 유학을 익힌 신진 인사들을 등용하여 신구 세력의 교체를 도모
- 공복 제도 : 지배 계층의 위계 질서를 확립
- 연호 사용 : 광덕, 준풍

(3) 성종의 유교 정책

① 배경 : 광종 사후 정치적 혼란으로 새로운 정치 질서 필요→ 최승로의 시무 28조 채택

② 유학 교육의 진흥 : 중앙의 국자감 정비, 지방에 경학 박사와 의학 박사 파견

③ 과거 제도의 정비

4 쌍기 : 본래 후주 사람으로 고려에 귀화하였다. 광종은 쌍기를 신진 인사로 중용하여 과거 제도의 건의를 받아들였다.

④ 중앙 통치 기구 개편 : 2성 6부, 중추원과 삼사 설치, 도병마사와 식목도감 설치
⑤ 지방 제도 : 12목에 지방관 파견, 향리 제도 마련

■ 최승로의 시무 28조의 주요 내용

7조 국왕이 백성을 다스림은 집집마다 가서 날마다 일을 보는 것이 아닙니다. 그러므로 수령을 나누어 보내어 가서 백성의 이익 되는 일과 손해 되는 일을 살피게 하는 것입니다….

13조 우리나라에서는 봄에 연등을 거행하고 겨울에는 팔관을 개최하느라 사람들을 징발하여 부역이 심히 번다 하니 바라건대 부담을 경감하여 백성의 힘이 펴도록 하여야 하겠습니다.

14조 …만약 전하께서 겸손한 마음을 가지고 항상 조심하고 두려워하며 신하를 예로써 대우한다면…이것이 이른바 임금은 예로써 신하를 부리고 신하는 충성으로써 임금을 섬긴다는 것입니다.

20조 …불교를 믿는 것은 자신을 다스리는 것이 기본이요, 유교를 행하는 것은 국가를 다스리는 근원을 구하는 것인 바 자신을 다스리는 것은 내세의 복을 구하는 것이며, 나라를 다스리는 것은 오늘의 급무입니다….

「고려사」

⇨ 최승로는 불교의 폐단을 비판(13조)하고 유교와 불교의 조화를 추구(20조)하고 있다. 더불어 중앙 집권화를 추구(7조)하면서도 왕권의 전제화를 규제(14조)하고 있다.

3. 고려의 통치 조직

(1) 중앙 정치 제도

① 2성 6부 제도
- 당의 3성 6부 제도 수용, 중서성과 문하성을 통합하여 중서문하성으로 단일 기구화, 장관은 문하시중
- 중서문하성 : 2품 이상의 재신과 3품 이하의 낭사로 구성, 국가의 중요 정책을 의논, 결정하는 기능
- 상서성은 행정을 담당하는 이·병·호·형·예·공의 6부 관리

② 중추원 : 군국 기무를 관장하는 2품 이상의 추밀과 왕명 출납의 일을 맡은 3품의 승선으로 구성
③ 삼사 : 송과 달리 단순 회계 기관

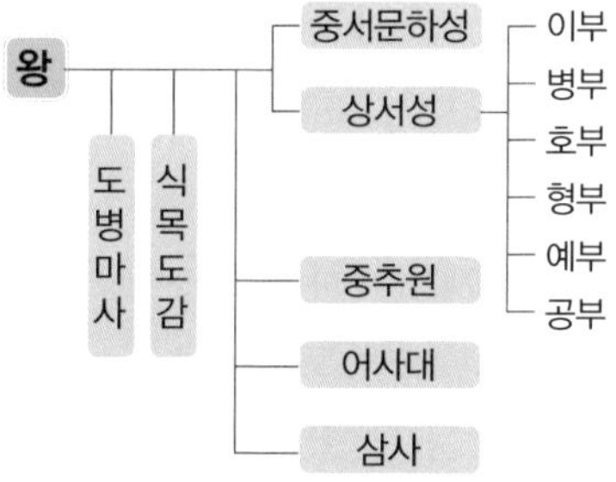

고려의 중앙 조직

④ 어사대 : 풍속 교정과 관리 감찰, 중서문하성의 낭사와 함께 대간[5]이라 불리며 언관 역할

⑤ 도병마사와 식목도감

- 중서문하성의 재신과 중추원의 추밀이 모여 국가의 중대사를 결정 짓는 회의 기관
- 독자적 기관, 귀족적 성격을 보여줌
- 도병마사 : 처음에는 국방 문제를 담당하다가 뒤에는 도평의사사로 개칭되면서 국정 전반을 관장하는 최고 기구로 발전함
- 식목도감 : 대내적인 법제와 격식 문제를 다룸

⑵ 지방의 행정 조직

① 5도 양계

- 5도 : 안찰사를 파견하고 그 밑에 주, 군, 현을 설치함
- 양계 : 동계와 북계의 양계는 북방의 외침을 막기 위한 군사 행정 구역으로 병마사 임명

② 주현과 속현 : 지방관이 파견되지 않는 속현 존재, 지방관이 파견되는 주현의 수령으로 하여금 속현을 관장하게 함, 군현에는 향리가 말단 행정 담당

③ 특수 행정 구역(향, 소, 부곡) : 향과 부곡은 농사, 소에서는 국가가 필요로 하는 공납품을 만들어 바침

고려의 지방 행정 조직

전국을 5도와 양계로 나누고 그 아래 3경, 4도호부, 8목, 주, 군, 현 등을 두었다.

⑶ 군사 조직

① 중앙군 : 2군(왕의 친위군), 6위(수도 경비와 국경의 방어 임무)

② 지방군

- 주현군 : 일반 군현에 주둔, 자기 토지를 경작하면서 지방의 방위와 노역에 동원
- 주진군 : 양계에 주둔

5 대간 : 어사대와 중서문하성의 낭사로 구성되어 간쟁(왕의 잘못을 논함), 봉박(잘못된 왕명을 돌려 보냄), 서경권(관리 임명에 동의)을 가지고 정치 운영의 견제와 균형을 도모하였다.

(4) 관리 등용 제도

① 과거 제도

- 문과
  - 명경과 : 유교 경전에 대한 이해 능력 시험
  - 제술과 : 문학적 재능과 당면 문제 해결책 시험
  - 주로 귀족과 향리의 자제 응시
- 잡과 : 의학 · 천문 · 회계 · 지리 등 실용 학문 시험, 주로 양민 응시
- 승과 : 불교 경전의 이해와 능력 시험

② 음서 제도 : 왕실과 공신의 후손 및 5품 이상 고위 관리의 자손 등은 시험을 보지 않고 관직 진출 가능

(5) 교육 기관

① 국립

- 중앙 : 국자감(성종 때 정비, 유학부와 기술학부로 구성)
- 지방 : 향교

② 사립 : 최충의 9재 학당 등 사학 12도 융성 → 사학의 진흥으로 예종 등이 관학 진흥을 꾀함(국자감에 7재를 두어 교육을 강화하고, 장학 재단인 양현고를 설치)

③ 고려 후기 : 안향의 의견으로 양현고를 보충하기 위해 교육 재단인 섬학전 설치, 국학(국자감)을 성균관으로 개칭, 대성전 건립

■ 안향의 성리학 수용

안향은 학교가 날로 쇠퇴함을 근심하여 양부에 의논하기를 "재상의 직무는 인재를 교육하는 것보다 급한 것이 없습니다. 지금 양현고가 바닥나 선비를 기를 수 없으니, 6품 이상은 은 1근을 내고 7품 이하는 포를 차등 있게 내어 이를 양현고의 본전으로 삼고 그 이식을 취하여 섬학전으로 합시다."라고 하였다.

「고려사」

⇨ 안향은 성리학을 수용하고 학문을 부흥시키기 위해 섬학전을 설치하였다.

---

2 문벌귀족 사회의 동요와 무신 정변

1. 문벌귀족 사회의 성립과 동요

(1) 문벌귀족 사회의 성립

① 구성 : 지방 호족 출신으로 중앙 관료가 된 계열과 신라 6두품 계통의 유학자

② 형성 : 과거나 음서를 통하여 관리가 되는 특권을 가지고 문벌귀족화, 중첩된 혼인 관계

(2) 문벌귀족 사회의 모순

① 관직의 독점 : 과거와 음서를 통하여 권력 장악

② 경제적 특권 : 과전, 공음전 및 사전의 혜택, 불법적 토지 겸병

③ 내부 분열 : 전통적인 문벌귀족과 지방 출신의 신진 관료 사이의 대립 → 이자겸의 난, 묘청의 서경 천도 운동

(3) 이자겸의 난(1126)

① 배경 : 문벌귀족 사회의 모순, 외척과 문벌이 형성되어 왕권이 약화

② 경과 : 예종과 인종 때 외척 세력으로 경원 이씨 가문[6]의 이자겸 등장 → 이자겸과 척준경 세력이 인종을 폐하는 반란을 꾀함 → 인종이 척준경을 매수 → 척준경이 이자겸 제거 → 척준경도 탄핵으로 축출

③ 결과 : 문벌귀족 사회의 붕괴 발단

■ 이자겸의 난

왕이 어느 날 홀로 한참 동안 통곡하였다. 이자겸의 십팔자(十八字)가 왕이 된다는 비기가 원인이 되어 왕위를 찬탈하려고 독약을 떡에 넣어 왕에게 드렸던 바, 왕비가 은밀히 왕에게 알리고 떡을 까마귀에게 던져주었더니 그 까마귀가 그 자리에서 죽었다.

「고려사」

⇨ 이자겸은 인종을 폐위하고 스스로 왕이 되려고 난을 꾀하다 척준경의 배신으로 결국 실패하였다. 이는 지배층의 내분을 보여준다.

(4) 묘청의 서경 천도 운동

① 배경 : 이자겸의 난으로 왕권 약화, 민심 불안으로 서경 천도 여론 등장

② 경과 : 묘청 등 서경파는 서경에 대화궁이라는 궁궐을 짓게 하고 칭제 건원과 금국 정벌[7] 주장 → 김부식을 비롯한 개경파는 정권 유지를 위하여 서경파와 대립 → 서경파는 서경에서 대위국이란 나라를 세우고 연호를 천개라 하며 난을 일으킴(1135)

③ 결과 : 김부식이 이끈 관군의 공격으로 진압됨

④ 의의 : 문벌귀족 사회의 내부 분열, 지역 세력 간의 대립(개경 세력 ↔ 서경 세력), 풍수지리설이 결부된 자주적 전통 사상과 사대적 유교 정치 사상과의 충돌, 고구려 계승 이념에 대한 이견과 갈등이 드러남

6 경원 이씨 가문의 권력 장악을 보여주는 자료 : 경원 이씨는 국초부터 대대로 대관을 지냈다. 창화공 자연에 이르러 아들 호는 경원백이 되었고, 세 아들 정, 의, 안도 모두 재상이 되었으며, 딸 하나는 인예 태후이고, 그 밖의 두 딸도 궁주가 되었다. 그의 동생으로 복야 벼슬을 한 자상에게는 두 아들 예와 오가 있었는데 모두 재상이 되었다. 그 손자들도 모두 종실과 혼인하였으니, 귀척으로 번성한 것이 고금에 드물 것이다. 「보한집」

7 칭제 건원과 금국 정벌 : 칭제 건원은 우리나라의 왕도 중국처럼 황제라 일컫고(칭제), 독자적 연호를 쓰자(건원)는 주장이다. 금국 정벌은 여진이 세운 금나라를 정벌하자는 주장이다.

■ 묘청의 서경 길지설

묘청 등이 왕에게 건의하기를, "우리들이 보건대 서경 임원역의 땅은 음양가들이 말하는 대화세인데, 만약 이 곳에 궁궐을 짓고 옮겨 앉으면 천하를 병탄할 수 있으며, 금나라가 방물을 바치고 스스로 항복할 것이며, 36개 나라들이 모두 조공하게 될 것입니다."라고 하였다.

『고려사』

⇨ 이자겸의 난 후 사회 혼란 속에 묘청은 서경 길지설을 주장하며 서경 천도 운동을 전개하였다.

2. 무신 정권 시대

(1) 무신 정변

① 원인 : 문 · 무반 차별 대우로 인한 대립, 군인전 미지급, 의종의 실정

② 경과 : 보현원에서의 연회[8]를 틈타 정변을 일으킴(1170) → 정중부 등은 의종을 폐하고 명종을 세움(중방 중심) → 경대승이 정중부를 죽이고 정권 차지(도방 설치) → 경대승 사후 천민 출신 이의민이 정권 획득 → 최충헌 이후 4대 60여 년간 최씨 정권 유지

(2) 최씨 정권 시대

① 중앙 기관 : 교정도감(최고 집정부), 도방 · 삼별초(군사적 기반)

② 최우 : 정방(문 · 무관의 인사권 장악), 서방(문인이 고문 역할 담당)

(3) 사회의 동요

① 무신 정권 반대 : 동북면 병마사 김보당이 의종 복위를 꾀함(김보당의 난), 서경 유수 조위총의 난[9]

② 농민 · 천민의 봉기

- 망이 · 망소이의 봉기 : 특수 행정구역인 공주 명학소에서 봉기
- 전주 관노들의 봉기 : 전라도 지역에서 관노들이 봉기
- 김사미와 효심의 봉기 : 경상도 운문(청도)과 초전(울산)에서 봉기
- 만적의 난 : 최충헌의 사노였던 만적이 개경에서 공 · 사 노비를 모아 봉기를 계획 → 실패, 신분 해방 운동

③ 의의 : 귀족 중심의 신분 사회에서 탈피하여 새로운 사회 체제로 넘어가게 한 원동력이 됨

8 보현원 사건 : 왕이 자주 행차하던 보현원에서 수박희 중 문신 한뢰가 대장군 이소응의 뺨을 치고 모욕한 사건이 일어나 무신들을 자극하게 되었다.

9 조위총의 난 : 명종 4년 서경 유수 조위총은 무신 정변을 일으킨 정중부, 이의방 등이 왕을 폐립하고 많은 문신들을 학살하자, 이들을 토벌하고 나라를 바로잡는다는 명분을 내걸고 군사를 일으켰다. 조위총의 난은 이후 무신 집권기 동안 각지에서 일어난 민중 봉기를 유발하는 계기가 되었다.

■ 만적의 난

사노비인 만적 등 6인이 뒷산에 나무하러 가서 공 · 사의 노예들을 불러 모았다. 음모를 꾸미면서 말하기를 "국가에는 경계의 난 이래로 귀족 고관들이 천한 노예들 가운데서 많이 나왔다. 장수들과 재상들의 씨가 따로 있는 것이 아니다.…"라고 하였다. 이에 노예들은 모두 찬성하였다. ……만적 등 1백여 명을 체포하여 강에 빠뜨려 죽이고 충유에게는 합문지후의 벼슬을 주고 순정에게는 백금 80냥을 주고 천인을 면하여 양인으로 되게 하였다.

「고려사」

⇨ 만적의 난은 밀고에 의해 비록 실패하였지만 신분 해방을 꾀했다는 점에서 새로운 질서 구현의 원동력으로 평가된다.

⊙ 무신 집권의 전개

1170~ 무신 정권 성립기	1196~1258 무신 정권 확립기	~1270 무신 정권 붕괴기
• 이의방, 정중부 • 경대승 • 이의민	• 최충헌 • 최 우 • 최 항 • 최 의	• 김 준 • 임 연 • 임유무
〈중방〉	〈교정도감 · 정방〉	

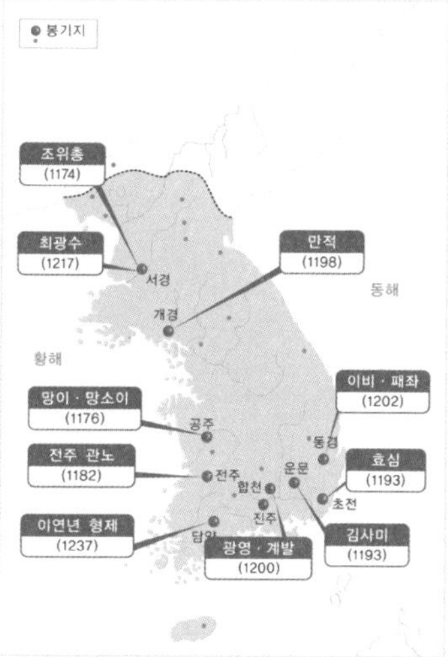

무신 집권기 농민 · 천민의 봉기

무신 정권기 정부의 지방 통제력 약화로 각지에서 농민과 천민의 봉기가 일어났다.

Step 3 표를 통해 단원 복습하기

1. 고려의 정치

◇ 정치적 변천

태조	민생 안정책, 호족 회유(정략 결혼, 사성 정책) · 견제(사심관, 기인 제도) 정책
광종	노비안검법, 과거제, 공복제 실시, 연호 사용
성종	최승로의 시무 28조 수용, 중앙 통치 기구 개편, 지방 제도 정립

◇ 통치 조직

중앙 조직	• 2성 : 중서문하성(재신, 낭사), 상서성(6부 관리) • 6부 : 이 · 병 · 호 · 형 · 예 · 공부 • 중추원 : 군국기무 관장(추밀, 승선) • 삼사 : 회계 담당 • 어사대 : 관리 감찰 • 대간 : 어사대와 중서문하성의 낭사로 구성 • 도병마사와 식목도감 : 중서문하성의 재신 + 중추원 추밀 → 국가 중대사 결정(회의 기관, 고려만의 독자적 기관)		
지방 조직	• 5도 : 안찰사 파견 • 양계 : 군사 지역, 병마사 파견 • 주현과 속현 : 지방관이 파견되지 않는 속현이 다수 • 특수 행정 구역 : 향 · 부곡 · 소		
군사 조직	• 중앙군 : 2군 6위 • 지방군 : 주현군, 주진군		
관리 등용 제도	과거 제도	문과	• 명경과 : 유교 경전 이해 • 제술과 : 문학적 재능, 정책 해결책
		잡과	실용 학문 시험
		승과	불교 경전 이해 능력
	음서 제도	왕실과 공신의 후손 및 5품 이상 관리 자손은 무시험 관직 진출	
교육 기관	국립	중앙	국자감 → 후기 : 성균관
		지방	향교
	사립	사학 12도	

◇ 문벌귀족 사회의 동요

문벌귀족	과거와 음서로 관직 진출, 중첩된 혼인 관계 형성
이자겸의 난	문벌귀족 사회의 붕괴 발단
묘청의 서경 천도 운동	문벌귀족 사회의 내부 분열, 개경 세력과 서경 세력 간의 대립

◇ 무신 정권

원인	문 · 무반 차별 대우, 군인전 미지급, 의종의 실정(보현원 사건)	
경과	이의방 · 정중부 → 경대승 → 이의민(중방 중심)	
최씨 정권	• 최충헌 이후 4대 60년간 유지 • 교정도감 중심, 도방 · 삼별초(군사적 기반) • 최우 : 정방, 서방 설치	
사회의 동요	무신 정변 반대	김보당의 난, 조위총의 난
	농민 · 천민 봉기	• 망이 · 망소이의 난 • 전주 관노의 난 • 김사미와 효심의 난 • 만적의 난

Step 4 암기송을 들으며 가사 완성하기

Track 07

1 고려의 성립과 체제 정비

❶ ______ 은 연호를 천수라 하고 고려 세워.

신라 ❷ ______ 이 항복 (후백제를 정복) (후삼국을 통일).

태조는 ❸ ______ 와 흑창을 설치, 연등회와 팔관회를 열었지.

호족 통합 위해 ❹ ______ , 왕씨 성을 하사. ❺ ______ 와 기인 제도 실시.

(북진 정책 위해 서경 중시.) (영토를 확장해. 훈요 ❻ ______ 남겨.)

광종은 ❼ ______ 과 과거제를 실시. 왕권을 강화해. 공복을 제정해.

(성종, 최승로 ❽ ______ 수용) 유교 이념 바탕으로 통치 체제 정비해.

12목에 지방관을 파견하고, 당의 3성 6부제를 수용하고,

❾ ______ 로 운영하지. (도병마사, 식목도감 고려 독자적인 기구)

고려 전국 ❿ ______ 로 나누고, 5도에 안찰사 , 양계에 병마사 파견.

중앙군으로 ⓫ ______ 두고 지방군으로 주현군 · 주진군을 두었지.

태조는 호족들을 통합하려 했고 광종은 왕권 강화하기 위해 노력.
성종은 유교 이념 바탕으로 통치 체제 정비하여 고려 발전할 수 있었어.
이자겸의 난과 묘청의 서경 천도 운동으로 문벌귀족 사회 흔들려.
무신 정권 성립 이후 백성들은 고통 시달렸고 고려 후기로 접어들게 되지.

2 문벌귀족 사회의 동요와 무신 정권

문벌귀족 사회 동요는 ❶________으로 시작돼. ❷______, 정지상, 서경으로 천도.

금을 정벌하자 주장하며 김부식의 ❸______와 대립하며,

❹________을 일으키지.

무신을 차별 대우하면서 정중부가 ❺________ 일으켰어.

무신들은 중방을 중심으로 권력을 행사했어.

❻______이 이의민을 제거하고 ❼________ 중심 60년간 통치.

❽______는 강화도로 천도했고, 정방과 서방 설치했어.

조위총의 난이 발생하고, ❾________에서 망이 · 망소이 형제가 난 일으켰지.

전주에서는 관노비, 경상도에서 김사미 · 효심이 봉기.

개경에서 최충헌의 노비였던 ❿______이 신분 해방 운동을 전개하지.

더불어 삼국 부흥 운동 일어났지만 모두 실패하지.

태조는 호족들을 통합하려 했고 광종은 왕권 강화하기 위해 노력.
성종은 유교 이념 바탕으로 통치 체제 정비하여 고려 발전할 수 있었어.
이자겸의 난과 묘청의 서경 천도 운동으로 문벌귀족 사회 흔들려.
무신 정권 성립 이후 백성들은 고통 시달렸고 고려 후기로 접어들게 되지. ~ x2

암/기/송/문/제/정/답

1\. ① 왕건 ② 경순왕 ③ 취민 유도 ④ 혼인 정책 ⑤ 사심관 제도 ⑥ 훈요 10조 ⑦ 노비안검법 ⑧ 시무 28조 ⑨ 2성 6부제 ⑩ 5도 양계 ⑪ 2군 6위

2\. ① 이자겸의 난 ② 묘청 ③ 개경파 ④ 서경 천도 운동 ⑤ 무신 정변 ⑥ 최충헌 ⑦ 교정도감 ⑧ 최우 ⑨ 공주 명학소 ⑩ 만적

Step 5 핵심 문제를 통해 단원 마무리 짓기

실 / 전 / 문 / 제

1. OX 퀴즈

1 왕건은 견훤의 뒤를 이어 왕위를 이어받고 고려를 건국하였다. ( )

2 태조는 호족의 지나친 수취를 금지하고 조세를 1/10로 경감하였다. ( )

3 태조는 호족에 대한 견제 정책으로 관직과 성씨를 하사하였다. ( )

4 태조는 청천강에서 영흥만까지 국경선을 확장하였다. ( )

5 광종은 태조 이후 왕권 다툼으로 불안해진 정치로 왕권 강화 정책을 실시하였다. ( )

6 성종은 불교를 진흥하는 정책을 실시하였다. ( )

7 성종은 최승로의 건의로 12목에 지방관을 파견하였다. ( )

8 고려는 전국을 8도로 나누고 그 밑에 주, 군, 현을 설치하였다. ( )

9 고려는 지방관이 파견되지 않는 속현이 존재하였다. ( )

10 최충헌은 중방을 중심으로 정치를 운영하였다. ( )

2. 빈칸 채우기

1 왕건은 ( ) 지방의 호족 출신이었다.

2 고려가 신라에 대해 화친 정책을 펴면서 신라 ( )이 고려에 귀부하였다.

3 태조가 호족을 견제하기 위해 자제를 중앙에 일정 기간 머물도록 하는 ( )를 실시하였다.

4 광종은 후삼국의 혼란기에 불법으로 노비가 된 자를 조사하여 양인으로 해방시켜 주는 ( )을 실시하였다.

5 성종은 최승로의 ( )를 채택하여 새로운 정치 질서를 마련하였다.

6 ( )은 군국 기무를 관장하였다.

7 ( )는 낭사와 함께 대간이라 불리며 언관 역할을 하였다.

8 도병마사는 ( )과 ( )이 모여 국가의 중대사를 결정짓는 회의 기관이었다.

9 고려의 중앙군은 왕의 친위군인 ( )와 수도 경비를 담당하는 ( )로 구성되었다.

10 ( )과 묘청의 ( )은 문벌귀족의 분열을 보여주는 대표적 사건이다.

3. 초성 퀴즈

1 태조의 정책 중 호족에 대한 견제 정책으로 출신지와 연고가 있는 중앙 관리에게 출신지의 행정과 치안에 대한 책임을 부여하는 것은? ············ ㅅㅅㄱㅈㄷ (　　　)

2 태조가 자손들에게 군주로서 지켜야 할 교훈을 남긴 것은? ············ ㅎㅇㅅㅈ (　　　)

3 광종이 유학을 익힌 신진 인사를 등용하여 신구 세력의 교체를 도모하기 위해 실시한 것은? ············ ㄱㄱㅈㄷ (　　　)

4 성종이 유학 교육을 진흥하기 위해 중앙에 설치한 교육 기관은? ············ ㄱㅈㄱ (　　　)

5 고려에서 국가의 중요 정책을 의논하고 결정하는 최고 기구는? ············ ㅈㅅㅁㅎㅅ (　　　)

6 송과 달리 단순 회계 기관이었던 곳은? ············ ㅅㅅ (　　　)

7 고려의 독자적 기관으로 대내적인 법제와 격식 문제를 다루던 기관은? ············ ㅅㅁㄷㄱ (　　　)

8 고려에서 5품 이상 고위 관리의 자손 등이 시험을 보지 않고 관직 진출이 가능했던 제도는? ············ ㅇㅅㅈㄷ (　　　)

9 최우가 설치한 것으로 문 · 무관의 인사권을 장악하였던 곳은? ············ ㅈㅂ (　　　)

10 최충헌의 사노가 중심이 되어 개경에서 일어났던 봉기는? ············ ㅁㅈㅇㄴ (　　　)

실전 문제 정답

1 OX 퀴즈

1. X　2. O　3. X　4. O　5. O　6. X　7. O　8. X　9. O　10. X

2 빈칸 채우기

1. 송악　2. 경순왕　3. 기인제도　4. 노비안검법　5. 시무 28조　6. 중추원　7. 어사대
8. 재신, 추밀　9. 2군, 6위　10. 이자겸의 난, 서경 천도 운동

3 초성 퀴즈

1. 사심관 제도　2. 훈요십조　3. 과거 제도　4. 국자감　5. 중서문하성　6. 삼사　7. 식목도감
8. 음서 제도　9. 정방　10. 만적의 난

2-2 고려의 대외 관계와 고려 후기 정치 변동

Step 1 암기송을 통해 흐름 파악하기

Track 08

♪1 고려의 대외 관계

태조는 거란이 발해를 멸망시킨 나라라 하여 강경책을 펼쳤다.

10세기 고려는 송나라랑 친하고, 거란을 싫어해. **거란의 1차 침입.**

거란은 고려가 차지한 고구려의 옛 땅을 요구하고 송과 단교한 뒤 거란과 통교할 것을 요구하며 80만 대군으로 침입했다.

서희는 소손녕과 외교 담판 벌여 강동 6주 획득. 강조의 정변을 구실로 거란의 **2차 침입.**

고려가 계속 송과의 친선 관계를 유지하고 거란과의 교류를 지연시켜 다시 침입했다.

개경이 함락되지만 양규가 선전하지. 거란이 강동 6주를 다시 달래. 고려는 당연히 거부.

거란이 40만 대군을 이끌고 쳐들어와 흥화진을 공격했을 때 성을 지켜냈다.

소배압이 이끈 **거란의 3차 침입.** 고려 히어로 강감찬이 귀주 대첩으로 승리했지.

거란과 전쟁 결과 고려 · 송 · 거란 사이에 세력 균형을 이룰 수 있었고,

성의 외곽에 쌓은 것으로 왕궁과 관청뿐 만 아니라 주변의 마을까지 둘러쌓으며 세워졌다.

고려는 천리장성과 나성을 축조했어.

고려의 천리장성은 거란과 여진의 침입을 방어하기 위한 목적으로 세워졌다.

12세기 얕봤던 **여진족**이 성장하네. 안 되겠네? 윤관이 별무반을 편성해.

과거 발해의 지배 하에 있었으나 발해가 멸망 한 뒤 고려에 적극 포섭되었다. 12세기 초 완옌부의 추장이 여진족을 통합하면서 고려와 충돌이 일어났다.

여진을 정벌하고 동북 9성을 축조하지. 계속되는 여진의 반환 요구에 1년 만에 돌려줬어.

생활터전을 잃은 여진족이 끊임없이 침입해오면서 9성의 수비가 어려워져 돌려주게 되었다.

(여진은 성장해서 금을 건국. 고려에 군신 관계를 요구하지. 이자겸이 수용하면서 북진 정책은 좌절됐어.)

13세기 몽골 사신 저고여의 피살로 **몽골**이 **침입**했네.

최우는 강화도로 천도해 대몽 항쟁을 준비하지.

강화도는 해전에 약한 몽골군에 대비하기 위한 곳이었다.

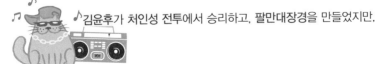

♪김윤후가 처인성 전투에서 승리하고, 팔만대장경을 만들었지만,

초조대장경과 **황룡사 9층 목탑** 소실, 고려의 무신 정권은 붕괴되고 말았지.
거란의 침입 때 현종이 제작한 대장경이다. 몽골의 침입에 소실되면서 팔만대장경을 제작했다.

개경 환도 거부한 **삼별초**는 **제주도**에서 진압당했어.

♪2 고려 후기 정치 변동

몽골은 원나라를 세우고 **고려**를 **부마국**으로 만들었어.
고려의 왕은 원의 공주와 결혼을 하였고 관제도 격하시켰다.

정동행성을 통해 내정 간섭하고, **다루가치**를 파견하고 영토를 빼앗겨.
일본 원정을 준비하기 위해 만들어진 기구였지만
일본 원정에 실패하면서 내정 간섭을 위한 연락 기구가 되었다.

공녀들을 요구하고 **응방**을 설치해. 매를 징발했어.

원 간섭기에 새롭게 등장한 **권문세족**은 대농장을 차지하고 농민들을 핍박하지.

공민왕은 왕권을 강화하기 위해서 정방을 폐지하고,
공민왕이 집권하던 시기는 명나라가 성장하면서
원나라가 약해지는 때로 개혁에 유리한 상황이 조성되었다.

전민변정도감을 설치해. 권문세족을 약화시키려 했어.

정동행성을 **폐지**했고, **쌍성총관부**를 **공격**하여 영토를 회복했어.

권문세족을 비판하고 성리학을 수용한 **신진사대부**가 등장했고,
공민왕은 성균관을 유교 교육기관으로 개편하였고,
정몽주, 정도전 등의 신진사대부가 이곳에서 성리학을 연구했다.

홍건적과 왜구의 침략을 물리치면서 **신흥 무인 세력**이 성장했어.

Step 2 개념 잡고 한국사 달인 되기

1 고려의 대외 관계

1. 북진 정책과 친송 정책

(1) **태조** : 고구려의 옛 땅을 회복하려는 북진 정책 추진(서경 중시), 거란에 강경 대응

(2) **광종** : 송과 제휴하여 요를 견제

2. 거란의 침입과 격퇴

(1) **배경** : 송을 공격하기 전에 배후의 견제 세력을 없애기 위해 고려를 침입

(2) **경과**

① 1차(993) : 성종 때 소손녕이 80만 대군으로 침입 → 서희의 외교 담판, 강동 6주 차지(압록강 하류까지 영토 획득)

■ 서희의 외교 담판

서희가 다음과 같이 주장하였다. "우리나라는 고구려의 옛 터전을 계승했으므로 고려라 이름하였고, 평양을 도읍으로 삼은 것이다. 만약 경계를 논한다면 거란의 동경도 모두 우리 경내에 들어가니 어찌 침식이라 할 수 있겠는가? 뿐만 아니라, 압록강 안팎도 역시 우리 경내인데 지금은 여진이 그곳에 몰래 들어와 거주하면서 완악하고 간사한 짓을 하므로 …그러니 여진을 쫓아내고 우리의 옛 땅을 찾아 도로가 통하게 되면 조빙을 닦겠다." 이에 소손녕이 조정에 그대로 보고하였다.

「고려사」

⇨ ⋯▸ 서희의 국제 정세에 대한 통찰력과 설득력 있는 주장이 외교적 승리를 가져왔다. 그 결과 강동 6주를 확보하고 압록강까지 영역을 넓힐 수 있었다.

---

② 2차(1010) : 강조의 정변[1]을 구실로 침입 → 양규 등이 거란의 후방에서 선전, 현종의 친조[2]를 조건으로 물러감

③ 3차(1018) : 현종의 거란 방문과 강동 6주 반환 요구 거부 → 소배압의 10만 거란군 침입 → 강감찬의 귀주 대첩으로 승리(1019)

(3) **결과**

① 고려 · 송 · 거란의 세력 균형

② 강감찬의 주장으로 개경에 나성 축조

③ 국경 일대에 천리장성 축조(압록강~동해안의 도련포)

---

1 강조의 정변 : 1009년 당시 무신이었던 강조가 김치양 세력을 막고 대량군 왕순(이후 현종)을 옹립하는 과정에서 목종을 폐위시킨 사건이다. 구실을 찾고 있던 거란은 이를 문제삼아 2차 침입을 시도하게 된다.

2 친조 : 친히 들어가서 조공을 바치다.

강동 6주

서희는 외교 담판으로 압록강 동쪽 흥화진, 용주, 철주, 통주, 귀주, 곽주의 6주를 확보하였다.

3. 여진 정벌과 동북 9성

(1) **여진의 성장** : 12세기 초에 만주 하얼빈 지방에서 일어난 완옌부의 추장이 여진족을 통일하면서 고려군과 충돌

(2) **별무반** : 윤관의 건의에 따라 기병인 신기군, 보병인 신보군, 승병인 항마군으로 구성된 별무반을 편성하여 여진 정벌 준비

(3) **여진 정벌** : 예종 때 윤관이 별무반을 이끌고 함경도 쪽으로 진격하여 동북 지방 일대에 9성을 쌓음 → 이후 여진의 9성 반환 요구와 관리의 어려움으로 성을 쌓은 지 1년 만에 반환

■ 윤관의 별무반 조직

윤관이 건의하였다. "…제가 패한 것은 적은 기병인에 우리는 보병으로 대적할 수 없었기 때문입니다." 그의 건의에 따라 처음으로 별무반을 만들어 … 말을 소유한 자는 신기군에 소속시키고 말이 없는 자는 신보군 등에 소속시켰다. … 또한 승도들을 뽑아 항마군으로 삼았다.

「고려사」

⇨ 윤관은 별무반을 조직하고 여진족을 소탕하여 동북 9성을 축조하였다.

(4) **이자겸 정권** : 금으로 성장한 여진은 고려에 사대 관계를 요구, 당시 집권자인 이자겸은 자신의 정권 유지를 위해 사대 요구 승낙

4. 몽골과의 전쟁

(1) **배경** : 13세기 칭기즈칸이 중국을 통일, 몽골 제국 건설

(2) **경과**

① 1차 침입 : 몽골은 거란 토벌 후 고려에 공물을 강요하였고, 그 후 고려에 왔던 몽골의 사신 저고여가 피살되는 사건 발생 → 살리타가 군대를 이끌고 침입(1234) → 귀주에서 박서가 굳게 지켰으나 다른 길로 돌아 내려와 개경을 포위당하고 강화를 맺은 후 돌아감

■ 김윤후의 활약

몽골군이 쳐들어오자 김윤후는 처인성으로 피난갔다가 몽골 원수 살리타가 와서 성을 공격하자 김윤후가 그를 활로 쏘아 죽였다.…뒤에 몽골군이 쳐들어 와 충주성을 70여 일 동안 포위하자 … 김윤후가 군사들에게 "만약 힘을 다해 싸워 준다면 귀천을 불문하고 모두 관직을 줄 것이니 너희들은 나를 믿으라."…이에 사람들이 모두 죽음을 무릅쓰고 적에게로 돌진하니 몽골군은 조금씩 기세가 꺾여 더 이상 남쪽으로 나아가지 못하였다.

「고려사」

⇨ 몽골의 침입에 김윤후는 처인성에서 살리타를 사살하고 이후 일반 민중과 더불어 몽골에 대항하였다.

② 2차 침입 : 최우는 강화도로 천도하고 전쟁에 대비(팔만대장경 조판) → 살리타의 재침입 → 처인성에서 고려의 김윤후 부대와의 싸움에서 살리타 사살(처인성 전투)

③ 이후 여러 차례 침입했으나 일반 민중과 노비 · 천민들까지도 싸워 승리함(충주성 전투)

(3) 결과

① 개경 환도 : 국토의 황폐화와 문화재의 소실(초조대장경[3], 황룡사 9층 목탑 등), 최씨 정권이 최의 피살 이후 몽골과 화의하고 개경으로 환도(1270)

② 삼별초의 항쟁 : 배중손이 이끈 삼별초는 개경 환도에 반대하여 강화도 → 진도 → 제주도를 거점으로 항쟁했지만 진압당함

2 고려 후기 정치 변동

1. 고려의 시련과 자주성의 회복

(1) 자주성의 시련

① 몽골의 일본 정벌 : 일본 정벌 준비로 많은 인적 · 물적 자원이 징발됨, 2차례에 걸친 원정은 모두 실패[4]

② 내정 간섭 : 일본 정벌을 위하여 개경에 설치하였던 정동행성을 연락 기관으로 삼고 감찰 기관인 순마소와 다루가치[5]를 배치하여 내정을 간섭함

③ 부마국 지위 : 고려왕이 원의 공주와 결혼

④ 관제 격하 : 3성 → 첨의부로 단일화, 6부 → 4사로 통합

3 초조대장경 : 현종 때 거란의 침입에 대항하기 위해 만든 고려 최초의 대장경이다.

4 몽골의 일본 정벌 : 몽골은 고려에서 막대한 양의 군량과 함선, 군사를 마련하도록 강요하여 일본 원정을 강행하였으나 1차 원정과 2차 원정에서 모두 태풍을 만나 실패로 끝나고 말았다.

5 다루가치 : 원나라가 고려의 내정을 간섭하기 위해 파견한 담당자이다.

⑤ 영토 상실 : 쌍성총관부, 동녕부, 탐라총관부를 설치하고 영토를 차지

⑥ 경제적 수탈 : 금 · 은 · 베를 비롯하여 인삼 · 약재 · 매(응방 설치) 등의 특산물 수탈, 공녀와 환관 요구

⑦ 몽골식 의복과 변발 유행(몽골풍)

⑧ 친원파 양성(권문세족) : 음서로 진출, 대농장 차지, 불법 토지, 노비 소유

⑵ 공민왕의 반원 개혁 정치

① 반원 자주 정책
- 친원 세력 숙청(기철 일파 제거)
- 정동행성 이문소[6] 폐지
- 쌍성총관부 무력으로 탈환
- 요동 지방 공략
- 관제 복구
- 몽골풍 폐지

② 왕권 강화 정책
- 권문세족 억압
- 정방 폐지 → 신진사대부 등용
- 전민변정도감 설치 : 신돈을 기용하여 권문세족들이 빼앗은 토지와 노비를 본래의 소유주에게 넘겨주거나 양민으로 해방시킴

■ 공민왕의 영토 수복

5년 7월 동북면 병마사 유인우가 쌍성을 함락하니 쌍성총관부의 총관 조소생과 천호 탁도경이 도주하였다. 이제 화주, 등주, 정주…정변 등의 진을 수복하였다. 화주 이북은 고종 무오년(1258)부터 원에 합병당하였다가 이제 모두 이를 회복하였다.

「고려사」

⇨ 공민왕은 쌍성총관부를 무력으로 탈환하고 철령 이북의 영토를 회복하였다.

고려 시대 국경선의 변화

태조가 청천강~영흥만 일대로 국경을 확장하고, 거란의 침입 이후 압록강 어귀에서부터 동해안 도련포까지 천리장성을 쌓았다. 이후 공민왕이 철령 이북의 땅을 수복하였다.

6 이문소 : 정동행성의 부속 관서 중 가장 강력한 기구로, 범죄와 관련된 일을 다스렸던 곳으로 친원파가 장악하였다.

■ 전민변정도감의 설치

신돈이 왕에게 건의해 전민변정도감을 설치한 후 스스로 판사 자리에 앉아 … "최근 국가의 기강이 크게 무너진 결과 백성의 재물을 탈취하는 일이 유행을 이루어 … 이제 도감을 설치해 이제까지의 잘못을 바로잡고자 하는 바…"명령이 발표되자 권세가와 부호들 가운데 점탈했던 전민을 그 주인에게 되돌려주는 자가 많았으므로 온 나라가 기뻐했다.

「고려사」

⇨ 공민왕이 신돈을 기용하여 전민변정도감을 설치하고, 권문세족들이 빼앗은 토지와 노비를 본래의 소유주에게 넘겨주거나 양민으로 해방시켰다.

③ 결과

- 권문세족들의 반대로 신돈이 제거되고 공민왕까지 시해됨으로써 개혁 정치 중단[7]
- 신진사대부와 신흥 무인 세력의 성장
  - 신진사대부 : 과거를 통해 관직 진출(이색, 정몽주, 정도전 등), 유교의 원리에 따른 국가 운영 주장, 불교의 부패와 문제점 비판
  - 신흥 무인 세력 : 14C 한족 농민 반란군인 홍건적의 침입[8]을 막아내고 해안 지역의 왜구를 여러 차례 격퇴(최영, 이성계)

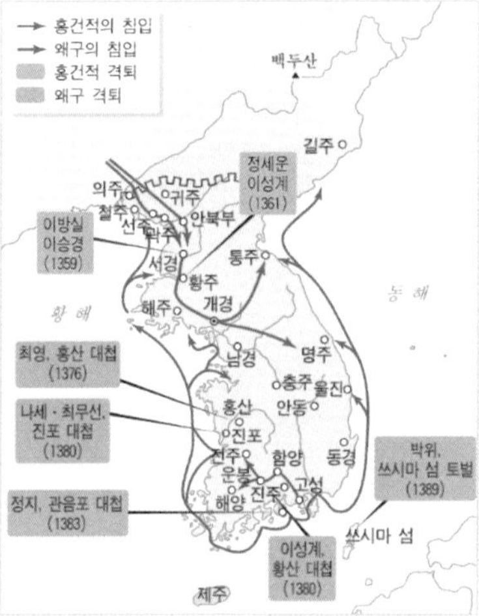

홍건적과 왜구의 침입

고려 말 홍건적과 왜구의 침략을 무찌르면서 신흥 무인 세력이 성장하게 되었다.

7 공민왕의 개혁 정치의 실패 : 공민왕의 개혁 정치가 실패한 것은 신진사대부의 세력이 아직 권문세족과 대결할 만한 역량이 되지 못하였고, 원의 압력과 권문세족의 견제가 심하였기 때문이다. 여기에 홍건적과 왜구의 침입까지 겹치면서 실패하게 되었다.

8 홍건적의 난 : 원나라 말 한족 농민들이 머리에 빨간 두건을 두르고 반란을 일으켰다 하여 홍건적이라 불린다. 이들은 원의 군대에 쫓기다 고려를 침략하게 된다. 이후 홍건적의 장수였던 주원장은 명을 세우게 된다.

Step 3 표를 통해 단원 복습하기

1. 고려의 대외 관계

거란	• 1차 : 서희의 외교 담판, 강동 6주 • 2차 : 양규의 선전 • 3차 : 강감찬의 귀주 대첩 →	개경에 나성, 국경 일대에 천리장성 축조
여진	• 12세기 성장 • 윤관이 별무반 편성, 동북 9성 • 이자겸 정권이 금의 사대 요구 승낙	
몽골	• 13세기 칭기즈칸 통일, 몽골제국 건설 • 몽골 사신 피살 후 수차례 침입 • 귀주에서 박서 활약, 처인성에서 김윤후 활약 등 • 최씨 정권 강화도 천도, 국토의 황폐화, 문화재 소실의 피해 • 개경 환도에 반대하여 삼별초 항쟁 발생	

2. 고려 후기 정치 변동

원의 내정 간섭	• 내정 간섭 : 정동행성, 부마국 지위로 하락, 관제 격하 • 영토 상실, 경제적 수탈 • 친원파 양성(권문세족)	
공민왕의 개혁	반원 자주 정책	친원파 숙청, 정동행성 이문소 폐지, 쌍성총관부 탈환, 관제 복구 등
	왕권 강화 정책	정방 폐지, 신진사대부 등용, 전민변정도감

Step 4 암기송을 들으며 가사 완성하기

Track 08

1 고려의 대외 관계

❶ ____ 세기 고려는 ❷ ____ 나라랑 친하고, 거란을 싫어해. 거란의 1 차 침입.

❸ ____ 는 소손녕과 외교 담판 벌여 ❹ ____ 획득.

❺ ____ 을 구실로 거란의 2차 침입.

개경이 함락되지만 ❻ ____ 가 선전하지.

거란이 강동 6주를 다시 달래. 고려는 당연히 거부.

소배압이 이끈 거란의 3차 침입. 고려 히어로 강감찬이 ❼ ____ 으로 승리했지.

거란과 전쟁 결과 고려 · 송 · 거란 사이에 세력 균형을 이룰 수 있었고,

고려는 ❽ ____ 과 나성을 축조했어.

12세기 얕봤던 ❾ ____ 이 성장하네. 안 되겠네? 윤관이 ❿ ____ 을 편성해.

여진을 정벌하고 ⓫ ____ 을 축조하지.

계속되는 여진의 반환 요구에 1년 만에 돌려줬어.

(여진은 성장해서 금을 건국. 고려에 군신 관계를 요구하지.

이자겸이 수용하면서 북진 정책은 좌절됐어.)

13세기 몽골 사신 저고여의 피살로 몽골이 침입했네.

최우는 ⓬ ____ 로 천도해 대몽 항쟁을 준비하지.

⓭ ____ 가 처인성 전투에서 승리하고, ⓮ ____ 을 만들었지만,

초조대장경과 황룡사 9층 목탑 소실, 고려의 무신 정권은 붕괴되고 말았지.

개경 환도 거부한 ⑮______는 제주도에서 진압당했어.

2 고려 후기 정치 변동

몽골은 ❶____ 나라를 세우고 고려를 ❷______으로 만들었어.

❸________을 통해 내정 간섭하고, 다루가치를 파견하고 영토를 빼앗겨.

공녀들을 요구하고 ❹______을 설치해. 매를 징발했어.

원 간섭기에 새롭게 등장한 ❺________은 대농장을 차지하고 농민들을 핍박하지.

❻______은 왕권을 강화하기 위해서 정방을 폐지하고,

❼____________을 설치해. 권문세족을 약화시키려 했어.

정동행성을 폐지했고, ❽__________를 공격하여 영토를 회복했어.

권문세족을 비판하고 성리학을 수용한 ❾__________가 등장했고,

홍건적과 왜구의 침략을 물리치면서 ❿__________이 성장했어.

암/기/송/문/제/**정/답**

1. ① 10 ② 송 ③ 서희 ④ 강동 6주 ⑤ 강조의 정변 ⑥ 양규 ⑦ 귀주 대첩 ⑧ 천리장성 ⑨ 여진족 ⑩ 별무반 ⑪ 동북 9성 ⑫ 강화도 ⑬ 김윤후 ⑭ 팔만대장경 ⑮ 삼별초
2. ① 원 ② 부마국 ③ 정동행성 ④ 응방 ⑤ 권문세족 ⑥ 공민왕 ⑦ 전민변정도감 ⑧ 쌍성총관부 ⑨ 신진사대부 ⑩ 신흥 무인 세력

Step 5 핵심 문제를 통해 단원 마무리 짓기

실 / 전 / 문 / 제

1. OX 퀴즈

1 태조는 거란에 대해 강경책으로 대응하였다. ( )

2 거란의 2차 침입으로 고려는 강동 6주를 차지하였다. ( )

3 이자겸 정권은 자신의 정권 유지를 위해 금의 사대 요구를 승낙하였다. ( )

4 최우는 몽골의 침입으로 강화도로 천도하였다. ( )

5 원은 친원파인 문벌귀족을 양성하였다. ( )

6 공민왕의 개혁은 성공하여 권문세족을 대거 숙청할 수 있었다. ( )

7 12세기 이후 여진은 성장하여 나라를 세우고 '요'라고 하였다. ( )

8 삼별초는 신기군, 신보군, 항마군으로 구성되었다. ( )

9 광종은 송과 제휴하여 요를 견제하였다. ( )

10 원은 고려의 6부를 4사로 통합하고 관제를 격하시켰다. ( )

2. 빈칸 채우기

1 거란이 성종 때 소손녕의 80만 대군으로 침입하였으나 (   )가 외교 담판으로 맞섰다.

2 거란은 (   )을 구실로 2차 침입을 강행하였다.

3 거란의 침입 후 강감찬의 주장으로 개경 주변에 (   )을 쌓았다.

4 윤관은 여진 정벌을 준비하기 위해 (   )을 편성하였다.

5 13세기 (   )은 중국을 통일하고 몽골 제국을 건설하였다.

6 배중손이 이끈 (   )는 개경 환도에 반발하여 항쟁하였다.

7 원은 내정 간섭을 위해 감찰 기관인 (   )와 (   )를 배치하였다.

8 원은 고려의 3성을 (   )로 단일화시켰다.

9 공민왕은 (   )를 무력으로 철폐하고 철령 이북의 땅을 수복하였다.

10 공민왕이 정방을 폐지하면서 (   )가 등용되고 새롭게 성장하는 세력이 되었다.

3. 초성 퀴즈

1 거란의 3차 침입을 귀주 대첩으로 승리한 사람은? ㄱㄱㅊ (　　　　)

2 거란의 침입 후 압록강에서 동해안의 도련포 국경 일대에 축조한 것은? ㅊㄹㅈㅅ (　　　　)

3 거란의 침입에 대항하고자 만든 고려 최초의 대장경으로 몽골의 침입에 의해 소실된 것은? ㅊㅈㄷㅈㄱ (　　　　)

4 윤관이 여진을 정벌하고 차지하였으나 1년 만에 반환한 곳은? ㄷㅂㄱㅅ (　　　　)

5 몽골의 1차 침입에서 귀주에서 활약한 사람은? ㅂㅅ (　　　　)

6 몽골의 2차 침입에 김윤후 부대가 살리타를 사살한 곳은? ㅊㅇㅅ (　　　　)

7 원이 일본 정벌을 위해 설치하였으나 이후 내정을 간섭하는 연락 기관으로 삼은 곳은? ㅈㄷㅎㅅ (　　　　)

8 원의 내정 간섭 당시 몽골식 의복이나 변발 등이 유행하던 풍습을 일컫는 말은? ㅁㄱㅍ (　　　　)

9 공민왕이 권문세족들이 빼앗은 토지와 노비를 본래의 소유주에게 넘겨주거나 양민으로 해방시키게 한 제도는? ㅈㅁㅂㅈㄷㄱ (　　　　)

10 14세기 홍건적의 침입과 왜구를 격퇴하면서 성장한 세력은? ㅅㅎㅁㅇㅅㄹ (　　　　)

실전 문제 정답

1 OX 퀴즈
1. O　2. X　3. O　4. O　5. X　6. X　7. X　8. X　9. O　10. O

2 빈칸 채우기
1. 서희　2. 강조의 정변　3. 나성　4. 별무반　5. 칭기즈칸　6. 삼별초　7. 순마소, 다루가치
8. 첨의부　9. 쌍성총관부　10. 신진사대부

3 초성 퀴즈
1. 강감찬　2. 천리장성　3. 초조대장경　4. 동북 구성(동북 9성)　5. 박서　6. 처인성　7. 정동행성
8. 몽골풍　9. 전민변정도감　10. 신흥 무인 세력

2-3 고려의 경제와 사회 모습

Step 1 암기송을 통해 흐름 파악하기

Track 09

♪1 고려의 경제

고려 **태조**는 공신들에게 **역분전**을 지급했어.

고려 초기에는 아직 관료제가 정비되지 않았기 때문에
토지를 지급하는 데에 인품이나 공로가 많이 반영되었다.

경종은 관직과 인품을 기준으로 **시정전시과**를 실시해.

기본적으로 관료에게 주는 토지는 세금을 걷을 수 있는
수조권만을 지급하는 것이었다.

목종은 18등급의 관직과 전직 현직 관리에게 **개정전시과** 실시.

문종은 현직 관리에게만 토지를 지급하는 **경정전시과** 실시.

고려의 **농업 기술**은 2년 3작이 시행되고, 고려 말 원에서 **농상집요**가 소개돼.

원나라의 농서를 이암이 들여왔다.

문익점을 통해 목화 재배도 시작되지. 남부 일부 지방에는 모내기법이 보급되기도 했어.

고려 말에 남부 일부 지방에 직파법 대신 모내기법이 보급됐다.

고려는 **상업**이 발달, **경시서**가 시전을 감독했어.

상업이 활발해지면서 **건원중보**, **삼한통보**, **해동중보**, **활구** 등의

화폐가 만들어졌지만 널리 유통되지는 못 했어.

대부분의 농민들은 자급자족적 경제 활동을 했기 때문에 화폐의 필요성을 느끼지 못했다.
일반적으로 농민들은 곡식이나 삼베 등을 사용해서 거래를 했다.

예성강 하류의 **벽란도**를 통해 고려는

사무역은 국가가 통제했기 때문에
대부분의 무역은 공무역 형태로 이루어졌다.

송과는 비단과 서적 등을 수입하고 은과 인삼 등을 수출했어.

거란과 여진은 은과 모피 등을 수입하고, 농기구 등을 수출했어.

일본은 수은과 황 등을 수입하고 서적과 인삼 등을 수출했어.

아라비아 상인들이 왕래해서 고려라는 이름이 서방 세계에 알려졌어.
아라비아 상인들은 수은, 향료 등을 가지고 와서 은, 비단 등을 가지고 갔다.
이들은 실크로드를 통해 서방세계로 이동했고, 고려(Corea)의 이름이 알려지게 됐다.

2 고려의 사회

고려의 신분 제도는 귀족, 중류층, 양민, 천민으로 구성돼 있어.
고려는 신라의 골품제에 비해서 개방적인 성격을 가지고 있었다.

귀족은 음서와 공음전의 혜택을 받지. **중류층**은 직역을 세습한 것이 특징.

양민은 백정이라 불린 농민이 대다수를 차지했지.
고려의 백정은 일반 농민을 의미하지만
조선의 백정은 도살업자인 천민을 의미한다.

향 · 소 · 부곡민들은 양인에 비해 심한 규제를 받지.

천민의 대다수를 차지하는 노비는 부모 중 한쪽이 노비면 노비가 되었고,
노비는 재산으로 여겨졌기 때문에 귀족들은 재산을 늘리기 위해
부모 중 한쪽이 노비이면 그 자식도 노비가 되게 했다.

재산으로 간주됐지.

고려는 의창을 통해 빈민 구제하고, 상평창을 통해 물가를 조절했지.
곡식을 두고 흉년에 빈민을 구제하던 기관이다.
고려 초 흑창이 고려 성종 때 규모를 확대하여 의창으로 바꾸었고 조선 시대까지 이어졌다.

동서대비원과 혜민국을 통해 백성 치료하고 제위보로 기금 마련 빈민 구제해.
기금을 만들어 그 이자로 빈민을 구제하던 기관이다.

고려 전기 불교 신앙을 위해 매향 활동을 하던 향도는

고려 후기 마을 공동체 조직으로 변화했고,

고려의 **여성**은 상속과 제사 호적이 남자와 동등했어.
아들이 없을 경우 딸이 제사를 받들고 친가와 외가의 차이가 크지 않아
사위와 외손자에게까지 음서의 혜택이 부여됐다.

여성이 호주가 될 수 있었으며, 재가 또한 자유롭게 이루어졌어.
재가를 하더라도 그 자식의 사회적 진출에는 제한이 없었다.

Step 2 개념 잡고 한국사 달인 되기

1 경제 정책과 경제 구조

1. 토지 제도

(1) **역분전** : 후삼국 통일의 논공행상적 토지 급여, 인품 · 공로 · 세력의 크기에 따라 차등지급

(2) **전시과** : 관리를 18등급으로 나누어 곡물을 수취하는 일반 농지인 전지와 땔감을 얻는 시지를 차등 지급, 수조권을 지급하는 것으로 국가에 반납하는 것이 원칙

① 시정전시과(경종) : 관품과 인품 반영, 전 · 현직 관료에게 지급

② 개정전시과(목종) : 18품의 관등이 기준(객관적 기준), 전 · 현직 관료에게 지급

③ 경정전시과(문종) : 현직 관료에게만 지급

■ 전시과의 토지 지급 액수 (단위: 결)

명칭 \ 등급		1	2	3	4	5	6	7	8	9	10	11	12	13	14	15	16	17	18
시정 전시과	전지	110	105	100	95	90	85	80	75	70	65	60	55	50	45	42	39	36	33
	시지	110	105	100	95	90	85	80	75	70	65	60	55	50	45	40	35	30	25
개정 전시과	전지	100	95	90	85	80	75	70	65	60	55	50	45	40	35	30	27	23	20
	시지	70	65	60	55	50	45	40	35	30	25	22	20	15	10				
경정 전시과	전지	100	90	85	80	75	70	65	60	55	50	45	40	35	30	25	22	20	17
	시지	50	45	40	35	30	27	24	21	18	15	12	10	8	5				

···› 전시과는 경종 때를 시작으로 목종, 문종을 거치며 정비되었다. 12세기 이후에는 문벌귀족의 대토지 소유로 제대로 운영이 이루어지지 못하였고 무신 정변 후 붕괴되었다.

(3) **사전의 종류**

① 공음전 : 5품 이상의 관료에게 지급, 세습 가능

② 구분전 : 하급 관리와 군인의 유가족에게 지급

③ 한인전 : 6품 이하의 관리 자제로 관직에 오르지 못한 자에게 지급(관인 신분의 세습)

④ 군인전 : 군역의 대가, 군역 세습으로 토지도 세습

⑤ 내장전 : 왕실 경비 충당

⑥ 공해전 : 중앙과 지방의 각 관청에 지급하여 경비 충당

⑦ 사원전 : 사원에 지급하여 사원 경비 충당

(4) 민전

① 매매 · 상속 · 기증 · 임대가 가능한 개인의 소유지
② 민전은 소유권 보장
③ 국가에 세금 납부

(5) 토지 소유의 변화

① 귀족들의 토지 세습 경향의 확대로 전시과 제도 붕괴
② 녹과전의 지급 : 전시과 제도의 붕괴로 관리에게 지급할 토지 부족, 일시적 방편으로 지급
③ 권문세족의 대규모 농장 형성으로 국가 재정의 파탄

2. 수취 제도

(1) **전세** : 생산량의 1/10
(2) **공납** : 특산물이나 수공업 제품 납부, 중앙 관청에서 주현에 부과, 향리들이 집집마다 부과하여 거둠
(3) **역** : 16세~60세의 남자는 군역(군복무)과 요역(노동력 제공)의 의무
(4) **조운 제도** : 수취한 조세와 공물을 농민을 동원하여 조창까지 옮기고 수로나 해로를 통해 개경의 경창까지 운반, 양계는 현지 경비로 조달

3. 경제 활동

(1) 농업

① 논농사는 주로 직파법, 밭농사는 2년 3작의 윤작법[1]
② 소를 이용한 깊이갈이가 널리 보급, 시비법[2] 발달

(2) **고려 후기** : 농서의 도입, 이암이 원의 『농상집요』 보급
(3) **목화의 전래** : 문익점이 공민왕 때 원에 사신으로 갔다가 돌아오는 길에 도입, 장인과 목화 재배 성공, 의생활에 큰 변화

(4) 수공업

① 관청 수공업 : 귀족층의 생활용품
② 소 수공업 : 공납 물품
③ 사원 수공업 : 제지, 직포, 술
④ 후기 민간 수공업 발달

---

1 윤작법 : 서로 다른 작물을 돌려짓는 방법이다. 휴경을 하는 면적이 줄어들게 되었다.
2 시비법 : 작물에 비료를 주는 것을 의미한다.

■ 승려의 상공업 활동

지금 부역을 피하려는 무리들이 부처의 이름을 걸고 돈놀이를 하거나 농사, 축산을 업으로 삼고 장사를 하는 것이 보통이 되었다.…어깨를 걸치는 가사는 술 항아리 덮개가 되고, 범패를 부르는 장소는 파, 마늘의 밭이 되었다. 장사꾼과 통하여 팔고 사기도 하며, 손님과 어울려 술 먹고 노래를 불러 절간이 떠들썩하다.

「고려사」

⇨ 고려의 사원은 수공업에 종사하여 제품들을 만들고 내다 팔아 부를 축적하기도 하였다. 또한 장생고를 이용하여 고리대업을 운영하기도 하였는데, 이를 통해 횡포를 부리기도 하였다.

(5) 상업

① 고리대업 성행(귀족 · 사원 등을 중심으로 성행)

② 개경에 경시서(상행위 감독 기관) 설치, 상평창(물가 조절), 시전(관허 상설 상점)

③ 후기 : 예성강 하구 벽란도를 비롯한 항구 발달, 원(여관) 발달

■ 고려의 상업

신우(우왕)7년 8월에 서울(개성)의 물가가 뛰어올랐는데 장사하는 자들이 조그마한 이익을 가지고 서로 다투었다. 최영이 이를 미워하여 무릇 시장에 나오는 물건은 모두 경시서로 하여금 물가를 평정하게 하고 세인을 찍게 하고 난 뒤에 비로소 매매하게 하였고,…이에 경시서에 큰 갈고리를 걸어두고 사람들에게 보였더니 장사하는 자들이 벌벌 떨었다.

「고려사」

⇨ 고려는 경시서를 두고 매점매석과 같은 상행위를 감시하도록 하였다. 그러나 고려는 농업을 중요시하였기 때문에 상업이 크게 발전하지 못하였다.

(6) 화폐 : 건원중보(성종), 숙종 때 삼한통보, 해동통보, 해동중보, 활구(은병) → 자급자족적 경제 활동으로 유통 부진

삼한통보(좌) • 해동통보(우)

고려 시대에는 여러 가지 화폐가 제작되었으나 상업이 활발하지 못했으므로 널리 유통되지 못하였다. 백성들은 여전히 곡식이나 베를 이용하였다.

4. 대외 무역

(1) **송**(친송 정책) : 비단, 약재 ↔ 고려 : 인삼, 종이, 먹

(2) **거란 · 여진** : 모피 · 말 · 무기 ↔ 고려 : 농기구 등 생활 필수품

(3) **일본** : 황 · 수은 ↔ 고려 : 인삼 · 서적

(4) **아라비아** : 향료 · 수은 → 고려의 이름이 서방 세계에 알려짐(Corea)

고려의 대외 교역

2 사회 구조와 신분 제도

1. 고려의 사회

(1) 고려의 신분

① 귀족 : 대체로 5품 이상의 고위 관직에 오른 일부 특권층을 가리킴, 문반 중심

② 중류층

- 중앙 관청의 실무 관리인 서리
- 궁중 관리인 남반
- 지방 행정의 실무를 맡았던 향리
- 하급 장교 등

③ 양인 : 백정[3], 향 · 소 · 부곡민[4], 상인, 수공업자 등

④ 천민

- 공 · 사 노비[5] : 노비는 일천즉천[6]이 적용, 외거 노비[7]는 농업에 종사하면서 독립적 가정을 이룰 수 있었음
- 화척, 진척, 재인[8] 등

3 백정 : 고려 시대의 백정은 농민을 의미한다. 조선의 백정 신분과 구분된다.

4 향 · 소 · 부곡민 : 향과 부곡의 주민도 농업에 종사하는 것은 일반 양인과 다름이 없었지만, 관직 진출에 제한을 받았고, 일반 농민보다 천한 대우를 받았다. 소의 주민은 수공업에 종사하였는데, 이들 역시 천한 대우를 받았다.

5 공노비 : 공노비는 궁중이나 관청 내에서 일하는 입역 노비와 지방에 거주하는 외거 노비로 구분된다.

6 일천즉천 : 부모 중 한쪽이 노비이면 자녀도 노비가 되는 것을 말한다.

7 외거 노비 : 사노비는 주거의 형태에 따라 솔거 노비와 외거 노비로 구분된다. 솔거 노비는 주인의 집에 거주하는 노비이고 외거 노비는 외부에 있는 주인의 농장에서 경작에 종사하는 노비를 말한다.

8 화척 · 진척 · 재인 : 화척은 도살업자, 진척은 나룻배 사공, 재인은 광대이다.

⑤ 사회 계층의 변동 : 향리로부터 문반직에 오르는 경우, 군인이 군공을 쌓아 무반으로 출세하는 경우, 고려 후기에는 특수 행정 구역인 향 · 소 · 부곡의 주민들이 일반 양인과 같은 지위로 승격됨, 외거 노비 중 재산을 모아 양인의 신분을 얻는 경우도 있었음

(2) 문벌귀족

① 고려 초 · 중기의 지배 세력으로 음서와 과거를 통해 관직 진출, 과전과 공음전을 통해 경제력 형성

② 제도와 가문의 권위를 통해 특권 장악

③ 유력한 가문과 상호 중첩된 혼인

(3) 권문세족

① 고려 후기 사회의 지배 세력, 원의 세력을 배경으로 등장

② 첨의부나 밀직사[9] 등의 고위 관직을 독점하였고, 도평의사사(도당)의 구성원으로 권력을 장악함

③ 친원적 성향, 불법적 토지 겸병, 대농장 소유로 국가 재정 악화

(4) 신진사대부

① 유교적 소양을 갖추고 행정 실무에도 밝은 학자 출신 관료

② 지방의 중소 지주 출신

③ 권문세족에 대항하여 사전 폐지 등 개혁 주장

④ 성리학을 수용

⑤ 공민왕 때에 이르러 성장

2. 고려의 사회 시책과 법속

(1) 사회 시설

① 의창 : 평시에 곡물을 비축하였다가 흉년에 빈민을 구제

② 상평창 : 곡식과 베의 값이 내렸을 때 사들였다가 값이 오르면 싸게 내다 팔아서 물가 안정 도모

③ 동서대비원(개경), 대비원(서경) : 국립 의료 기관, 환자 진료 및 빈민 구휼

④ 혜민국 : 의약 전담

⑤ 제위보 : 기금을 마련하여 빈민 구제

9 밀직사 : 밀직사는 원간섭기에 왕명의 출납과 군사 기밀에 관한 일을 맡아보던 곳이다.

(2) 재산의 상속과 여성의 지위

① 자녀 균분 상속

② 여성의 지위 : 비교적 높음, 여자가 호주가 될 수 있었고, 호적에서 자녀 간에 차별을 두지 않고 연령순으로 기록하였으며, 제사도 지낼 수 있었음. 여성의 재가도 비교적 자유롭게 이루어짐

(3) 법률과 풍속

① 법률 : 관습법 중심, 지방관이 사법권 행사, 5형 제도[10], 3심제 운영

② 풍속 : 팔관회, 연등회(국가의 2대 제전)

③ 향도

- 기원 : 불교 미륵신앙의 하나로 향나무를 바닷가에 묻으며(매향) 이를 통하여 미륵을 만나 구원받고자 하는 염원에서 시작됨
- 성격 : 지방의 신앙 공동체로 향촌 사회의 공동체 관계를 보완하고 통합하는 역할
- 변화 : 점차 신앙적 성격에서 혼례와 상장례, 마을 제사 등을 담당하는 공동체 조직으로 발전됨

10 5형 제도 : 태(볼기), 장(곤장), 도(징역), 유(유배), 사(사형)을 의미한다.

Step 3 표를 통해 단원 복습하기

1. 경제 정책과 경제 구조

◇ 토지 제도

역분전	논공행상적 토지 지급, 인품 · 공로 · 세력 크기 반영	
전시과	시정전시과	관품, 인품 반영, 전 · 현직 관료 지급
	개정전시과	18품의 관등 기준, 전 · 현직 관료 지급
	경정전시과	현직 관료에게만 지급
그 외	공음전, 구분전, 한인전, 민전 등	

◇ 수취 제도

전세	생산량의 1/10
공납	특산물이나 수공업 제품 납부
역	군역과 요역의 의무

◇ 경제 활동

농업	논농사(직파법), 밭농사(2년 3작의 윤작법), 고려 후기 이암의 『농상집요』 보급
수공업	관청 수공업, 소 수공업, 사원 수공업 → 고려 후기 민간 수공업 발달
상업	경시서(감독 기관), 상평창(물가 조절), 시전 → 고려 후기 벽란도 항구 발달
화폐	건원중보, 삼한통보, 해동통보, 해동중보, 활구
대외 무역	송 : 주로 귀족 사치품 수입
	아라비아 상인들이 서방 세계에 고려를 알림

2. 사회 구조와 신분 제도

◇ 신분

귀족	5품 이상의 일부 특권층
중류층	실무 관리층
양인	농민, 상인, 수공업자, 향 · 소 · 부곡민
천민	공 · 사 노비, 화척 · 진척 · 재인 등
지배층의 변화	문벌귀족 → 무신 → 권문세족 → 신진사대부

◇ 사회 시책과 법속

<table>
<tr><td rowspan="2">사회 시설</td><td colspan="2">의창, 상평창</td></tr>
<tr><td colspan="2">동서대비원(개경), 대비원(서경), 혜민국, 제위보</td></tr>
<tr><td rowspan="2">법속</td><td>풍속</td><td>팔관회, 연등회</td></tr>
<tr><td>향도</td><td>신앙 공동체에서 마을의 공동체 조직으로 발전</td></tr>
</table>

Step 4 암기송을 들으며 가사 완성하기

Track 09

1 고려의 경제

고려 태조는 공신들에게 ❶______을 지급했어.

경종은 관직과 인품을 기준으로 ❷__________를 실시해.

❸______은 18등급의 관직과 전직 현직 관리에게 개정전시과 실시.

문종은 ❹________에게만 토지를 지급하는 경정전시과 실시.

고려의 농업 기술은 ❺______이 시행되고, 고려 말 원에서 ❻________가 소개돼.

문익점을 통해 ❼________도 시작되지.

남부 일부 지방에는 ❽________이 보급되기도 했어.

고려는 상업이 발달, ❾______가 시전을 감독했어.

상업이 활발해지면서 건원중보, ❿________, 해동중보, 활구 등의

화폐가 만들어졌지만 널리 유통되지는 못 했어.

예성강 하류의 ⓫______를 통해 고려는

⓬___과는 비단과 서적 등을 수입하고 은과 인삼 등을 수출했어.

거란과 여진은 은과 모피 등을 수입하고, 농기구 등을 수출했어.

일본은 수은과 황 등을 수입하고 서적과 인삼 등을 수출했어.

⓭________ 상인들이 왕래해서 고려라는 이름이 서방 세계에 알려졌어.

2 고려의 사회

고려의 신분 제도는 귀족, 중류층, 양민, 천민으로 구성돼 있어.

귀족은 ❶______와 공음전의 혜택을 받지. ❷______은 직역을 세습한 것이 특징.

양민은 ❸______이라 불린 농민이 대다수를 차지했지.

❹__________들은 양인에 비해 심한 규제를 받지.

천민의 대다수를 차지하는 ❺______는 부모 중 한쪽이 노비면 노비가 되었고,

재산으로 간주됐지.

고려는 ❻______을 통해 빈민 구제하고, ❼______을 통해 물가를 조절했지.

동서대비원과 혜민국을 통해 백성 치료하고 ❽______로 기금 마련 빈민 구제해.

고려 전기 불교 신앙을 위해 매향 활동을 하던 ❾______는

고려 후기 마을 공동체 조직으로 변화했고,

고려의 여성은 상속과 제사 호적이 남자와 동등했어.

여성이 ❿______가 될 수 있었으며, 재가 또한 자유롭게 이루어졌어.

암/기/송/문/제/정/답

1. ① 역분전 ② 시정전시과 ③ 목종 ④ 현직 관리 ⑤ 2년 3작 ⑥ 농상집요 ⑦ 목화 재배 ⑧ 모내기법 ⑨ 경시서 ⑩ 삼한통보 ⑪ 벽란도 ⑫ 송 ⑬ 아라비아
2. ① 음서 ② 중류층 ③ 백정 ④ 향, 소, 부곡민 ⑤ 노비 ⑥ 의창 ⑦ 상평창 ⑧ 제위보 ⑨ 향도 ⑩ 호주

Step 5 핵심 문제를 통해 단원 마무리 짓기

실 / 전 / 문 / 제

1. OX 퀴즈

1. 고려는 관리에게 수조권을 지급하는 녹읍을 주었다. ( )
2. 민전은 매매 · 상속 · 기증 · 임대가 가능한 개인의 소유지이다. ( )
3. 대부분의 조세와 공물은 수로나 해로를 통해 개경의 경창까지 운반하였다. ( )
4. 전세는 수확량의 1/2를 걷었다. ( )
5. 고려는 2년 3작의 윤작법을 통해 밭농사가 이루어졌다. ( )
6. 고려는 송으로부터 주로 비단이나 약재 등을 수입해 왔다. ( )
7. 고려에 온 아라비아 상인에 의해 고려의 이름이 서방 세계에 알려지게 되었다. ( )
8. 고려에서는 건원중보, 삼한통보 등의 화폐가 활발하게 유통되었다. ( )
9. 귀족은 대체로 5품 이상의 고위 관직에 오른 관리를 가리켰다. ( )
10. 고려 시대 여성은 호주가 될 수 있었고 재가도 비교적 자유로웠다. ( )

2. 빈칸 채우기

1. 후삼국 통일의 논공행상적 토지를 준 (　　　　)은 인품과 공로 등을 고려하여 차등 지급하였다.
2. 문종 때 실시된 (　　　　)는 현직 관료에게만 지급되었다.
3. 하급 관리와 군인의 유가족에게는 (　　　　)이 지급되었다.
4. 고려 후기 이암이 원의 (　　　　)를 들여왔다.
5. 고려는 개경에 감독 기관인 (　　　　)를 두고 물가 조절 기관인 (　　　　)을 두었다.
6. 고려의 중류층은 중앙 관청의 실무 관리인 (　　　　), 궁중 관리인 (　　　　), 지방 행정의 실무를 맡았던 (　　　　), 하급 장교 등으로 이루어졌다.
7. 신진사대부는 (　　　　)을 수용하였던 계층이고, (　　　　) 때에 이르러 성장하였다.
8. 고려는 불교를 중요시하여 국가 2대 제전으로 (　　　　)와 (　　　　)를 두었다.
9. 고려는 기금을 마련하여 빈민을 구제하는 (　　　　)를 두었다.
10. 국립 의료 기관으로 개경에는 (　　　　), 서경에는 (　　　　)을 두었다.

3. 초성 퀴즈

1 고려에서 관리를 18등급으로 나누어 일반 농지인 전지와 땔감을 얻는 시지를 지급하던 토지 제도는? ㅈㅅㄱ (　　　)

2 5품 이상의 관리에게 지급되던 토지는? ㄱㅇㅈ (　　　)

3 6품 이하의 관리자제로 관직에 오르지 못한 자에게 지급되었던 토지는? ㅎㅇㅈ (　　　)

4 원에 사신으로 갔다가 목화를 도입하여 의생활에 큰 변화를 준 사람은? ㅁㅇㅈ (　　　)

5 고려 후기 예성강 하구에서 발달하였던 항구는? ㅂㄹㄷ (　　　)

6 주인의 외부 경작지에 거주하면서 독립된 가정을 이룰 수 있었던 노비는? ㅇㄱㄴㅂ (　　　)

7 고려 후기 원의 세력을 배경으로 등장하여 대농장을 소유했던 계층은? ㄱㅁㅅㅈ (　　　)

8 평시에 곡물을 비축하였다가 흉년에 빈민을 구제하던 기관은? ㅇㅊ (　　　)

9 곡식과 베의 값이 내렸을 때 사들였다가 값이 오르면 싸게 내다 팔아 물가 안정을 도모하였던 기관은? ㅅㅍㅊ (　　　)

10 불교 미륵신앙의 하나로 지방의 신앙 공동체로 존재하였던 것은? ㅎㄷ (　　　)

실전 문제 정답

1 OX 퀴즈

1. X　2. O　3. O　4. X　5. O　6. O　7. O　8. X　9. O　10. O

2 빈칸 채우기

1. 역분전　2. 경정전시과　3. 구분전　4. 농상집요　5. 경시서, 상평창　6. 서리, 남반, 향리
7. 성리학, 공민왕　8. 팔관회, 연등회　9. 제위보　10. 동서대비원, 대비원

3 초성 퀴즈

1. 전시과　2. 공음전　3. 한인전　4. 문익점　5. 벽란도　6. 외거 노비　7. 권문세족　8. 의창
9. 상평창　10. 향도

2-4 고려의 사상과 문화

Step 1 암기송을 통해 흐름 파악하기

Track 10

1 유학의 발달과 역사서의 편찬

고려는 광종 때 과거제로 인재를 뽑고

성종 때 **유교 사상**을 치국의 근본으로 확립.

중앙에 **국자감**, 향교를 통해 교육했지.

지방에는 국립 교육 기관으로 향교를 두어 교육하고 지방 문화 발전을 꾀하였다.

최충의 9재 학당, 사학 12도가 융성하기 시작했어.

귀족의 자제들이 사학으로 몰리자 예종은 국자감을 재정비하였다.

고려말 충렬왕 때 **안향**이 성리학을 소개, 충선왕 때 **이제현**이 **만권당**에서 공부

고려의 **역사서**는 고려 중기 김부식이 **삼국사기**를 편찬했고,

고려 후기 각훈이 해동고승전

삼국 시대부터 고려까지 고승들의 전기를 담은 불교 관련 역사서이다.

이규보의 **동명왕편**, 일연의 **삼국유사**, 이승휴가 **제왕운기**를 저술.

2 불교의 발달

고려는 불교를 통합하기 위해 노력했지.

의천은 국청사를 중심으로 천태종을 창시, 교관 겸수를 주장했지.

의천이 중국에서 천태종의 교리를 배워와 개성에 국청사를 세우고 천태종을 퍼뜨렸다.

무신 집권기 **지눌**, 송광사 중심의 수선사 결사를 조직,

지눌은 한국 불교의 중심인 조계종의 사상적 기초를 마련하였다.

정혜쌍수와 돈오점수를 주장했지.

(조계종)

지눌의 제자였던 **혜심**, 유불 일치설을 주장했지,

요세는 법화신앙에 바탕을 둔 백련사 결사를 제창했지.

거란의 침략을 막기 위해 초조대장경을 조판,

초조대장경이 몽골의 침략으로 소실되자
팔만대장경을 조판하였다.

이후 의천의 주도로 교장을 만들었지.

몽골 침략 막기 위해 만든 팔만대장경은 합천 해인사에 보관되어 있지.

팔만대장경은 강화도에서 조판되어 선원사에 보관하다가 조선 초 해인사로 옮겨졌다.

2 문화의 발달

고려의 **건축**은 주심포 양식이 유행.

고려의 건축은 주심포 양식과 다포 양식이 대표적이다.

봉정사 극락전과 부석사 무량수전, 수덕사 대웅전이 대표적이야.

석탑은 월정사 8각 9층 석탑, 경천사지 10층 석탑

고려는 신라와 달리 다각다층탑이 유행하였다.

불상은 관촉사 석조 미륵보살 입상.

고려의 **도자기**는 청자가 대표적이지 상감청자를 개발.

원 간섭기 이후에는 분청사기를 제작.

청자에 분을 바른 것으로 조선 초기까지 이어진다.

세계 최초 **금속활자** 상정고금예문과 청주 흥덕사에서 직지심체요절.

최무선은 화약 제조에 성공 화통도감을 설치,

화포를 제작해 왜구를 격퇴하지.

일본 해적 집단을 일컫는 말로
고려 말에서 조선 초에 피해가 가장 컸다.

Step 2 개념 잡고 한국사 달인 되기

1 다양한 사상의 발달

1. 불교의 발달

(1) 불교 정책

① 특징 : 삼국 시대 이래로 현세 구복적 · 호국적 성격

② 태조 : 훈요 10조에서 불교 숭상과 연등회 · 팔관회의 성대한 개최 당부

③ 광종 : 승과제 실시, 왕사와 국사 제도[1], 귀법사 창건(화엄종의 본찰)

④ 성종 : 유교 정치 사상 강조로 연등회 · 팔관회 일시 폐지

⑤ 현종 이후 계속 융성, 현화사 · 흥왕사 건립

⑥ 대장경 간행

- 초조대장경 : 거란의 침입을 극복하기 위해 제작, 몽골 침입에 소실
- 속장경(교장) : 의천에 의해 조성, 초조대장경 보완
- 팔만대장경 : 부처의 힘으로 몽골군을 물리치기 위해 제작, 합천 해인사에 보관

(2) 천태종의 성립

① 고려 전기 이론과 실천 조화의 움직임

② 의천을 중심으로 교선 통합 운동[2], 해동 천태종 창시, 교관 겸수[3] 주장(흥왕사 근거)

③ 결과 : 당시 문제가 되고 있던 불교의 폐단에 대한 대책이 제시되지 못하는 한계가 있었고 의천 사후 교단이 분열됨

■ 의천의 교선 통합 운동

교종을 공부하는 사람은 내적인 것을 버리고 외적인 것만을 구하려는 경향이 강하고, 선종을 공부하는 사람은 외부의 대상을 잊고 내적으로만 깨달으려는 경향이 강하다. 이는 모두 양 극단에 치우친 것이므로, 양자를 골고루 갖추어 안팎으로 모두 조화를 이루어야 한다.

『대각국사 문집』

⇨ 의천은 교종의 각 파와 더불어 선종을 융합하는 교선 통합 운동을 전개하였다.

---

(3) 조계종의 성립

① 12세기 후반 교종의 화엄종과 법상종, 선종의 천태종과 조계종으로 재편

---

1 왕사 · 국사 제도 : 왕사는 임금의 스승이 되었던 승려이고, 국사는 한 나라의 정신적 스승으로 왕사 위에 있는 고려의 최고위 승려이다. 고려 시대에 제도화되었다.

2 의천의 교선 통합 운동 : 의천은 화엄종을 중심으로 교종을 통합하고 교종을 중심으로 선종을 통합하려는 노력을 하였다.

3 교관 겸수 : 불교에서 교리 체계와 수행 체계, 즉 교와 관을 함께 닦는 것이 불교 수행의 바른 길이라는 주장이다.

② 신앙 결사 운동 : 불교가 자기 모순을 인식하고 이를 개혁하려는 의도에서 출발한 비판과 자각

③ 지눌

- 정혜쌍수(참선과 교학의 병행), 돈오점수(깨달음 뒤에 꾸준한 수행 강조)
- 선교 일치의 완성[4], 수선사 결사 제창[5]

■ 지눌의 정혜쌍수

정(定)은 본체이고, 혜(慧)는 작용이다. 작용은 본체를 바탕으로 해서 있게 되므로 혜가 정을 떠나지 않고, 본체는 작용을 가져오게 하므로 정은 혜를 떠나지 않는다. 정은 곧 혜인 까닭에 허공처럼 텅 비어 고요하면서도 항상 거울처럼 맑아 영묘하게 알고, 혜는 곧 정이므로 영묘하게 알면서도 허공처럼 고요하다.

『보조국사 법어』

⇨ 지눌의 정혜쌍수는 선과 교학을 함께 수행해야 함을 주장하고 있다.

---

④ 혜심 : 결사 운동 발전시킴, 유불 일치설 주장, 심성의 도야 강조 → 고려 말 성리학 수용의 사상적 토대 마련

⑤ 요세 : 백련사 결사 제창, 수선사와 양립하며 고려 후기 불교계 주도, 법화 신앙에 중점을 두고 참회 중시, 지방민의 적극적인 호응을 얻음

2. 도교와 풍수지리설의 유행

(1) 도교

① 불로 장생과 현세의 복 추구

② 국가적 도교 행사 개최 : 궁중에서 하늘에 제사를 드리는 초제 성행

③ 예종 때 도교 사원인 도관 건립

(2) 풍수지리설

① 서경 천도와 북진 정책의 이론적 근거

② 중기 이후 한양 명당설 대두, 한양을 남경으로 승격시킴

3. 유학과 한문학

(1) 유학의 발달

① 광종 : 과거제 실시

② 성종 : 정치 이념으로서의 유교(최승로)

---

4 지눌의 선교 일치 : 지눌은 선종 중심으로 교종을 통합하려는 노력을 하였다.

5 수선사 결사 제창 : 결사란 뜻을 같이하는 사람들이 자신들의 신앙 수행을 위하여 맺은 단체라는 의미이다. 수선사 결사는 당시 불교계의 타락상을 비판하고 승려 본연의 자세로 돌아가 독경과 선 수행, 노동에 힘쓰자는 개혁 운동이다.

③ 고려 중기 : 유학의 보수화
- 최충 : 해동공자, 9재 학당[6]
- 김부식 : 보수적이면서 현실적인 성격의 유학, 『삼국사기』

(2) 성리학의 전래

① 수용 : 충렬왕 때 안향에 의해 소개 → 백이정이 원에 가서 배워와 이제현에게 전수, 만권당에서 공부 → 이색 · 정몽주 · 권근 · 정도전 등의 신진사대부에 의해 성리학 발전

② 특징 : 실천적 기능 강조, 정도전 등 불교 비판(『불씨잡변』) → 새로운 지도 이념으로 부상

(3) 역사서

① 초기
- 왕조 실록 편찬(거란 침입으로 소실) → 7대 실록 완성(태조~목종)

② 중기
- 『삼국사기』 - 김부식이 인종의 왕명으로 편찬, 유교 사관에 입각하여 기전체[7]로 서술

■ 삼국사기의 편찬 목적

성상 폐하께서 … "또한 그에 관한 옛 기록은 표현이 거칠고 졸렬하며, 사건의 기록이 빠진 것이 있으므로, 이로써 군주의 착하고 악함, 신하의 충성됨과 사특함, 나랏일의 안전함과 위태로움, 백성의 다스려짐과 어지러움을 모두 펴서 드러내어 권하거나 징계할 수 없다. 그러므로 마땅히 재능과 학문과 식견을 겸비한 인재를 찾아 권위 있는 역사서를 완성하여 만대에 전하여 빛내기를 해와 별처럼 하고자 한다."라고 하였습니다.

「삼국사기」

⇨ 삼국사기는 인종 때 김부식이 왕명에 의해 편찬한 역사서이다. 유교적 합리주의 사관에 기초하여 서술되어졌다.

---

③ 후기
- 『해동고승전』 - 각훈, 역대 고승의 행적을 기록, 한국 불교의 위상을 정립
- 『동명왕편』 - 이규보, 주몽을 칭송한 민족 서사시, 고구려 계승 의식
- 『삼국유사』 - 일연이 불교사를 중심으로 고대의 설화나 야사 수록, 민족의 유구성을 강조하며 단군신화 기록(자주적 성격)
- 『제왕운기』 - 이승휴, 우리나라 역사를 한시로 서술, 단군신화 수록

④ 말기
- 『사략』 - 이제현, 성리학적 유교 사관 대두, 정통 의식과 대의 명분 강조

---

6 9재 학당 : 최충은 퇴직 후 9재 학당을 세워 많은 인재를 양성하였다. 이에 많은 유학자들이 사학을 열어 개경에 11개의 사학이 설립되었는데 9재 학당을 포함하여 사학 12도라 한다.

7 기전체 : 역사 서술 방식의 하나로 본기, 열전, 지, 연표 등으로 구성하는 것이다. 중국 사마천의 '사기'에서 비롯되었다.

2 문화의 성장

1. 과학기술

(1) **천문학과 역법** : 농업으로 중요시, 충선왕 때 원의 수시력[8] 채용, 공민왕 때 명의 대통력 수용

(2) **인쇄술**

① 활판 인쇄술(금속활자)

- 상정고금예문(1234, 현존하지 않음),
- 직지심체요절(1377, 청주 흥덕사 간행, 현존하는 가장 오래된 금속활자본)

② 목판 인쇄술(대장경)

③ 서적원[9](공양왕)

(3) **의학** : 향약구급방(현존하는 가장 오래된 의서)

(4) **화약** : 최무선이 화약 제조법 도입, 화통도감 설치, 왜구 격퇴에 활용(진포에 침입한 왜구 격퇴)

부석사 무량수전

배흘림 기둥으로 우아한 미를 보여준다.

2. 건축과 조각

(1) **건축**

① 주심포 양식[10] : 봉정사 극락전, 부석사 무량수전, 수덕사 대웅전

② 다포 양식[11] : 장엄 · 화려함, 사리원 성불사 응진전

(2) **석탑 – 다각다층탑**

① 송의 영향 : 평창 오대산 월정사 8각 9층탑

② 후기 : 경천사지 10층 석탑(원의 영향) → 조선 원각사지 10층 석탑에 영향

안동 봉정사 극락전

우리나라에 남아 있는 목조 건축물 중 가장 오래된 것으로 추정된다.

8 수시력 : 달과 태양의 움직임을 모두 고려하여 만든 역법으로 중국 원대에서 명대에 걸쳐 사용되었다. 이후 등장한 명의 대통력은 수시력과 원리가 거의 비슷하다.

9 서적원 : 숙종 때에는 서적포를 설치하여 서적을 인쇄하고 공양왕은 이를 서적원으로 고치고 활자의 주조와 인쇄를 맡게 하였다.

10 주심포 양식 : 공포(기둥과 기둥 사이에 지붕의 무게를 분산시키기 위해 만든 장치)를 기둥 위에만 만든 건축 양식이다.

11 다포 양식 : 기둥 사이에 공포가 여러 개 있는 양식이다. 웅장한 지붕이나 건물을 화려하게 꾸밀 때 쓰였다.

월정사 8각 9층 석탑

고려 시대는 신라의 전형적인 3층 양식에서 벗어나 다층다각탑이 유행하였다.

경천사지 10층 석탑(좌)

원각사지 10층 석탑(우)

고려 시대 경천사지 10층 석탑은 조선 시대 원각사지 10층 석탑에 큰 영향을 주었다.

(3) **승탑** : 선종의 유행으로 제작, 원주 법천사 지광국사탑

원주 법천사 지광국사탑

우리나라 승탑 중 가장 큰 것으로 장식이 화려한 것이 특징이다.

(4) **불상** : 조형미 다소 부족, 자유분방한 편, 향토적 특색, 논산 관촉사 미륵보살 입상

논산 관촉사 미륵보살 입상

우리나라에서 가장 큰 불상으로, 고려 시대 지방화된 불교 양식의 특색을 잘 보여준다.

3. 공예

(1) **특징** : 귀족들의 생활 도구, 불교 의식 도구 중심으로 발전

(2) **고려자기** : 고려청자, 12세기 중엽에 고려의 독창적인 상감법[12)]이 개발되어 자기에 활용

(3) **금속공예** : 청동제의 병에 은상감 기법을 활용

(4) **범종** : 신라 시대 양식 계승, 화성의 용주사종

(5) **나전칠기 공예 발달**

청자상감 운학문매병
상감청자 12C

청동 은입사 포류 수금무늬 정병
국립 중앙 박물관

12 상감법 : 그릇 표면에 원하는 문양을 도려내고 그 자리를 다른 색깔의 흙으로 메우는 방식이다.

4. 서예

(1) **신품 사현** : 김생(신라), 유신(문종), 탄연(인종), 최우(고종)

(2) **송설체**[13] : 이암, 이제현

5. 회화 : 공민왕 천산대렵도, 혜허 수월관음도

혜허의 수월관음도

일본 센소지에 소장되어 있는 그림으로, 고려 불화 가운데 가장 크고 섬세한 표현과 독특한 광배로 유명하다.

공민왕의 천산대렵도

수렵 장면이 섬세하면서도 활기차게 표현되었다.

13 송설체 : 고려 전기에는 구양순체가 유행하였으며, 후기에는 원의 영향을 받아 조맹부의 송설체가 크게 유행하였다.

Step 3 표를 통해 단원 복습하기

1. 불교의 발달

대장경	초조대장경, 속장경(교장), 팔만대장경
의천	교선 통합 운동, 해동 천태종 창시, 교관 겸수 주장
지눌	정혜쌍수, 돈오점수, 수선사 결사
혜심	유불 일치설, 고려 말 성리학 수용의 토대 마련

2. 유학과 한문학

	고려 초	고려 중기	고려 후기
유학의 발달	• 유학 장려 • 광종 : 과거제 • 성종 : 최승로 시무 28조	• 유학의 보수화 • 최충 : 9재 학당	• 성리학 전래 : 안향 소개, 신진사대부 수용
역사서	왕조 실록 편찬 → 7대 실록	김부식 『삼국사기』	• 일연 『삼국사기』 • 이규보 『동명왕편』 • 이승휴 『제왕운기』 • 이제현 『사략』

3. 문화의 성장

과학기술	인쇄술	활판 인쇄술(상정고금예문, 직지심체요절)
	의학	향약구급방
	화약	최무선, 화통도감
건축	• 주심포 양식(봉정사 극락전, 부석사 무량수전) • 다포 양식	
석탑	다각다층탑 : 월정사 8각 9층탑 → 경천사지 10층 석탑	
승탑	선종의 유행	
불상	자유분방함, 향토적 특색	
공예	고려자기(12C 독창적 상감법)	

Step 4 암기송을 들으며 가사 완성하기

Track 10

1 유학의 발달과 역사서의 편찬

고려는 광종 때 ❶ ______ 로 인재를 뽑고

❷ ______ 때 유교 사상을 치국의 근본으로 확립.

중앙에 국자감, 향교를 통해 교육했지.

❸ ______ 의 9재 학당, 사학 12도가 융성하기 시작했어.

고려말 충렬왕 때 안향이 ❹ ______ 을 소개,

충선왕 때 이제현이 ❺ ______ 에서 공부

고려의 역사서는 고려 중기 김부식이 ❻ ______ 를 편찬했고,

고려 후기 각훈이 해동고승전,

이규보의 ❼ ______, 일연의 ❽ ______,

이승휴가 제왕운기를 저술.

❷ 불교의 발달

고려는 불교를 통합하기 위해 노력했지.

❶ ______ 은 국청사를 중심으로 천태종을 창시, 교관 겸수를 주장했지.

무신 집권기 지눌, 송광사 중심의 수선사 결사를 조직,

❶ ______ 와 돈오점수를 주장했지.

(조계종)

지눌의 제자였던 ❶ ______, 유불 일치설을 주장했지,

요세는 법화 신앙에 바탕을 둔 백련사 결사를 제창했지.

거란의 침략을 막기 위해 ❶ ______ 을 조판,

이후 의천의 주도로 교장을 만들었지.

몽골 침략 막기 위해 만든 ❶ ______ 은 합천 해인사에 보관되어 있지.

3 문화의 발달

고려의 건축은 ❶ ____________ 이 유행.

봉정사 극락전과 부석사 ❷ __________, 수덕사 대웅전이 대표적이야.

석탑은 월정사 8각 9층 석탑, ❸ ____________

불상은 관촉사 석조 미륵보살 입상.

고려의 도자기는 청자가 대표적이지 ❹ ______ 를 개발.

원 간섭기 이후에는 분청사기를 제작.

세계 최초 금속활자 상정고금예문과 청주 흥덕사에서 ❺ ____________.

❻ ______ 은 화약 제조에 성공 화통도감을 설치,

화포를 제작해 왜구를 격퇴하지.

암/기/송/문/제/정/답

1. ① 과거제 ② 성종 ③ 최충 ④ 성리학 ⑤ 만권당 ⑥ 삼국사기 ⑦ 동명왕편 ⑧ 삼국유사
2. ① 의천 ② 정혜쌍수 ③ 혜심 ④ 초조대장경 ⑤ 팔만대장경
3. ① 주심포 양식 ② 무량수전 ③ 경천사지 10층 석탑 ④ 상감청자 ⑤ 직지심체요절 ⑥ 최무선

Step 5 핵심 문제를 통해 단원 마무리 짓기

실 / 전 / 문 / 제

1. OX 퀴즈

1 삼국 시대 이래로 불교는 현세 구복적 · 호국적 성격을 가졌다. ( )

2 지눌은 흥왕사를 중심으로 교선 통합 운동을 전개하였다. ( )

3 불교는 스스로 개혁하려는 의도에서 신앙 결사 운동을 전개하였다. ( )

4 고려의 도교는 불로 장생과 현세의 복을 추구하는 성격을 띠었고 국가적 도교 행사도 열렸다. ( )

5 최승로는 원의 수도에 설립된 만권당에서 원의 학자들과 교류하며 성리학을 심화시켰다. ( )

6 고려 초기에 저술된 고려 왕조 실록은 기전체로 서술되었다. ( )

7 이규보의 『동명왕편』에는 최초로 단군신화가 수록되었다. ( )

8 논산 관촉사 미륵보살 입상은 고려 불상의 향토적 특색과 자유분방함을 보여준다. ( )

9 천문학은 농업으로 중요시되었고 공민왕 때 원의 수시력을 채용하였다. ( )

10 송의 영향을 받아 평창 오대산 월정사 8각 9층 탑이 만들어졌다. ( )

2. 빈칸 채우기

1 광종은 과거에서 ( )를 실시하고 ( )와 ( ) 제도를 통해 불교를 진흥하였다.

2 의천이 교와 관을 함께 닦는 ( )를 주장하며 천태종을 창시하였다.

3 지눌은 참선과 교학의 병행을 주장하는 ( )와 깨달음 뒤에 꾸준한 수행을 강조하는 ( )를 주장하였다.

4 해동공자라 불리던 ( )은 9재 학당을 만들어 유학을 교육하였다.

5 김부식은 인종의 왕명으로 유교 사관에 입각한 ( )를 편찬하였다.

6 일연의 ( )는 불교사를 중심으로 고대의 설화나 야사를 수록하였고 자주적 성격을 가진다.

7 현존하는 우리나라 최고의 의서로 ( )이 있다.

8 ( )이 화약 제조법을 도입하여 왜구 격퇴에 활용하였다.

9 ( )은 원의 영향으로 이후 조선 원각사지 탑에 영향을 주었다.

10 고려청자는 12세기 중엽에 고려의 독창적인 ( )이 개발되어 자기에 활용되었다.

3. 초성 퀴즈

1 유교 정치 사상의 강조로 연등회와 팔관회를 폐지하였던 왕은? ········ ㅅㅈ (   )

2 유교 사상과 불교의 일치설을 주장하고 심성의 도야를 강조했던 승려는? ········ ㅎㅅ (   )

3 서경 천도와 북진 정책의 이론적 근거가 되었던 사상은? ········ ㅍㅅㅈㄹㅅ (   )

4 고려에 성리학을 처음 소개한 사람은? ········ ㅇㅎ (   )

5 현존하는 가장 오래된 금속활자본으로 청주 흥덕사에서 간행된 것은?

········ ㅈㅈㅅㅊㅇㅈ (   )

6 부석사 무량수전에서 볼 수 있는 것으로 배흘림 기둥으로 우아한 미를 보여주는 건축 양식은?

········ ㅈㅅㅍㅇㅅ (   )

7 이제현이 지은 것으로 성리학적 유교 사관을 살펴볼 수 있는 책은? ········ ㅅㄹ (   )

8 단군신화를 수록한 『제왕운기』를 편찬한 사람은? ········ ㅇㅅㅎ (   )

9 현재는 남아 있지 않지만 1234년 최초로 금속활자본으로 제작된 것은?

········ ㅅㅈㄱㄱㅇㅁ (   )

10 정도전이 불교를 비판하며 저술한 책은? ········ ㅂㅆㅈㅂ (   )

실전 문제 정답

1 OX 퀴즈

1. O 2. X 3. O 4. O 5. X 6. X 7. X 8. O 9. X 10. O

2 빈칸 채우기

1. 승과, 국사, 왕사 2. 교관겸수 3. 정혜쌍수, 돈오점수 4. 최충 5. 삼국사기 6. 삼국유사
7. 향약구급방 8. 최무선 9. 경천사지 10층 석탑 10. 상감법

3 초성 퀴즈

1. 성종 2. 혜심 3. 풍수지리설 4. 안향 5. 직지심체요절 6. 주심포 양식 7. 사략
8. 이승휴 9. 상정고금예문 10. 불씨잡변

3 조선 유교 사회의 성립과 변화

3-1 조선의 건국과 체제 정비

3-2 조선 전기 사회 · 경제 · 문화

3-3 조선 전기의 대외 관계와 양난의 극복

3-4 조선 후기 정치 변동과 제도 개편

3-5 조선 후기 사회 · 경제의 변화

3-6 조선 후기 사회 개혁론과 새로운 사상의 유행

3-7 조선 후기 문화의 발달

3-1 조선의 건국과 체제 정비

Step 1 암기송을 통해 흐름 파악하기

Track 11

1 조선의 건국

고려 말 명나라가 철령 이북 땅을 요구하자 최영이 요동 정벌을 추진하지.

명나라는 철령 이북이 본래 원나라 땅이므로 이 지역을 명나라에 귀속시키겠다고 통보하였다.

이성계가 이를 반대. 위화도에서 군대를 되돌리지. 이것이 **위화도 회군**!

고려 후기 지배층으로, 원나라의 세력을 등에 업고 권세를 누렸다.

그리고 **과전법**을 실시해. 권문세족의 토지를 몰수했어.

전 · 현직 관리에게 관리의 등급에 따라 토지 수조권을 지급하였다.

새 왕조 개창에 반대했던 온건 개혁파 제거하고

이성계와 **급진 개혁파**는 **조선**을 건국.

한양으로 **천도**하지. 이것이 조선의 건국 과정이야.

한반도의 중앙에 위치하여 교통이 편리하고 외적 방어에 유리하였다.

2 국가 기틀 마련

조선은 유교를 국가 이념으로 삼아 통치해.

호패란 오늘날 주민등록증과 비슷한 것으로, 16세 이상의 남자에게 발급하였다.

태종은 왕권을 강화하기 위해 **사병 철폐**, **6조 직계제**와 **호패법** 실시.

6조에서 논의한 것이 의정부를 거치지 않고 직접 국왕에게 전달되도록 한 제도이다.

세종은 왕권과 신권의 조화, **집현전**을 설치, 경연을 활성화, 과학기술 발달.

학문 연구를 위해 궁중에 설치한 기관이다.

세조도 왕권 강화하기 위해 6조 직계제 실시, 집현전과 경연 폐지.
수양대군(세조)은 세종의 아들로, 계유정난을 통해 단종을 몰아내고 왕위에 올랐다.

성종은 체제 완성, 홍문관을 설치하고 경국대전을 완성하지.
성종 초까지 반포된 모든 법령, 교지, 조례, 관계 등을 망라하여 편찬한 조선 왕조의 기본 법전이다.

3 통치 체제 정비

조선은 **중앙 통치 기구**로 의정부와 6조를 중심으로 국가 정책을 결정했어.
이조·호조·예조·병조·형조·공조로 구성되었다.
영의정·좌의정·우의정으로 구성되었다.

승정원과 의금부는 왕권을 강화하고,
국가의 큰 죄인을 처벌하는 국왕 직속 사법 기구였다.

사헌부 · 사간원 · 홍문관은 삼사라 불리며 왕권을 견제.
사헌부는 관리의 비리 감찰, 사간원은 왕에 대한 간언,
홍문관은 왕의 학문적 자문 기구였다.

수도의 행정을 담당하는 한성부,

역사서를 편찬하는 춘추관, 최고 교육 기관인 성균관.
문과의 소과 합격생에게 입학 자격을 부여하였다.

조선의 **지방 행정 조직**은 8도에 관찰사를 파견, 모든 군현에 수령을 파견.
함경도, 평안도, 황해도, 강원도, 경기도, 충청도, 전라도, 경상도

지방 양반들로 구성된 유향소는 수령을 보좌. 향리들을 감찰했어.

지방과 중앙의 연락망인 경재소도 두었지.

통신 제도로 봉수제와 역참제 운영하고,
군사적으로 위급한 일이 발생했을 때 이를 알릴 목적으로 마련되었다.

조세를 운송하기 위해 조운제를 활용했지.

4 사림의 집권과 붕당의 출현

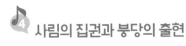

사림은 성종 때 김종직을 중심으로 중앙 정치에 진출해 훈구 세력을 비판해.

세조의 즉위 과정에서 협조한 공신들을 말한다.

훈구파와 사림파의 대립으로 사화가 발생해 사림파가 피해를 입어.

김종직의 조의제문으로 **무오사화**, 폐비 윤씨 사건으로 **갑자사화**.

지방의 유능한 사림 등용(현량과), 위훈 삭제 등을 주장하며 훈구 세력을 견제하고자 하였다.

조광조의 개혁 정치로 **기묘사화**, 외척 간의 대립으로 **을사사화**가 일어나.

풍속 교화와 향촌 질서 유지에 기여하였다.
4대 덕목으로 덕업상권, 과실상규, 예속상교, 환난상휼이 있다.

사림은 서원과 향약을 기반으로 향촌에서 세력을 확대해.

지방의 사립 교육 기관으로, 유학자에 대한 제사와 성리학 교육을 담당하였다.

선조 때 중앙으로 진출, 정치 주도권을 장악했지.

동인은 외척 청산에 적극적, 서인은 소극적이었다.

하지만 이조 전랑 문제로 사림이 동인과 서인으로 분화되고.

6조의 하나인 이조의 관직으로, 3사의 관리를 임명하고
자신의 후임을 추천할 수 있는 권한이 있었다.

붕당 정치가 시작된 거야.

Step 2 개념 잡고 한국사 달인 되기

1 조선의 건국과 통치 체제의 정비

1. 조선의 건국

(1) 고려 말 신진사대부의 분화

① 온건 개혁파 : 이색 · 정몽주 중심, 고려 왕조 내에서 점진적 개혁 추구

② 급진 개혁파 : 정도전 · 조준 중심, 고려 왕조 부정, 역성 혁명 주장

이런들 어떠하며 저런들 어떠하리
만수산 드렁칡이 얽혀진들 어떠하리
우리도 이같이 하여 백년까지 누리리라

이방원, 「하여가」[1)]

이 몸이 죽고 죽어 일백 번 고쳐 죽어
백골이 진토되어 넋이라도 있고 없고,
임 향한 일편단심 가실 줄이 있으랴

정몽주, 「단심가」

(2) 조선의 건국(1392)

① 주도 : 이성계와 급진 개혁파

② 과정

- 위화도 회군 : 명의 철령 이북 땅 요구 → 최영 주도로 요동 정벌 단행 → 이성계의 위화도 회군(4불가론) → 정치적 실권 장악(이성계 + 급진 개혁파)
- 과전법 실시 : 권문세족이 불법적으로 차지한 토지 몰수 → 신진사대부에게 재분배(권문세족 몰락, 신진 관리의 경제 기반 마련, 국가 재정 확충)
- 조선 건국 : 정몽주 등 온건파 신진사대부 제거 → 이성계 즉위(태조) → 국호를 '조선'으로 함(단군 조선 계승 의미) → 한양 천도(한반도의 중앙에 위치, 교통이 편리하고 외적 방어에 유리)

위화도

■ 4불가론

1. 작은 나라가 큰 나라를 거스르는 것은 무리이다.
2. 여름에 백성들을 군사로 동원하면 농사에 피해가 크다.
3. 요동을 치는 동안 왜구가 기승을 부릴 것이다.
4. 장마철이라 군대 운용에 어려움이 크다.

1 하여가 : 조선 초 이방원이 정몽주의 진심을 알아보고 회유하기 위해 지은 작품이다. 이방원의 「하여가」에 답하여 정몽주는 「단심가」를 지어 보냈다.

2. 국가의 기틀 마련

(1) 태조

① 조선 건국, 한양 천도

② 정도전 : 민본적 통치 규범 마련, 재상 중심의 정치 주장, 불교 비판(『불씨잡변』) → 성리학을 조선의 통치 이념으로 확립하고자 함

■ 조선의 도읍 : 한양

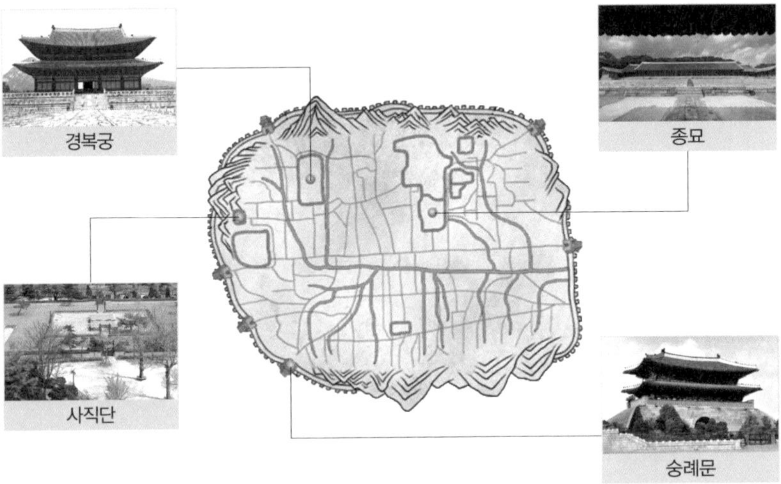

(2) 태종

① 왕자의 난[2]으로 집권 : 정도전의 재상 중심의 정치에 불만을 품고 정도전 제거

② 정도전 등 개국 공신 세력 제거 : 정도전의 재상 중심의 정치에 대한 불만

③ 6조 직계제 실시, 종친의 정치 참여 제한, 사병 혁파(왕이 군사 지휘권 장악)

④ 호패법[3] 실시(인구 파악 → 조세 징수 및 군역 부과에 활용), 양전 사업 단행, 사원전 몰수, 억울하게 노비가 된 자 해방, 신문고 설치

호패

2 왕자의 난
- 1차 왕자의 난 : 이방원이 정도전 등 개국 공신 세력과 세자 방석을 제거하자 태조가 정종에게 왕위를 넘겨주었다.
- 2차 왕자의 난 : 정종의 후계자 문제를 둘러싸고 이방원과 형인 방간과의 충돌 → 이방원이 왕위에 올라 태종이 되었다.

3 호패법 : 호패란 오늘날 주민등록증과 비슷한 것으로, 16세 이상의 남자에게 발급하였다. 호패는 인구를 파악하여 조세를 거두고 군역에 징발하는 데 활용되었다.

(3) 세종

① 유교 정치의 이상 추구
- 집현전 설치 : 학문, 정책 연구
- 경연[4] 활성화
- 의정부 서사제 실시 : 인사와 군사는 직접 관리 → 왕권과 신권의 조화 추구

② 조세 제도 : 전분 6등법[5], 연분 9등법[6] 실시

③ 훈민정음 창제, 서적 편찬(『농사직설』, 『향약집성방』, 『칠정산』 등)

> 6조 직계제를 시행한 이후 일의 크고 작음이나 가볍고 무거움이 없이 모두 6조에 붙여져 의정부와 관련을 맺지 않고, 의정부의 관여 사항은 오직 사형수를 논결하는 일뿐이므로 옛날부터 재상을 임명한 뜻에 어긋난다. … 6조는 각기 모든 직무를 먼저 의정부에 품의하고, 의정부는 옳고 그름을 헤아린 뒤에 왕에게 아뢰어 (왕의) 전지를 받아 6조에 내려 보내 시행한다. 다만 이조 · 병조의 제수, 병조의 군사 업무, 형조의 사형수를 제외한 판결 등은 이전과 같이 각 조에서 직접 아뢰어 시행하고 곧바로 의정부에 보고한다. 만약 타당하지 않으면 의정부가 맡아 심의 논박하고 다시 아뢰어 시행토록 한다.
>
> **『세종실록』**

(4) 세조

① 계유정난[7]으로 즉위

② 왕권 강화 : 사육신 제거, 6조 직계제 실시, 종친 등용, 집현전과 경연 폐지, 『경국대전』[8] 편찬 시작

③ 경제 정책 : 직전법 실시(현직 관리에게만 토지 지급)

(5) 성종

① 유교 정치 구현
- 홍문관 설치 : 집현전 계승
- 경연 활성화 : 왕과 신하들이 정책을 토론하고 심의
- 『경국대전』 완성 : 조선의 기본 통치 방향과 이념 제시

② 경제 정책 : 관수관급제[9] 실시

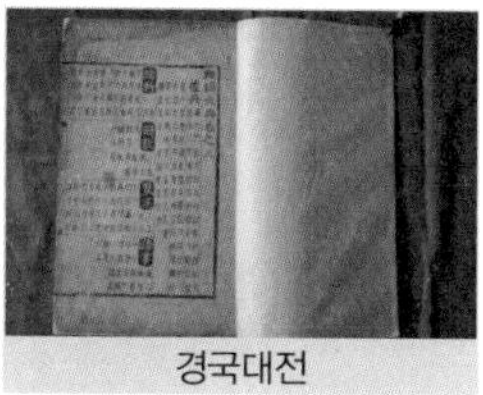

경국대전

4 경연 : 국왕에게 유학의 경전을 강의하기 위해 마련한 제도로, 국왕과 신하가 정치 문제를 협의하는 기능도 하였다.

5 전분 6등법 : 토지를 비옥도에 따라 6등급으로 구분하여 등급에 따라 세를 거둔 제도이다.

6 연분 9등법 : 풍흉의 정도에 따라 토지를 9등급(상상년~하하년)으로 나누어 세를 거둔 제도이다.

7 계유정난 : 세종의 둘째 아들인 수양대군이 단종을 몰아내고 권력을 장악한 사건이다.

8 경국대전 : 성종 초까지 반포된 모든 법령, 교지, 조례, 관계 등을 망라하여 편찬한 조선 왕조의 기본 법전이다. 『경국대전』이 반포되면서 법치주의에 입각한 통치 규범 체제가 확립되었다.

9 관수관급제 : 세종 때 실시한 토지 제도로, 국가가 수조권(조세 징수권)을 행사한 것이다.

3. 통치 체제의 정비

(1) 중앙 통치 기구

① 의정부

- 구성 : 영의정, 좌의정, 우의정
- 재상의 합의로 운영되는 최고 정무 기구

② 6조 : 주요 행정 담당(여러 관청들이 업무 분담) → 행정의 전문성과 효율성을 높임

이조	문관 인사, 공훈, 상작
호조	호구, 조세, 조운
예조	과거, 의례, 외교
병조	무관 인사, 봉수, 우역
형조	형벌, 노비, 소송
공조	영선, 파발, 건축

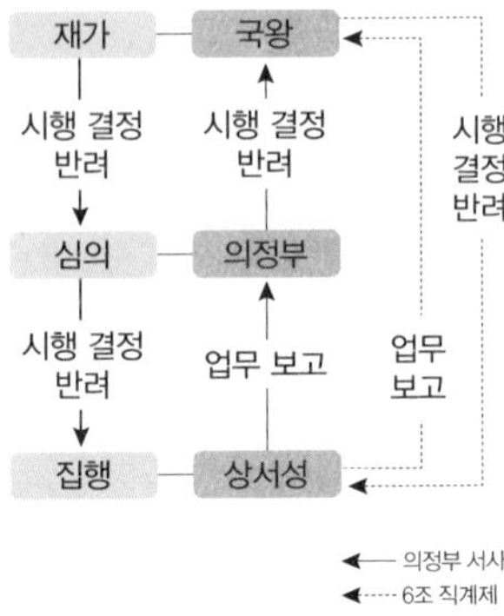

의정부 서사제와 6조 직계제

③ 3사

- 언론 기능 : 권력의 독점과 부정 방지, 여론을 형성하여 국가 정책 결정에 영향

사헌부	사간원	홍문관
관리의 비리 감찰	왕에 대한 간언	왕의 학문적 자문

- 왕권 견제

④ 승정원 : 왕명을 출납하는 비서 기관, 왕권 유지 및 강화

⑤ 의금부 : 국가의 큰 죄인을 처벌하는 국왕 직속 사법 기구, 왕권 유지 및 강화

⑥ 한성부 : 수도인 서울의 행정과 치안 담당

⑦ 춘추관 : 역사서 편찬 및 보관

⑧ 성균관 : 최고 교육 기관

(2) 지방 행정 조직

① 지방 행정

- 8도 아래 부 · 목 · 군 · 현, 면리제 실시
- 향 · 부곡 · 소 폐지 : 일반 군현으로 승격

② 지방관 파견

- 관찰사 : 수령 감찰
- 수령 : 모든 군현에 파견, 지방의 행정 · 사법 · 군사권 행사

③ 향리 : 수령을 보좌하는 세습적 아전으로 격하

④ 향촌 자치 허용

- 유향소 : 수령 보좌, 향리 감찰, 풍속 교정, 지방 사족으로 구성
- 경재소 : 유향소 통제

조선의 중앙 통치 기구

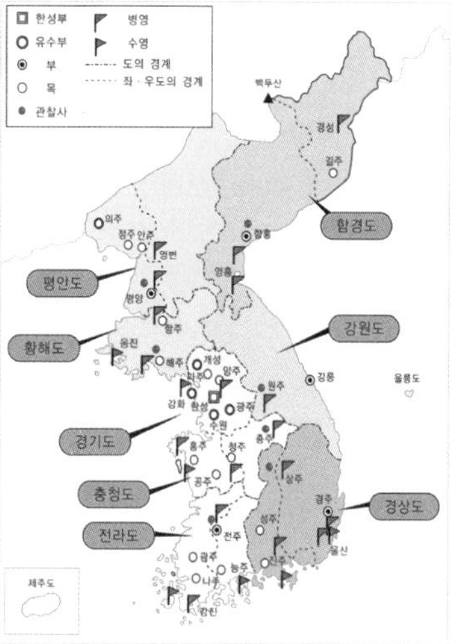

조선의 지방 행정 구역

(3) 군사 제도

① 군역 : 16~60세 양인 남자에게 부과 → 정군이나 보인(봉족)으로 편성

② 군사 조직

- 중앙군 : 5위(직업 군인, 궁궐과 수도 수비)
- 지방군 : 육군(병마절도사), 수군(수군절도사), 잡색군(일종의 예비군)

(4) 교육 제도와 관리 선발 제도

① 교육 제도

- 유학

초등 교육	서당
중등 교육	서울(4부 학당), 지방(향교)
고등 교육	성균관(조선 최고 교육 기관, 문과 소과 합격생에 입학 자격 부여, 성균관 교육 후 대과 응시 가능)

성균관

- 기술학 : 외국어 · 법률 · 의술 · 천문학 등 교육, 해당 관청에서 각각 별도로 교육, 주로 중인들이 공부

② 관리 선발 제도

• 과거 : 법제상으로 양인 이상이면 응시 가능

문과	• 종류 : 식년시(3년마다 시행, 정기 시험), 별시(부정기 시험) • 절차 : 초시 → 복시 → 전시(왕 앞에서 실시) • 응시 자격 : 생원, 진사(소과 합격자)
무과	무관 선발, 양반부터 상민까지 주로 응시
잡과	기술관 선발, 중인이 주로 응시

• 천거 : 추천을 받아 등용, 대부분 기존 관리 대상

• 음서 : 고려 시대에 비해 대상 축소, 고관 승진이 어려움 → 고려에 비해 개인의 능력 중시

③ 인사 관리 제도 : 상피제[10], 서경, 근무 성적 평가(승진이나 좌천에 활용)

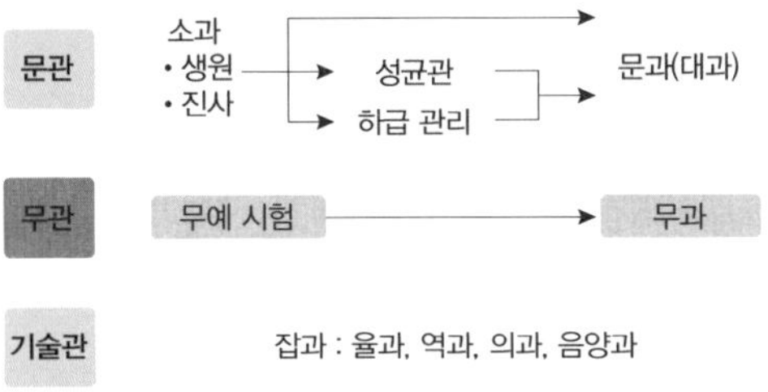

조선의 관리 등용 제도

(5) 통신, 교통 제도 정비

① 봉수제 : 군사적 위급 사태의 전달 목적

② 역참, 조운제 정비

봉수대

2 사림 세력의 등장과 붕당의 출현

1. 사림 세력의 성장

(1) 훈구와 사림 세력

훈구 세력 (관학파)	• 세조의 즉위 과정에서 협조한 공신 • 대 지주층, 권력을 이용하여 재산 증식
사림 세력	• 조선 건국에 참여하지 않은 신진사대부의 후손 • 중소 지주층, 왕도 정치 강조, 향촌 자치 주장

10 상피제 : 일정 범위 내의 친족 간에는 같은 관서에 근무하지 못하게 하거나 연고가 있는 관직에 근무하지 못하게 했던 제도이다.

⑵ **사림의 정계 진출** : 성종의 사림 등용(훈구 세력 견제 목적, 김종직 등을 3사 언관직에 등용) → 훈구 세력의 비리 비판 및 견제

2. 사화의 발생

⑴ 사화의 발생

① 무오사화(연산군, 1498) : 김종직의 '조의제문'[11]을 구실로 하여 훈구 세력이 사림 세력 탄압

② 갑자사화(연산군, 1504) : 연산군의 생모(폐비 윤씨) 폐위 과정에 참여한 인물들 탄압(사림과 훈구 모두 피해를 입음)

③ 중종반정 : 조광조 등 사림을 등용하여 개혁 정치 시도

- 현량과 실시 : 지방의 유능한 사림 등용
- 소격서 폐지 : 성리학 이외의 사상 배격
- 『소학』[12] 보급
- 위훈 삭제 주장 : 훈구 세력 견제 목적

④ 기묘사화(중종, 1519) : 조광조의 개혁 정치에 대한 훈구 세력의 반발로 조광조 등 많은 사림이 화를 입음

⑤ 을사사화(명종, 1545) : 외척 간 권력 다툼에 사림 세력까지 피해를 봄

■ 현량과 실시

경연에서 조광조가 중종에게 아뢰기를, "국가에서 사람을 등용할 때 과거 시험에 합격한 사람을 중요하게 여깁니다. 그러나 매우 현명한 사람이 있다면 어찌 꼭 과거 시험에만 국한하여 등용할 수 있겠습니까. 중국을 본받아 현량과를 실시하고 덕행이 있는 사람을 천거하여 인재를 찾으십시오."라고 하였다.

「중종실록」

⑵ 사림의 집권

① 서원과 향약을 기반으로 세력 확대 → 선조 즉위 이후 대거 중앙 정계 진출

② 서원과 향약

- 서원 : 지방의 사립 교육 기관, 유학자에 대한 제사와 성리학 교육 담당, 사림 양성(붕당 형성의 토대 마련)

---

11 조의제문 : 항우에게 죽음을 당한 중국 초나라의 의제를 추모한 글로, 세조가 계유정난으로 단종의 왕위를 빼앗은 것을 비난한 것이었다.

12 소학 : 아동들에게 유학을 가르치기 위해 만든 책으로, 일상생활에서의 예의범절과 수양을 위한 격언, 충신과 효자의 사적 등을 모아 놓았다. 유학 교육의 입문서와 같은 구실을 하였다.

• 향약 : 풍속 교화와 향촌 질서 유지(사림의 향촌 통제력 강화에 기여), 4대 덕목[13]

3. 붕당의 출현

(1) 원인

① 외척 정치의 잔재 청산

② 이조 전랑 임명 문제를 둘러싼 갈등

(2) 동인과 서인의 붕당

동인	• 외척 청산에 적극적(김효원 지지, 신진 사림) • 이황 · 조식이 계승(영남 사림 중심) • 선조 대 정계에 등장, 강경파
서인	• 외척 청산에 소극적(심의겸 지지, 기성 사림) • 이이 · 성혼이 계승(경기 · 충청 사림 중심) • 명종 대 이후 정권에 참여, 온건파

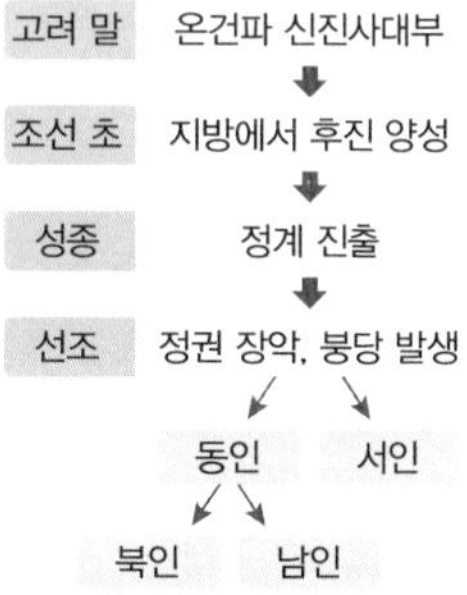

붕당의 출현

■ 사림의 대립 – 이조 전랑

심의겸이 이조 참의로 있을 때 예전의 잘못을 들어 김효원이 전랑이 되는 것에 반대했지만, 뒤에 김효원은 전랑이 되었다. 그 후 어떤 사람이 심의겸의 동생 심충겸을 전랑으로 천거하자, 김효원이 "이조의 관직이 외척의 물건인가? 심씨 집안에서 차지하려 한단 말이냐?"라고 반대하였다. … 동인과 서인이라는 말이 여기서 비롯되었으니, 김효원의 집이 동쪽 건천동에 있고 심의겸의 집은 서쪽 정동에 있기 때문이었다.

『연려실기술』

13 향약의 4대 덕목

덕업상권	착한 일은 서로 권한다.
과실상규	잘못된 것은 서로 규제한다.
예속상교	서로 예절을 지킨다.
환난상휼	어려운 일은 서로 돕는다.

Step 3 표를 통해 단원 복습하기

1. 조선의 건국

고려 말 신진사대부의 분화 (온건 개혁파 vs. 급진 개혁파) → **위화도 회군** → **과전법 실시** → **조선 건국** (1392)

2. 국가의 기틀 마련

태조	조선 건국, 한양 천도, 정도전(성리학을 조선의 통치 이념으로 확립하고자 함)
태종	6조 직계제 실시, 사병 혁파, 호패법 실시, 사원전 몰수, 신문고 설치
세종	집현전 설치, 경연 활성화, 의정부 서사제 실시, 전분 6등법 · 연분 9등법 실시, 훈민정음 창제
세조	6조 직계제 실시, 집현전과 경연 폐지, 『경국대전』 편찬 시작, 직전법 실시
성종	홍문관 설치, 경연 활성화, 『경국대전』 완성, 관수관급제 실시

3. 중앙 통치 기구

<table>
<tr><td>의정부</td><td colspan="3">재상의 합의로 운영되는 최고 정무 기구</td></tr>
<tr><td>6조</td><td colspan="3">주요 행정 담당(여러 관청들이 업무 분담)</td></tr>
<tr><td rowspan="3">3사</td><td>사헌부</td><td>관리의 비리 감찰</td><td rowspan="3">왕권 견제</td></tr>
<tr><td>사간원</td><td>왕에 대한 간언</td></tr>
<tr><td>홍문관</td><td>왕의 학문적 자문</td></tr>
<tr><td>승정원</td><td colspan="2">왕명을 출납하는 비서 기관</td><td>왕권 유지 및 강화</td></tr>
<tr><td>의금부</td><td colspan="3">국가의 큰 죄인을 처벌하는 국왕 직속 사법 기구</td></tr>
<tr><td>한성부</td><td colspan="3">수도인 서울의 행정과 치안 담당</td></tr>
<tr><td>춘추관</td><td colspan="3">역사서 편찬 및 보관</td></tr>
<tr><td>성균관</td><td colspan="3">최고 교육 기관</td></tr>
</table>

4. 지방 행정 조직

지방 행정	8도 아래 부 · 목 · 군 · 현, 면리제 실시, 향 · 부곡 · 소 폐지
지방관	관찰사(수령 감찰), 수령(모든 군현에 파견, 지방의 행정 · 사법 · 군사권 행사)
향리	수령을 보좌하는 세습적 아전으로 격하
향촌 자치	유향소(수령 보좌, 향리 감찰, 풍속 교정), 경재소(유향소 통제)

5. 군사, 교육 및 관리 선발, 교통, 통신 제도

군사 제도	군역(16~60세 양인 남자), 군사 조직(중앙군 – 5위, 지방군 – 육군, 수군, 잡색군)
교육 제도	유학(서당 → 4부 학당, 향교 → 성균관), 기술학(해당 관청)
관리 선발 제도	과거 제도(문과, 무과, 잡과), 천거(추천), 음서
교통, 통신 제도	봉수제, 역참 · 조운제 정비

6. 사림 세력의 등장과 붕당의 출현

사림 세력의 성장	훈구 세력	세조의 즉위 과정에서 협조한 공신, 대 지주층, 권력을 이용하여 재산 증식
	사림 세력	조선 건국에 참여하지 않은 신진사대부의 후손, 중소 지주층, 향촌 자치 주장 → 정계 진출 : 성종의 사림 등용(훈구 세력 비판 및 견제)
사화의 발생	무오사화 (연산군, 1498)	김종직의 '조의제문'을 구실로 하여 훈구 세력이 사림 세력 탄압
	갑자사화 (연산군, 1504)	연산군의 생모(폐비 윤씨) 폐위 과정에 참여한 인물들 탄압
	기묘사화 (중종, 1519)	조광조의 개혁 정치에 대한 훈구 세력의 반발 → 사림이 화를 입음
	을사사화 (명종, 1545)	외척 간 권력 다툼에 사림 세력까지 피해를 봄
붕당의 출현	동인	외척 청산에 적극적(김효원 지지), 이황 · 조식이 계승(영남 사림 중심)
	서인	외척 청산에 소극적(심의겸 지지), 이이 · 성혼이 계승(경기 · 충청 사림 중심)

Step 4 암기송을 들으며 가사 완성하기

Track 11

1 조선의 건국

고려 말 명나라가 철령 이북 땅을 요구하자 최영이 ❶ ________ 을 추진하지.

❷ ______ 가 이를 반대. 위화도에서 군대를 되돌리지. 이것이 위화도 회군!

그리고 ❸ ______ 을 실시해. 권문세족의 토지를 몰수했어.

새 왕조 개창에 반대했던 온건 개혁파 제거하고

이성계와 급진 개혁파는 조선을 건국.

❹ ______ 으로 천도하지. 이것이 조선의 건국 과정이야.

2 국가 기틀 마련

조선은 유교를 국가 이념으로 삼아 통치해.

태종은 왕권을 강화하기 위해 사병 철폐, ❶ ____________ 와 호패법 실시.

세종은 왕권과 신권의 조화, ❷ ______ 을 설치, 경연을 활성화, 과학기술 발달.

세조도 왕권 강화하기 위해 6조 직계제 실시, 집현전과 경연 폐지.

성종은 체제 완성, 홍문관을 설치하고 ❸ ________ 을 완성하지.

❸ 통치 체제 정비

조선은 중앙 통치 기구로 의정부와 6조를 중심으로 국가 정책을 결정했어.

승정원과 ❶ ______ 는 왕권을 강화하고,

사헌부 · 사간원 · ❷ ______ 은 삼사라 불리며 왕권을 견제.

수도의 행정을 담당하는 한성부,

역사서를 편찬하는 춘추관, 최고 교육 기관인 ❸ ______

조선의 지방 행정 조직은 8도에 관찰사를 파견, 모든 군현에 ❹ ______ 을 파견.

지방 양반들로 구성된 ❺ ______ 는 수령을 보좌. 향리들을 감찰했어.

지방과 중앙의 연락망인 ❻ ______ 도 두었지.

통신 제도로 봉수제와 역참제 운영하고,

조세를 운송하기 위해 조운제를 활용했지.

4 사림의 집권과 붕당의 출현

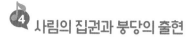

사림은 성종 때 ❶______을 중심으로 중앙 정치에 진출해 훈구 세력을 비판해.

훈구파와 사림파의 대립으로 ❷______가 발생해 사림파가 피해를 입어.

❸______의 조의제문으로 무오사화, 폐비 윤씨 사건으로 갑자사화.

❹______의 개혁 정치로 기묘사화, 외척 간의 대립으로 을사사화가 일어나지.

사림은 서원과 ❺______을 기반으로 향촌에서 세력을 확대해.

선조 때 중앙으로 진출, 정치 주도권을 장악했지.

하지만 ❻________ 문제로 사림이 동인과 서인으로 분화되고.

❼________가 시작된 거야.

암/기/송/문/제/**정**/**답**

1. ① 요동 정벌 ② 이성계 ③ 과전법 ④ 한양
2. ① 6조 직계제 ② 집현전 ③ 경국대전
3. ① 의금부 ② 홍문관 ③ 성균관 ④ 수령 ⑤ 유향소 ⑥ 경재소
4. ① 김종직 ② 사화 ③ 김종직 ④ 조광조 ⑤ 향약 ⑥ 이조 전랑 ⑦ 붕당 정치

Step 5 핵심 문제를 통해 단원 마무리 짓기

실 / 전 / 문 / 제

1. OX 퀴즈

1 고려 말 신진사대부 중 정몽주는 고려 왕조 내에서 점진적 개혁을 추구하였다. ( )

2 명이 철령 이북 땅을 요구하자 이성계의 주도로 요동 정벌을 단행하였다. ( )

3 태종은 6조 직계제를 실시하고 사병을 혁파하는 등 왕권 강화를 추구하였다. ( )

4 승정원은 왕명을 출납하는 비서 기관으로, 왕권의 유지 및 강화에 기여하였다. ( )

5 중앙군은 육군, 수군, 잡색군으로 구성되었다. ( )

6 기술학은 해당 관청에서 각각 별도로 교육을 하였다. ( )

7 사림 세력은 세조의 즉위 과정에서 협조한 공신으로, 주로 대 지주층이었다. ( )

8 사림은 성종이 훈구 세력을 견제하기 위해 3사의 언관직에 등용하면서 정계에 진출하였다. ( )

9 사화에도 불구하고 사림은 서원과 향약을 기반으로 세력을 확대하였다. ( )

10 향약은 지방의 사립 교육 기관으로 사림을 양성하여 붕당 형성의 토대를 마련하였다. ( )

2. 빈칸 채우기

1 ( ), 조준 중심의 급진 개혁파는 고려 왕조를 부정하고 역성 혁명을 주장하였다.

2 ( )은 집현전을 설치하고, 경연을 활성화하는 등 유교 정치의 이상을 추구하였다.

3 단종을 몰아내고 ( )으로 즉위한 세조는 사육신을 제거하고, 종친을 등용하는 등 왕권 강화 정책을 폈다.

4 조선 시대 중앙 통치 기구 중 ( )는 재상의 합의로 운영된 최고 정무 기구였다.

5 ( )는 관리의 비리를 감찰, ( )은 왕에 대한 간언, ( )은 왕의 학문적 자문을 하는 기관으로 왕권을 견제하는 역할을 하였다.

6 초등 교육 기관으로는 ( )이 있었고, 최고 교육 기관으로 ( )이 있었다.

7 관리 선발 제도로 과거 이외에 추천을 받아 등용하는 ( ), 조상의 음덕으로 등용되는 ( )가 있었다.

8 김종직의 '조의제문'을 구실로 사림 세력이 화를 입은 ( )를 시작으로 네 차례의 사화가 발생하였다.

9 조광조는 (　　　　)를 실시하여 지방의 유능한 사림을 등용하고자 하였다. 그러나 조광조의 이러한 개혁 정치에 대한 훈구 세력의 반발로 (　　　　)가 발생하여 많은 사림이 화를 입었다.

10 이조의 (　　　　) 임명 문제를 둘러싸고 붕당이 발생하였다. (　　　　)은 김효원을 지지한 신진 사림으로 이황이 계승하였고, (　　　　)은 심의겸을 지지했던 기성 사림으로 이이가 계승하였다.

3. 초성 퀴즈

1 정치적 실권을 장악한 이성계가 권문세족이 불법적으로 차지한 토지를 몰수하여 신진사대부에게 재분배한 제도는? ······ ㄱㅈㅂ (　　　　)

2 태조는 어떤 나라를 계승한다는 의미로 국호를 조선으로 하였나? ······ ㄱㅈㅅ (　　　　)

3 태종이 조선의 인구를 파악하여 조세 징수 및 군역 부과에 활용하기 위해 실시한 제도는? ······ ㅎㅍㅂ (　　　　)

4 세조 때 편찬하기 시작하여 성종 때 완성된, 조선의 기본 통치 방향과 이념을 제시한 법전은? ······ ㄱㄱㄷㅈ (　　　　)

5 국가의 큰 죄인을 처벌하는 국왕 직속 사법 기구로 왕권 유지 및 강화에 기여했던 기관은? ······ ㅇㄱㅂ (　　　　)

6 역사서를 편찬하고 보관하는 기능을 했던 기관은? ······ ㅊㅊㄱ (　　　　)

7 모든 군현에 파견되어 지방의 행정 · 사법 · 군사권을 행사했던 지방관은? ······ ㅅㄹ (　　　　)

8 연산군의 생모 폐비 윤씨의 폐위 과정에 참여한 인물들을 탄압했던 사화는? ······ ㄱㅈㅅㅎ (　　　　)

9 지방의 사립 교육 기관으로 유학자에 대한 제사와 성리학 교육을 담당하였으며, 사림을 양성하여 붕당 형성의 토대를 마련했던 것은? ······ ㅅㅇ (　　　　)

10 풍속을 교화하고 향촌 질서를 유지하는 데 기여했던 향촌 자치 규약은? ······ ㅎㅇ (　　　　)

실전 문제 정답

1 OX 퀴즈
1. O 2. X 3. O 4. O 5. X 6. O 7. X 8. O 9. O 10. X

2 빈칸 채우기
1. 정도전 2. 세종 3. 계유정난 4. 의정부 5. 사헌부, 사간원, 홍문관 6. 서당, 성균관
7. 천거, 음서 8. 무오사화 9. 현량과, 기묘사화 10. 전랑, 동인, 서인

3 초성 퀴즈
1. 과전법 2. 고조선 3. 호패법 4. 경국대전 5. 의금부 6. 춘추관 7. 수령 8. 갑자사화
9. 서원 10. 향약

3-2 조선 전기 사회 · 경제 · 문화

Step 1 암기송을 통해 흐름 파악하기

Track 12

1 조선 전기 사회

조선은 법제상으로 양인과 천인으로 구분하는 양천제를 추구했지만,

(점차) 양반 · 중인 · 상민 · 천민의 **반상제**가 일반화되어 갔어.

양반은 각종 국역을 면제받으며 신분적 특권을 보장받았어.
과거, 음서, 천거 등으로 고위 관직을 독점하였다.

중인은 서리와 향리, 서얼들과 기술관들을 말하지 (주로 직역을 세습해)
양반 첩의 자녀로, 문과 응시가 금지되었다.

상민의 대부분은 농민! 조세 · 공납 · 역의 의무가 있었지.

수공업자와 상인도 여기 포함돼.
중농 정책에 따라 농민보다 낮은 대우를 받았다.

천민은 대부분이 노비. 백정 · 광대 · 무당도 있었어.
재산으로 취급되어 매매 · 상속 · 증여의 대상이었다.

조선은 민생 안정책으로 환곡을 실시하고,
흉년이나 춘궁기에 빈민에게 곡식을 빌려주고
풍년이나 추수기에 갚게 한 제도였다.

혜민서와 동서활인서를 설치해 환자를 치료했지.

조선은 성리학을 국가 이념으로 (삼은 거 기억나니?)

성리학은 이황과 이이에 의해 발전했어.

이황은 주자서절요와 성학십도를 저술,
인간의 심성과 도덕적 원리를 중시하였다.

일본 성리학 발전에 영향을 줬고, 영남학파를 형성했지.

이이는 동호문답과 성학집요를 저술,
경험 세계를 중시하였다.

개혁적인 성격이었어. 기호학파 형성에 영향 줬지.

2 경제 정책과 경제 생활

(**태조**가 실시한) **과전법**은
세습 토지가 증가하자 관리에게 지급할 토지가 부족해졌기 때문이다.

세조 때 현직 관리에게만 수조권을 주는 **직전법**으로 바뀌었어.
경기 지방의 토지를 전 · 현직 관리에게 등급에 따라 수조권을 지급한 제도이다.

(다시) **성종** 때는 **관수관급제**가 실시되지.
국가가 수조권(조세 징수권)을 행사한 제도이다.

세종은 전세를 전분 6등법과 연분 9등법으로 나누어 실시했어.
전분 6등법은 토지의 비옥도, 연분 9등법은 풍흉의 정도에 따라 토지에 등급을 매겨 세를 거둔 제도이다.

3 조선 전기 문화의 발달

세종은 집현전 학자들과 **훈민정음**을 창제하고

유교 윤리를 보급하여 안정적인 통치를 하고자 하였다.

삼강행실도와 용비어천가를 편찬했지.

농사직설의 농서와 **앙부일구**, **자격루**, **측우기** 등의 기구와 역법서로 **칠정산**을 편찬.

해시계 물시계 강우량 측정

고려사와 조선왕조실록 등의 역사서를 편찬.

조선 시대의 정치 · 경제 · 사회 · 문화 등 다양한 방면의 내용이 담긴 역사서로, 세계기록유산에 등재되었다.

천상열차분야지도 · 혼천의 · 간의를 통해 천문학이 발달했고,

계미자와 갑인자 등 인쇄술도 발달했지.

향약집성방이란 의서, **혼일강리역대국도지도**와

동양에서 가장 오래된 세계 지도이다.

동국여지승람의 지리서를 제작했지.

조선 초기 **분청사기**가 유행하고

인간의 내면 세계를 표현하였다.

안견의 **몽유도원도**, 강희안의 **고사관수도** 그려지지.

현실 세계와 이상 세계를 조화롭게 표현하였다.

16세기 이후 **백자**와 **사군자**가 유행했어.

이렇게 조선 전기는 민족 문화가 발달할 수 있었어.

Step 2 개념 잡고 한국사 달인 되기

1 양반 중심의 신분 질서의 확립

1. 양천제

(1) 양인

① 국가에 조세와 국역의 의무

② 과거에 응시하고 관직 진출이 가능 → 양반, 중인, 상민으로 분화

(2) 천인

① 국가나 개인에게 소속되어 천역 담당

② 관직 진출 불가능

③ 부역의 의무 없음

조선 시대 신분 제도

양천제	반상제
법제적	사회적

2. 양반 중심의 신분 질서(반상제)

(1) 양반

① 의미 : 문반과 무반을 아우르는 명칭 → 그 가족까지 범위 확대

② 특권

- 군역 면제, 과거 · 음서 · 천거 등으로 고위 관직 독점, 많은 토지와 노비 소유 → 풍요로운 삶
- 특권 유지 노력 : 향리와 서리 등 하급 지배 신분을 중인으로 격하시켜 지배층의 증가를 제한

■ 양반의 특권

하늘이 백성을 낳았는데 그 백성이 넷이다. 그중 가장 귀한 것이 선비인데, 양반이라고 불리며 그 이익도 막대하다. 농사짓지 않고 장사도 하지 않으며, 문사(文史)를 대강 섭렵하면 크게는 문과에 급제하고 적어도 진사가 된다.

박지원, 「양반전」

(2) 중인

① 의미

- 넓은 의미 : 양반과 상민의 중간 계층
- 좁은 의미 : 잡과로 선발된 기술관

② 특징

- 직역 세습(향리, 서리, 기술관 등), 같은 신분끼리 결혼, 전문 기술이나 행정 실무 담당
- 서얼[1] : 양반 첩의 자녀, 문과 응시 금지(중인과 같은 처우)

1 서얼 : 양인 첩에게서 태어난 자녀는 서자, 천민 첩에게서 태어난 자녀는 얼자라고 하였다. 서얼은 서자와 얼자를 함께 부르는 말이다.

(3) 상민

① 구성 : 농민, 수공업자, 상인 포함 → 조세와 군역, 과거 응시 가능

② 지위

농민	각종 세금 부담, 국가 재정의 근간 (국가에서 농민의 몰락을 막기 위해 노력 ㉠ 재해 시 세금 감면, 의창 · 상평창 설치 등)
수공업자와 상인	중농 정책에 따라 농민보다 낮은 대우, 수공업자는 대부분 관청 소속
신량역천[2]	신분은 양인이나 천역 담당

(4) 천민

① 구성 : 대부분 노비, 백정 · 광대 · 무당 등도 천민으로 간주

② 노비

- 특징 : 재산으로 취급(매매, 상속, 증여의 대상), 부모 중 한쪽이 노비면 그 자녀도 노비
- 구분

공노비	관청의 잡무 담당, 관청 소속의 토지 경작 등 노동력 제공
사노비	• 개인에게 소속 • 구분 **솔거 노비** 허드렛일 등 주인의 집안일, 토지 경작 **외거 노비** 독립적인 생활을 하며 신공을 바침

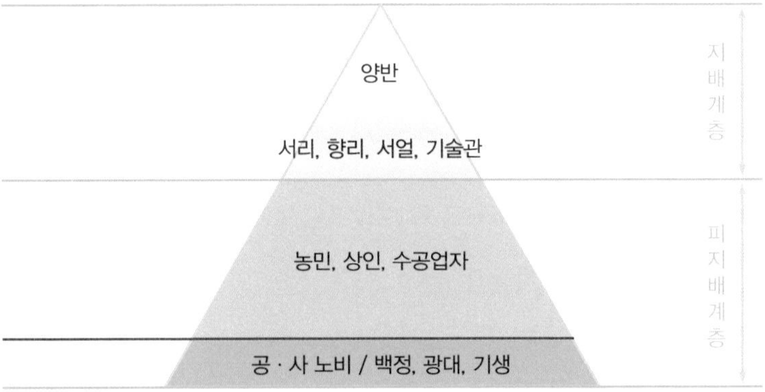

2 신량역천 : 일곱 가지 힘든 일에 종사한 부류를 말한다. 수군, 조례(관청 잡역), 나장(형사), 일수(지방 고을 잡역), 봉수군, 역졸, 조졸(조운)이 있다.

2 사회 제도

1. 다양한 사회 제도

(1) 정부와 양반 주도의 사회 제도

① 정부 : 재해 시 조세 감면, 환곡제[3] 운영

② 양반 주도 : 사창 설치 → 양반 중심의 향촌 질서 유지 목적

(2) 의료 시설

① 동서대비원 : 빈민 구제와 치료, 일종의 국립 의료 기관(태종 때 동서활인원 → 세조 때 활인서로 개칭)

② 혜민국 : 의약과 서민 치료, 세조 때 혜민서로 개칭

③ 제생원 : 조선 초기 서민 치료

2. 사족 중심의 향촌 사회

(1) 유향소와 향회

① 유향소 : 사족으로 구성, 수령 보좌 · 향리 감찰

② 향회 : 지방 사족의 결속 강화 → 향촌 지배권 행사

(2) 서원과 향약

① 서원

- 지방의 사립 교육 기관 : 유학자에 대한 제사와 성리학 교육 담당
- 지방 사족의 여론 수렴, 학문적 기반 마련 → 사족의 권위 강화
- 사림 양성 : 붕당 형성의 토대 마련
- 백운동 서원 : 국가(명종)의 후원을 받은 최초의 사액 서원(소수 서원으로 개칭)

② 향약

- 사족이 주도하여 보급한 향촌 자치 규약 : '여씨 향약'(조광조)을 번역하여 보급
- 풍속 교화와 향촌 질서 유지 : 사림의 향촌 통제력 강화에 기여
- 4대 덕목 : 덕업상권, 과실상규, 예속상교, 환난상휼

3 경제 정책과 경제 생활

1. 수취 체제의 정비

(1) 전세

① 과전법 : 토지 수확량의 1/10 징수(1결당 최대 30두)

3 환곡제 : 흉년이나 춘궁기에 빈민에게 곡식을 빌려주고 추수기에 갚게 한 제도이다.

② 전분 6등법 · 연분 9등법(세종)

- 농경지를 토지 비옥도(전분 6등법)와 풍흉(연분 9등법)의 정도에 따라 나눔
- 1결당 최대 20두에서 최하 4두 징수

■ 전분 6등법

모든 토지는 6등급으로 나누며 20년마다 한 번씩 토지를 다시 측량한 뒤에 대장을 만들어 호조, 해당 도, 해당 고을에 각각 보관한다. 1등전을 재는 한 자의 길이는 주척 4자 7치 7푼 5리에 해당하고, … 6등전을 재는 한 자의 길이는 주척 9자 5치 5푼에 해당한다.

■ 연분 9등법

각 도 감사는 고을마다 연분(年分)을 살펴 정하되, … 총합하여 10분으로 비율을 삼아서, 전실(全實)을 상상년, 9분실(九分實)을 상중년, … 3분실(三分實)을 하중년, 2분실(二分實)을 하하년으로 한다. 수전과 한전을 각각 등급을 나누어서 모(某) 고을의 수전 모 등년(等年), 한전 모 등년으로 아뢰게 한다. 1분실(一分實)은 9등분에 포함되지 않으니 조세를 면제한다.

(2) 공납

① 각 지역 토산물을 현물로 징수

② 문제점 : 특산물 생산이 일정치 않고, 운반 과정에서 어려움 발생 → 폐단 발생

(3) 역

① 16세 이상의 양인 남자(정남)에게 부과

② 종류

- 군역 : 직접 군에 복무
- 요역 : 각종 토목 공사(성, 왕릉, 저수지 공사 등)에 동원

③ 문제점 : 16세기 이후 군역 기피 현상으로 군 복무 대신 군포 징수

(4) 토지 제도의 변천

① 과전법(태조)

- 경기 지방의 토지를 전 · 현직 관리에게 등급에 따라 수조권을 지급
- 원칙적으로 세습 불가

② 직전법(세조)

- 배경 : 세습 토지 증가(수신전 · 휼양전 명목) → 관리에게 지급할 토지 부족 문제
- 내용 : 현직 관리에게만 토지의 수조권 지급

③ 관수관급제(성종)

- 배경 : 수조권을 받은 관리의 수조권 남용 → 농민의 불만 고조
- 내용 : 지방 관청이 수확량을 조사해 징수 → 수조권을 받은 관리에게 지급

④ 직전법 폐지(16세기 중엽)

- 수조권 지급 제도 폐지 → 녹봉만 지급

2. 농업 기술의 발달

(1) 정부의 중농 정책

① 개간 사업 장려, 저수지 · 보 등 수리 시설 확충, 농업 기술 개발, 농기구 개량

② 『농사직설』 편찬 : 우리 풍토에 맞는 농사법

(2) 농업 기술 발달

① 밭농사 : 조 · 보리 · 콩의 2년 3작 확대, 목화 재배 확대

② 논농사 : 남부 일부 지방에 모내기법(이앙법) 확대(벼 · 보리의 2모작 가능), 휴경지 소멸(시비법 발달)

■ 농본주의 정책

나라는 백성을 근본으로 삼고 백성은 먹는 것을 하늘로 삼는다. 농사는 입고 먹는 것의 근원이므로, 임금이 정치에서 가장 먼저 힘써야 한다.

「세종실록」

■ 모내기를 하는 이유

모내기를 하는 것은 세 가지 이유가 있다. 김매기의 노력을 더는 것이 첫째요, 두 땅의 힘으로 하나의 모를 서로 기르는 것이 둘째이며, 좋지 않은 것은 솎아 내고 싱싱하고 튼튼한 것을 고를 수 있는 것이 셋째이다.

「임원경제지」

3. 상업 활동

(1) 상업 활동

① 한양

- 정부의 상업 통제 : 시전 설치(허가받은 상인에게만 세금을 받고 상업 허가), 왕실과 관청에 물품 공급, 특정 상품의 독점 판매권
- 육의전 발전(명주, 종이, 어물, 모시, 삼베, 무명)

② 지방

- 보부상(행상) : 세금을 내고 상업 활동, 행상단 조직, 교통의 요지를 중심으로 발전

(2) 장시

① 15세기 후반 등장 → 16세기 중엽 전국 확대

② 보부상의 활동 → 정기 시장으로 발전

(3) 화폐 : 저화, 조선통보 보급 → 유통 부진

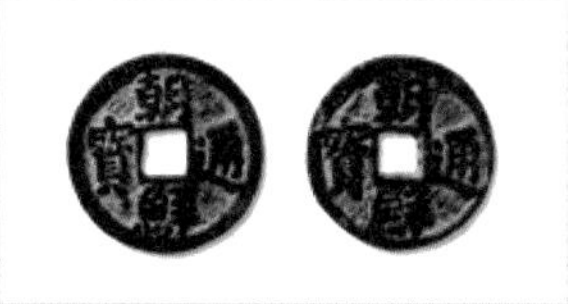

조선통보

4. 수공업 활동

관영 수공업	관청에 장인을 등록시켜 관청 수요품 제작 공급 → 16세기 이후 쇠퇴
민영 수공업	농기구, 양반의 사치품 생산
가내 수공업	자급자족 형태로 생활 필수품(무명, 삼베 등) 제작

4 민족 문화의 융성

1. 훈민정음 창제

(1) **목적** : 백성의 의사 표현 (한자 사용의 어려움) → 유교 윤리를 보급하여 안정적인 통치

(2) **창제, 반포** : 세종과 집현전 학자들이 창제 · 반포, 서적 간행

① 『삼강행실도』 - 유교 윤리를 한글로 쉽게 풀어 쓴 책

② 「용비어천가」 - 왕조의 정통성을 널리 알리기 위해 쓴 것

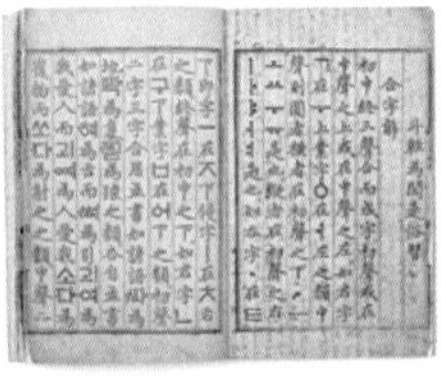
훈민정음

(3) **특징**

① 28자의 표음 문자(독창적, 과학적)

② 배우고 사용하기가 쉬움

(4) **의의** : 고유 문자를 갖게 됨 → 문화 민족의 자긍심 고취, 국문학 발전의 토대 마련

나랏말이 중국과 달라 문자가 서로 맞지 않으니, 백성들이 하고 싶은 말이 있어도 그러지 못하는 사람이 많다. 내 이를 위해 새로 스물여덟 자를 만드노니, 사람마다 쉽게 늘 쓰게 하여 편안하게 해 주고자 하노라.

「훈민정음」 서문

2. 과학기술의 발전

(1) **천문, 역법**

① 천문학 : 천상열차분야지도(태조 때 만들어진 천문도, 고구려의 천문도를 바탕으로 제작)

② 역법 : 『칠정산』(한양을 기준으로 천체의 움직임을 정확히 계산, 원나라와 아라비아 역법 참조)

(2) 인쇄술(금속활자)

① 계미자 : 조선 시대 최초의 구리 활자(태종)

② 갑인자 : 계미자의 단점을 보완하여 인쇄 능력을 향상시킴(세종)

(3) 농업 기술

① 『농사직설』 - 중국의 농업 기술을 조선의 실정에 맞게 정리

(4) 측정 기구

① 혼천의 · 간의 : 천체 관측

② 앙부일구 : 해시계

③ 자격루 : 물시계

④ 측우기 : 강우량 측정

⑤ 인지의, 규형 : 토지 측량

혼천의

앙구일부

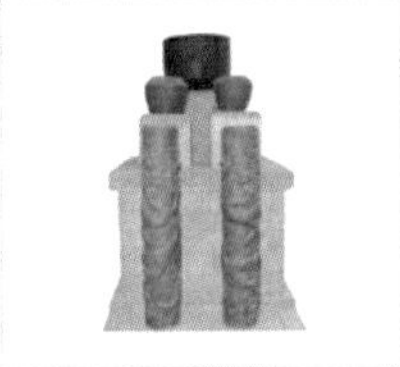
자격루

측우기

(5) 의학

① 『향약집성방』 - 조선 약재의 산지 및 치료법 정리

② 『의방유취』 - 의학의 백과사전

(6) 무기 제조

① 화차(신기전을 이용) 및 화포 제작

② 거북선 제작

3. 지도와 서적 편찬

(1) 윤리서와 의례서

① 목적 : 유교 윤리의 보급

- 『삼강행실도』[4] - 15세기, 효자 · 충신 · 열녀 등의 행적을 그림과 한글로 설명
- 『이륜행실도』 - 16세기, 연장자와 연소자, 친구 사이에서 지켜야 할 윤리
- 『국조오례의』 - 국가 행사에 필요한 예법 정리

---

4 삼강행실도 : 세종 때 삼강 즉 군신, 부자, 부부와 관련하여 유교 규범을 실천한 충신, 효자, 열녀의 사례를 그림과 한글로 설명하여 쉽게 이해하도록 만든 책이다.

삼강행실도

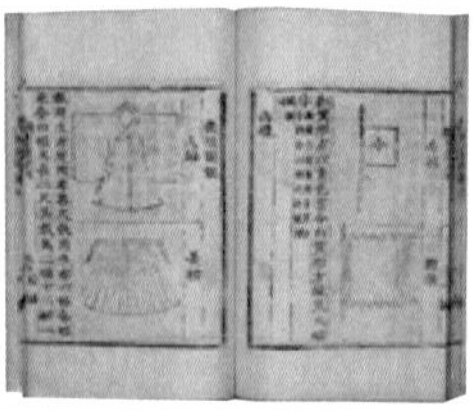

국조오례의

② 역사서

- 『고려국사』 - 정도전, 정통성과 대의명분 확립 목적
- 『고려사』 - 고려 역사 정리, 조선 건국의 정통성 확립 목적
- 『고려사절요』 -고려 역사 정리, 조선 건국의 정통성 확립 목적
- 『동국통감』 - 고조선~고려 말까지의 역사 정리
- 『동국사략』, 『기자실기』 - 사림의 존화주의[5] 의식 반영
- 『조선왕조실록』 - 태조~철종까지의 역사를 날짜순으로 기록(조선 시대의 정치, 경제, 사회, 문화 등 다양한 방면의 내용이 담겨 있음), 세계기록유산 등재

태조께서는 고려의 왕조는 이미 폐허로 되었으나 그 역사를 사라지게 할 수 없다고 생각하여 사관(史官)들에게 고려 역사를 편찬케 하셨는데 … 야사(野史)들의 각종 기록을 참고하고 관부의 옛 장서들을 들추어서 삼가 3년간 노력을 다하여 힘껏 고려 일대의 역사를 완성했습니다. … 이것으로 역사의 밝은 거울을 후대 사람들에게 보이며 선악의 사실들을 영원히 전하도록 하였습니다.

「고려사」 서문

삼가 삼국 이하의 여러 역사를 뽑고 중국사를 채집하였으며, 편년체를 취하여 사실을 기록하였습니다. 또한 범례는 모두「자치통감」에 의거하고「자치통감강목」의 첨삭한 취지에 따라 중요한 것을 보존하는 데 힘썼습니다. 삼국이 병립하였을 때는 삼국기(三國記), 신라가 통일하였을 때는 신라기, 고려 때는 고려기, 삼한(三韓) 이전은 외기(外記)라 하였습니다. 1400년 동안 국가의 흥망과 임금의 잘잘못을 비롯하여 정치의 성쇠를 모두 거짓 없이 기록하였습니다.

「동국통감」

5 존화주의 : 조선은 작은 중국이며, 중국을 세계의 중심으로 생각하고 중국을 존중한다는 뜻이다.

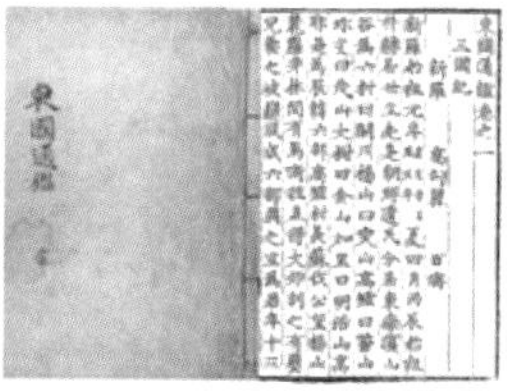
동국통감

동국사략

조선왕조실록

③ 지도와 지리서 편찬

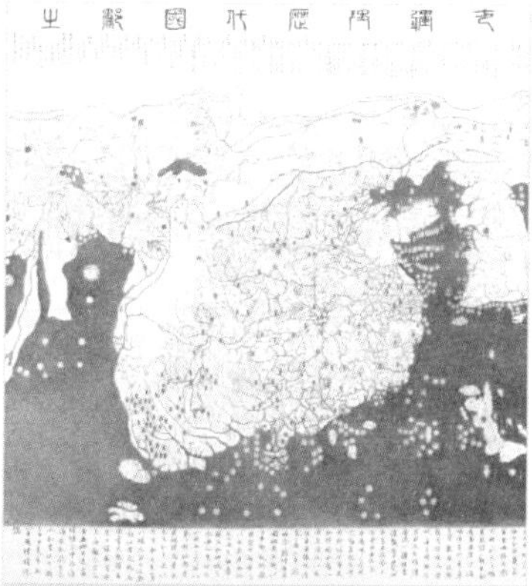
혼일강리역대국도지도

• 15세기

지도	• 혼일강리역대국도지도 : 동양에서 가장 오래된 세계 지도 • 팔도도 : 세종 때 간행된 전국 지도
지리지	팔도지리지, 동국여지승람 : 각 지방의 역사, 자연 환경 등을 정리

• 16세기

지도	조선방역지도
지리지	신증동국여지승람

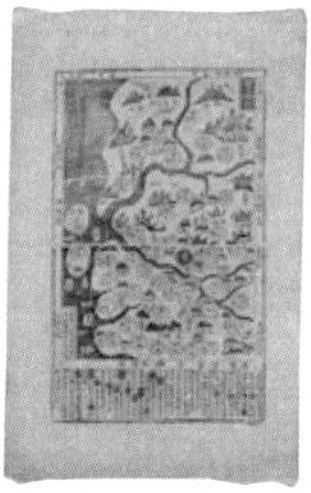
팔도도

동국여지승람

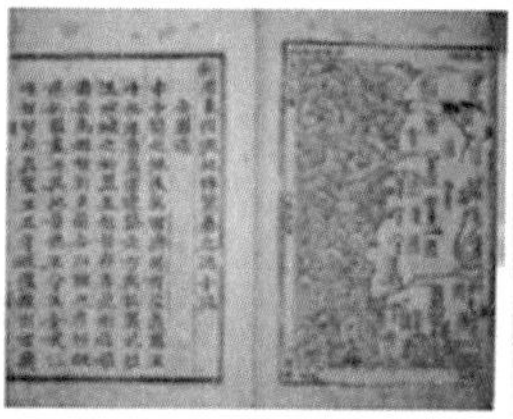
신증동국여지승람

4. 불교와 민간 신앙

서울 원각사지 10층 석탑

(1) 불교

① 국가 : 불교 억압(불교 사원이 소유한 토지와 노비 회수, 도첩제 실시) → 불교의 사회적 위상 약화

② 민간 : 여전히 불교 신봉, 서울 원각사지 10층 석탑

(2) 민간 신앙

① 도교 : 소격서에서 도교 행사 담당

② 풍수지리설 : 한양 천도에 반영, 산송에 작용(묘 자리 선정)

5. 문학과 예술

초충도

(1) 문학

① 한문학 : 『동문선』(서거정, 삼국 시대~ 조선 시대 초기까지의 시와 산문)

② 한글 문학 : 「용비어천가」[6], 「월인천강지곡」[7]

③ 시조 : 「관동별곡」(정철, 한글 창제 이후)

(2) 그림

① 몽유도원도(안견) : 현실 세계와 이상 세계를 조화롭게 표현

② 고사관수도(강희안) : 인간의 내면 세계를 표현

③ 초충도(신사임당): 주변에서 쉽게 볼 수 있는 풀과 벌레를 표현

고사관수도

몽유도원도

6 용비어천가 : 세종 때 지은 것으로, 조선 왕조 건국의 위업을 칭송한 서사시이다. '용비어천'이란 용이 날아 하늘을 본받아 처신한다는 뜻이다.

7 월인천강지곡 : 세종 때 지어진 불교 찬가이다.

(3) 공예

① 분청사기(조선 초)
- 청자에 백토 분을 칠한 것, 청자에서 백자로 옮겨 가는 과정에서 등장
- 특징 : 안정된 그릇 모양, 소박하고 천진스러운 무늬

② 백자(16세기 이후)
- 소박하고 담백한 매력이 특징
- 사대부의 취향과 어울려 조선을 대표하는 도자기로 널리 사랑받음

분청사기 연꽃넝쿨무늬 병

백자 끈무늬 병

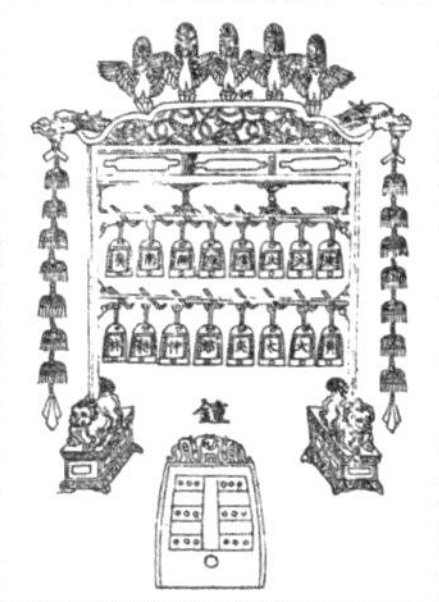
악학궤범

(4) 음악

① 세종 : 아악 정리, 정간보(악보) 발명

② 성종 : 『악학궤범』 편찬

(5) 건축

① 궁궐, 성문 : 창경궁 명정전, 창덕궁 돈화문, 숭례문(조선 전기 대표적 건축물)

② 서원 : 옥산서원(경주), 도산서원(안동)

창덕궁 돈화문

6. 성리학의 발달

(1) 성리학의 두 흐름

① 관학파 : 성리학 이외의 사상 포용, 문물제도 정비, 중앙 집권과 부국 강병 중시, 과학 기술 중시

② 사림파 : 성리학 이외의 사상 배척, 사족 중심의 향촌 질서 확립, 향촌 자치와 왕도 정치 강조, 과학기술 천시

(2) 이기론 중심의 성리학 발달

① 이기론 : 인간의 심성을 성찰하는 이론

- 이(理) : 인간의 심성 및 모든 사물의 생성 변화를 가능하게 하는 원리
- 기(氣) : '이'의 원리가 현실로 구체화되는 데 필요한 현상적 요소

② 주리론과 주기론

	이황의 주리론	이이의 주기론
계보	이언적 → 이황 → 영남학파	서경덕 → 이이 → 기호학파
특징	인간의 심성 중시, 도덕적 원리 중시 → 신분 질서 유지 기능	경험 세계 중시, 현실적 · 개혁적 성격 → 부국 강병을 위한 개혁 추구
저서	『주자서절요』, 『성학십도』[8]	『동호문답』, 『성학집요』[9]
영향	• 일본 성리학 • 위정척사 사상 → 의병 항쟁	실학 사상 → 개화 사상 → 애국 계몽 운동

…소학의 방법이란 물 뿌리고 청소하는 일과, 사람을 대하는 일을 하고, 집에 들어와서는 효도하고, 나가서는 공손하여, 행동을 도리에 어긋남이 없게 함이다. 이렇게 하고 남은 힘이 있으면 시를 외우고 책도 읽으며, 노래하고 춤을 추더라도 생각이 분에 넘침이 없게 해야 한다. 이치를 탐구하고 몸을 갈고 닦는 것이 이 학문의 큰 목적이다.

『성학십도』

후세에 도학이 밝지 않고 행하지 않는 것은 독서를 널리 하지 못한 것을 근심할 것이 아니라, 이치를 살피는 것이 정밀하지 못한 것을 근심해야 할 것이며, 지식과 견문이 넓지 못한 것을 근심할 것이 아니라 실천함이 득실하지 못한 것을 근심해야 할 것입니다."

『성학집요』

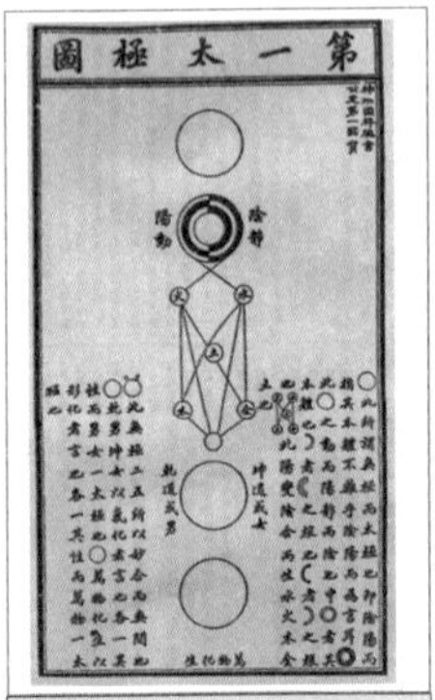

성학십도

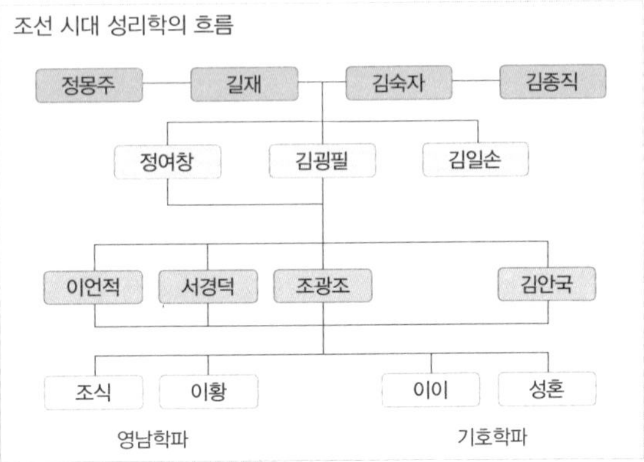

8 성합십도 : 성리학의 핵심 내용을 간략하게 설명한 10개의 도표이다.

9 성합집요 : 이이가 군주의 학문과 도학의 주요 내용을 유교 경전에서 뽑아 엮은 책이다.

Step 3 표를 통해 단원 복습하기

1. 양반 중심의 신분 질서의 확립

양천제	양인	국가에 조세와 국역의 의무 → 양반, 중인, 상민으로 분화
	천인	국가나 개인에게 소속되어 천역 담당
반상제	양반	• 문반과 무반을 아우르는 명칭 • 군역 면제, 과거 · 음서 · 천거 등으로 고위 관직 독점, 많은 토지와 노비 소유
	중인	• 양반과 상민의 중간 계층(넓은 의미), 잡과로 선발된 기술관(좁은 의미) • 직역 세습(향리, 서리, 기술관 등), 같은 신분끼리 결혼, 전문 기술이나 행정 실무 담당, 서얼(양반 첩의 자녀, 문과 응시 금지)
	상민	• 농민, 수공업자, 상인 포함 → 조세와 군역, 과거 응시 가능 • 농민 : 각종 세금 부담, 국가 재정의 근간
	천민	• 대부분 노비, 백정 · 광대 · 무당 등 • 매매 · 상속 · 증여의 대상, 부모 중 한쪽이 노비면 그 자녀도 노비 • 구분 : 공노비(관청 소속), 사노비(개인 소속, 솔거 노비와 외거 노비)

2. 사회 제도

사회 제도	환곡제 운영, 사창 설치	
의료 시설	동서대비원(빈민 구제와 치료), 혜민국(의약, 서민 치료), 제생원(서민 치료)	
유향소	수령 보좌 · 향리 감찰	
향회	지방 사족의 결속 강화 → 향촌 지배권 행사	
서원과 향약	서원	유학자에 대한 제사와 성리학 교육 담당 → 사족의 권위 강화, 사림 양성(붕당 형성의 토대 마련)
	향약	사족이 주도하여 보급한 향촌 자치 규약, 4대 덕목(덕업상권, 과실상규, 예속상교, 환난상휼)

3. 경제 정책과 경제 생활

수취 체제	전세	• 과전법(토지 수확량의 1/10) • 전분 6등법 · 연분 9등법(토지 비옥도와 풍흉 기준)
	공납	각 지역 토산물을 현물로 징수
	역	• 대상 : 16세 이상의 양인 남자 • 군역과 요역
농업 기술	중농 정책	『농사직설』 편찬
	농업 기술	조 · 보리 · 콩의 2년 3작 확대, 남부 일부 지방에 모내기법 확대, 시비법 발달
상업 활동	상업 활동	• 한양 : 시전, 왕실과 관청에 물품 공급, 특정 상품의 독점 판매권, 육의전 발전 • 지방 : 보부상(행상, 세금을 내고 상업 활동, 행상단 조직하여 교통의 요지를 중심으로 발전)
	장시	16세기 중엽 전국 확대, 보부상의 활동 → 정기 시장으로 발전
	화폐	저화, 조선통보 보급 → 유통 부진
수공업 활동	관영 수공업	관청에 장인을 등록시켜 관청 수요품 제작 공급 → 16세기 이후 쇠퇴
	민영 수공업	농기구, 양반의 사치품 생산
	가내 수공업	자급자족 형태로 생활 필수품(무명, 삼베 등) 제작

4. 민족 문화의 융성

훈민정음	• 목적 : 백성의 의사 표현 목적 → 유교 윤리를 보급하여 안정적인 통치 • 창제 · 반포 : 세종과 집현전 학자들이 창제 · 반포, 서적 간행 (『삼강행실도』, 「용비어천가」) • 특징 : 28자의 표음 문자(독창적, 과학적), 배우고 사용하기가 쉬움 • 의의 : 고유 문자를 갖게 됨 → 문화 민족의 자긍심 고취, 국문학 발전의 토대 마련		
과학기술	천문, 역법	천상열차분야지도, 『칠정산』	
	인쇄술	• 계미자 • 갑인자	
	농업 기술	『농사직설』	
	측정 기구	혼천의 · 간의, 앙부일구, 자격루, 측우기, 인지의	
	의학	『향약집성방』, 『의방유취』	
	무기 제조	화차(신기전을 이용) 및 화포 제작, 거북선 제작	
지도와 서적	윤리서와 의례서	• 유교 윤리의 보급 목적 • 『삼강행실도』, 『국조오례의』	
	역사서	『고려국사』, 『고려사』, 『고려사절요』, 『동국통감』, 『기자실기』, 『조선왕조실록』	
	지도와 지리서	• 지도 : 혼일강리역대국도지도, 팔도도 • 지리서 : 팔도지리지, 동국여지승람, 신증동국여지승람	
불교와 민간 신앙	불교	불교 억압(불교 사원이 소유한 토지와 노비 회수, 도첩제 실시), 민간(성행, 서울 원각사지 10층 석탑)	
	민간 신앙	도교 : 소격서에서 도교 행사 담당 풍수지리설 : 한양 천도에 반영, 산송에 작용	
문학과 예술	문학	『동문선』, 「용비어천가」, 「월인천강지곡」, 「관동별곡」	
	그림	몽유도원도(안견), 고사관수도(강희안), 초충도(신사임당)	
	공예	• 분청사기(조선 초) • 백자(16세기 이후)	
	음악	아악 정리, 정간보(악보) 발명, 『악학궤범』 편찬	
	건축	숭례문, 옥산서원(경주), 도산서원(안동)	
성리학	주리론 (이황)	계보	이언적 → 이황 → 영남학파
		특징	인간의 심성 중시, 도덕적 원리 중시 → 신분 질서 유지 기능
		저서	『주자서절요』, 『성학십도』
		영향	• 일본 성리학에 영향을 줌 • 위정척사 사상
	주기론 (이이)	계보	서경덕 → 이이 → 기호학파
		특징	경험 세계 중시, 현실적 · 개혁적 성격 → 부국 강병을 위한 개혁 추구
		저서	『동호문답』, 『성학집요』
		영향	실학 사상

Step 4 암기송을 들으며 가사 완성하기

Track 12

1 조선 전기 사회

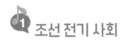

조선은 법제상으로 양인과 천인으로 구분하는 ❶ ______ 를 추구했지만,

(점차) 양반 · 중인 · 상민 · 천민의 ❷ ______ 가 일반화되어 갔어.

❸ ______ 은 각종 국역을 면제받으며 신분적 특권을 보장받았어.

❹ ______ 은 서리와 향리, 서얼들과 기술관들을 말하지. (주로 직역을 세습해)

상민의 대부분은 ❺ ______ ! 조세 · 공납 · 역의 의무가 있었지.

수공업자와 상인도 여기 포함돼.

천민은 대부분이 ❻ ______ . 백정 · 광대 · 무당도 있었어.

조선은 민생 안정책으로 ❼ ______ 을 실시하고,

혜민서와 동서활인서를 설치해 환자를 치료했지.

조선은 ❽ ______ 을 국가 이념으로, (삼은 거 기억나니?)

성리학은 이황과 이이에 의해 발전했어.

이황은 주자서절요와 ❾ ______ 를 저술,

일본 성리학 발전에 영향을 줬고, 영남학파를 형성했지.

이이는 동호문답과 ⑩________를 저술,

개혁적인 성격이었어. 기호학파 형성에 영향 줬지.

② 경제 정책과 경제 생활

(태조가 실시한) ❶________은

세조 때 현직 관리에게만 수조권을 주는 ❷________으로 바뀌었어.

(다시) 성종 때는 ❸____________제가 실시되지.

세종은 전세를 전분 6등법과 ❹____________으로 나누어 실시했어.

3 조선 전기 문화의 발달

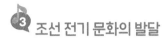

세종은 집현전 학자들과 ❶ ________ 을 창제하고

삼강행실도와 용비어천가를 편찬했지.

농사직설의 농서와 앙부일구, 자격루, 측우기 등의 기구와

역법서로 ❷ ______ 을 편찬.

고려사와 조선왕조실록 등의 역사서를 편찬.

천상열차분야지도 · 혼천의 · 간의를 통해 천문학이 발달했고,

계미자와 갑인자 등 인쇄술도 발달했지.

❸ ____________ 이란 의서,

혼일강리역대국도지도와 동국여지승람의 지리서를 제작했지.

조선 초기 ❹ ________ 가 유행하고 안견의 몽유도원도,

강희안의 ❺ ________ 그려지지.

16세기 이후 백자와 ❻ ______ 가 유행했어.

이렇게 조선 전기는 민족 문화가 발달할 수 있었어.

암/기/송/문/제/**정**/**답**

1. ① 양천제 ② 반상제 ③ 양반 ④ 중인 ⑤ 농민 ⑥ 노비 ⑦ 환곡 ⑧ 성리학 ⑨ 성학십도 ⑩ 성학집요
2. ① 과전법 ② 직전법 ③ 관수관급제 ④ 연분 9등법
3. ① 훈민정음 ② 칠정산 ③ 향약집성방 ④ 분청사기 ⑤ 고사관수도 ⑥ 백자

Step 5 핵심 문제를 통해 단원 마무리 짓기

실 / 전 / 문 / 제

1. OX 퀴즈

1 조선 시대 양반은 문반과 무반을 아우르는 명칭으로, 그 가족은 해당되지 않았다. ( )

2 중인은 양반과 상민의 중간 계층으로, 전문 기술이나 행정 실무를 담당하였다. ( )

3 천민의 대부분은 농민으로, 재산으로 취급되어 매매 · 상속 · 증여의 대상이 되었다. ( )

4 향약은 지방의 사립 교육 기관으로, 사족의 권위를 강화하는 데 기여하였다. ( )

5 공납은 각 지역의 토산물을 현물로 징수하던 것으로, 특산물 생산이 일정치 않고 운반 과정에서 어려움이 발생하여 폐단이 발생하였다. ( )

6 한양에 시전을 설치하여 허가 받은 상인에게만 세금을 받고 상업 활동을 허가하였다. ( )

7 『향약집성방』은 중국의 농업 기술을 조선의 실정에 맞게 정리한 책이다. ( )

8 혼일강리역대국도지도는 동양에서 가장 오래된 세계 지도로, 15세기에 만들어졌다. ( )

9 16세기 이후 소박하고 담백한 매력이 특징인 분청사기가 발달하였다. ( )

10 이황은 인간의 심성과 도덕적 원리를 중시하는 주리론을 주장하였다. ( )

2. 빈칸 채우기

1 4개의 신분 중 (   )은 군역이 면제되었고, 과거나 음서, 천거 등으로 고위 관직을 독점하였다.

2 (   )은 주로 농민으로, 조세와 군역의 의무가 있었다.

3 개인에게 소속된 노비 중 (   )는 허드렛일 등 주인의 집안일을 하거나 토지를 경작하였다.

4 (   )은 유학자에 대한 제사와 성리학 교육을 담당한 사립 교육 기관으로, 사림을 양성하여 붕당 형성의 토대를 마련하였다.

5 세습 토지가 증가하자 세조 때 (   )을 실시하여 현직 관리에게만 토지의 수조권을 지급하였다.

6 농업 기술의 발달로 남부 일부 지방에 (   )이 확대되어 벼, 보리의 이모작이 가능해졌다.

7 15세기 후반 지방에서는 (   )가 등장하여 16세기 중엽 전국으로 확대되다가 이후 정기 시장으로 발전하였다.

8 (   )는 태조 때 만들어진 천문도로, 고구려의 천문도를 바탕으로 제작되었다.

9 (   )은 태조~철종까지의 역사를 날짜 순으로 기록한 역사서로, 세계기록유산에 등재되었다.

10 안견의 (   )는 현실 세계와 이상 세계를 조화롭게 표현한 그림이다.

3. 초성 퀴즈

1 양천제에서 국가에 조세와 국역의 의무가 있고, 과거에 응시하고 관직에 진출할 수 있었던 신분은? ······ ㅇㅇ (   )

2 양반 첩의 자녀로 문과에 응시할 수 없었으며, 중인과 같은 처우를 받았던 신분은? ······ ㅅㅇ (   )

3 상민 중 천역을 담당했던 부류는? ······ ㅅㄹㅇㅊ (   )

4 흉년이나 춘궁기에 빈민에게 곡식을 빌려 주고 풍년이나 추수기에 갚게 한 제도는? ······ ㅎㄱㅈ (   )

5 지방을 돌며 세금을 내고, 행상단을 조직하여 활동했던 행상은? ······ ㅂㅂㅅ (   )

6 자급자족 형태로 무명이나 삼베 등 생활필수품을 제작했던 수공업 형태는? ······ ㄱㄴ ㅅㄱㅇ (   )

7 훈민정음 창제 이후 유교 윤리를 한글로 쉽게 풀어 쓴 글은? ······ ㅅㄱㅎㅅㄷ (   )

8 서거정이 삼국 시대~조선 시대 초기까지의 시와 산문을 모은 책은? ······ ㄷㅁㅅ (   )

9 인간의 내면세계를 표현한 강희안의 작품은? ······ ㄱㅅㄱㅅㄷ (   )

10 이이가 군주의 학문과 도학의 주요 내용을 유교 경선에서 뽑아 엮은 책은? ······ ㅅㅎㅈㅇ (   )

실전 문제 정답

1 OX 퀴즈
1. X 2. O 3. X 4. X 5. O 6. O 7. X 8. O 9. X 10. O

2 빈칸 채우기
1. 양반 2. 상민 3. 솔거 노비 4. 서원 5. 직전법 6. 모내기법(이앙법) 7. 장시
8. 천상열차분야지도 9. 조선왕조실록 10. 몽유도원도

3 초성 퀴즈
1. 양인 2. 서얼 3. 신량역천 4. 환곡제 5. 보부상 6. 가내 수공업 7. 삼강행실도
8. 동문선 9. 고사관수도 10. 성학집요

NOTE

3-3 조선 전기의 대외 관계와 양난의 극복

Step 1 암기송을 통해 흐름 파악하기

Track 13

1 조선 전기의 대외 관계

임진왜란이 오고 정유재란도 오고

조선은 명과 **사대 외교**를 통해 친선 관계를 유지.
왕권을 확립하고 국가를 안정시키기 위한 자주적 실리 외교로, 조공과 책봉 형식이었다.

여진과 일본에게는 **교린 정책**을 실시하지.

여진에게는 세종 때 김종서와 최윤덕을 파견해 4군 6진을 설치하는 강경책과
압록강~두만강을 잇는 오늘날의 국경선이 확정되었다.

귀순을 장려하고 국경 지역에 무역소를 설치하는 회유책을 썼지.
관직과 토지를 지급하였다.

국토의 균형을 위해 **사민 정책**과 민심을 수습하기 위해 **토관 제도**를 활용했어.
북방을 개척하고 압록강, 두만강 이남 지방을 개발하기 위해서였다.

일본에게는 강경책으로 세종 때 이종무를 보내 왜구의 소굴로 **대마도**를 토벌했고,

회유책으로 계해약조를 체결해 제한된 무역을 허용해 줬어.

이 밖에도 유구 · 시암 · 자바 등과도 조공, 진상 식으로 교류했어.

2 왜란의 극복

1592년 이러고 있을 때가 아냐.

일본의 도요토미 히데요시 조선 침략. **임진왜란** 일어났어.

전국 시대 통일 후 내부 불평 세력을 무마하기 위해서였다.
도요토미 히데요시의 대륙 진출 욕구도 있었다.

동래성이 함락되고 충주 방어선도 붕괴됐어.

선조는 의주로 피란했고, 결국 한양이 점령당하고 말았어.

하지만 이순신이 옥포에서 승리하고 한산도 대첩으로 대승! 제해권 장악했어.

왜군의 물자 보급로를
차단하고, 전라도의
곡창 지대를 지켰다.

곽재우를 비롯한 의병들도 맞서, 조 · 명 연합군이 평양성을 탈환했어.

의병들은 향토 지리에 익숙한 점을 활용하여 전술을 구사하였다.

권율의 행주 대첩, 김시민의 진주 대첩. 왜군은 철수했어.

휴전 협상이 결렬됐지. 정유재란이 발생했지만 이순신이 명량에서 승리했지.

왜란의 영향으로 국토가 황폐화되고,

신분제가 동요되고, 불국사 · 사고 · 경복궁이 소실되었어.

일본은 에도 막부 수립되고, 조선과 기유약조를 맺고

통신사를 통해 문화가 발전할 수 있었어.

막부의 요청으로 파견된 외교 사절이었다.

중국은 명이 쇠퇴하고 여진이 성장했어.

후금을 건국했다.

임진왜란을 극복 정유재란도 극복,

정묘호란이 오고 병자호란도 오고.

3 호란의 발생

광해군은 명과 후금 사이에서 중립 외교 펼쳐.

후금이 명을 침략하자 명이 조선에 지원군 파견을 요청하였으나, 원군을 파견하되 적극적으로 개입하지는 않았다.

인조반정으로 서인이 광해군 축출.

친명 배금 정책 실시.

후금을 자극하여 호란의 빌미를 제공하였다.

이괄의 난으로 **정묘호란**이 발생. 후금과 형제 관계 체결.

청은 군신 관계 요구. 병자호란 발생.

인조는 남한산성에서 항전. but 삼전도에서 굴욕적 강화 체결.

효종과 송시열 청에 원수 갚자! 북벌 운동 전개 실패, 나선 정벌은 성과 올려.

일부 실학자들은 북학론 주장.

청의 발달된 문물을 수용하여 부국 강병을 이루자고 주장하였다.

임진왜란을 극복 정유재란도 극복,

정묘호란은 지고 병자호란도 지고,

임진왜란 병자호란 양난 거쳐

임진왜란 병자호란 ~ x2

Step 2 개념 잡고 한국사 달인 되기

1 조선 전기의 대외 관계

1. 명과의 사대 외교

(1) **태조** : 요동 정벌 추진 → 일시적으로 긴장 관계 형성

(2) **태종 이후** : 친선 관계 유지(사대 정책 : 왕권 확립과 국가 안정을 위한 자주적 실리 외교로 조공과 책봉 형식)

2. 주변국과의 관계

(1) **여진**

① 회유책

- 여진족의 귀순 장려 : 관직과 토지 지급
- 교역 허용 : 국경 지역에 무역소 설치, 사절 왕래
- 사민 정책 : 삼남 지방의 일부 주민을 북방으로 이주(북방을 개척하고 압록강, 두만강 이남 지방을 개발하기 위해)

② 강경책 : 4군 6진 개척(압록강과 두만강을 잇는 오늘날의 국경선 확정)

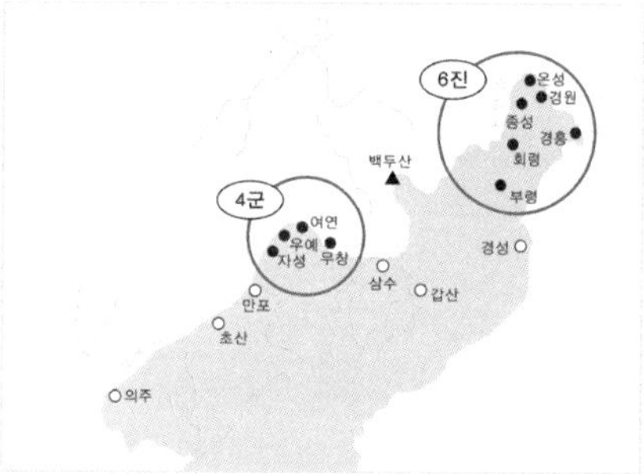

4군 6진

(2) **일본**

① 강경책 : 왜구의 약탈 지속 → 대마도 토벌(이종무)

② 교린책

- 3포 개항 : 부산포, 제포(진해), 염포(울산)
- 계해약조 : 제한된 범위 내에서 교역 허용

(3) **동남 아시아** : 유구(오키나와), 시암(태국), 자바(인도네시아)와 조공 형식으로 토산품을 가져와 교역

2 왜란과 호란의 극복

1. 왜란의 발생

(1) **왜군의 침략**(임진왜란, 1592)

① 동아시아 정세

- 조선 : 양반 사회의 분열, 국방력 약화(건국 이후 오랜 평화가 지속되어 군역 제도의 문란)
- 일본 : 도요토미 히데요시의 전국 시대 통일 → 내부 불평 세력 무마, 도요토미 히데요시의 대륙 진출 욕구

② 왜군의 침략 : 부산진과 동래성 함락 → 왜군의 한양 점령 → 선조 의주 피란 → 명에 원군 요청

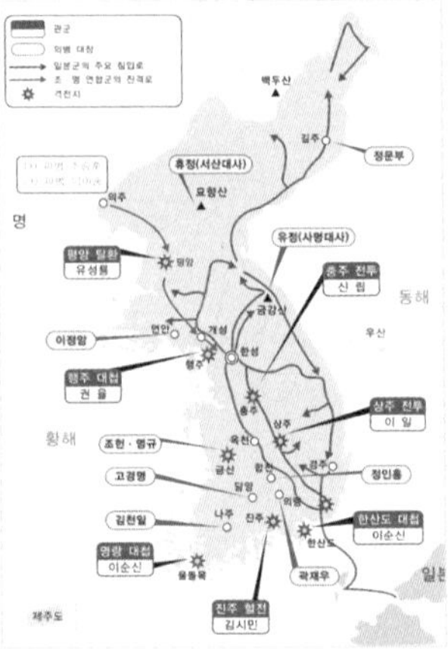

(2) **수군과 의병의 활약**

① 수군 : 이순신의 남해 제해권 장악

- 왜군의 물자 보급로 차단, 전라도의 곡창 지대 수호
- 옥포, 한산도 등에서 승리
- 수군의 승리 요인 : 거북선, 화포(긴 사정 거리를 이용), 학익진(학이 날개를 편 모양의 진법)

노량해전

② 의병

- 향토 지리에 익숙하다는 점을 활용하여 전술 구사, 여러 신분층의 참여
- 의병장 곽재우 등이 활약

통신사 행렬도

③ 명의 지원 : 선조의 요청으로 지원군 파견

④ 조선 관군 : 명군과 함께 왜군 격퇴, 행주 대첩(권율), 진주 대첩(김시민)

(3) **정유재란**(1597) : 일본의 휴전 협상 제의 → 협상 결렬 → 일본의 재침입(정유재란) → 명량 해전(이순신), 도요토미 히데요시 사망 → 철수하는 일본군 격파 (노량 해전, 이순신)

■ 명량 해전 | 이순신 장군이 명량 해전을 앞두고 선조에게 올린 내용

지금 신(臣)에게는 아직 열두 척의 전선이 있습니다. … 전선의 수가 비록 적으나 신이 죽지 않는 한 왜적은 감히 우리를 업신여기지 못할 것입니다.

『이충무공 전서』

---

(4) 왜란의 영향

① 조선 : 인구 감소, 경작지 황폐화, 토지 대장과 호적 소실(국가 재정 궁핍), 신분제 동요, 문화재 소실 · 약탈(불국사, 경복궁, 사고 등)

② 명 : 국력 쇠퇴(조선에 무리하게 원정군 파견), 여진의 성장(후금 건국) → 명과 여진족 간의 긴장감 고조

③ 일본

- 조선의 선진 문화 도입 : 조선인 포로들을 이용하여 도자기 등 제작
- 에도 막부 성립 : 국교 재개, 일본에 조선 통신사 파견

(5) 왜란 이후 일본과의 관계

① 일본에 통신사 파견

- 국교 재개 : 에도 막부의 간청 → 기유약조 체결(부산포만 개방)
- 통신사 파견 : 막부의 요청으로 파견 → 외교 사절, 선진 문물의 전파

② 독도 수호 활동

- 조선의 독도 인식 : 『세종실록지리지』, 『동국여지승람』에 우리 영토로 기록
- 안용복 : 일본에 건너가 독도가 조선 영토임을 확인받음

2. 광해군의 중립 외교

(1) 국제 정세 : 후금의 명 침략 → 명이 조선에 지원군 파견 요청

(2) 광해군의 정책

① 전후 복구 : 토지와 인구 재조사, 농경지 개간, 국방력 정비 등

② 중립 외교 : 명에 원군을 파견하되 적극적으로 개입하지 않음(강홍립에게 상황에 따라 후금에 투항하도록 함) → 서인 세력의 비난(명에 대한 의리와 명분 중시) → 강홍립의 항복

3. 호란의 발생

(1) 배경 : 인조반정(1623) → 서인의 친명 배금 정책 → 후금 자극

(2) 전개

① 정묘호란(1627) : 후금 침입 → 조선에 형제 관계 요구 → 화의

② 병자호란(1636) : 후금의 청 건국, 조선에 군신 관계 요구 → 병자호란 발발 → 인조가 남한산성으로 피란, 저항 → 삼전도에서 항복(청의 군신 관계 요구 수용)

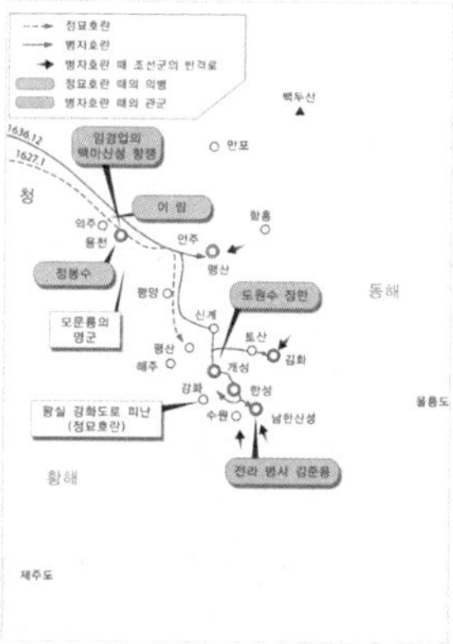

호란

■ 호란–주화론과 척화론의 대립

• 주화론

화친을 맺어 국가를 보존하는 것보다 차라리 의를 지켜 망하는 것이 옳다고 하였으나, 이것은 신하가 절개를 지키는 데 쓰는 말입니다. … 자기의 힘을 헤아리지 아니하고 경망하게 큰소리를 쳐서 오랑캐들의 노여움을 도발, 마침내는 백성이 도탄에 빠지고 종묘와 사직에 제사 지내지 못하게 된다면 그 허물이 이보다 클 수 있겠습니까?

「지천집」

• 척화론

화의로 백성과 나라를 망치기가 … 오늘날과 같이 심한 적이 없습니다. 중국(명)은 우리나라에 있어서 곧 부모요, 오랑캐(청)는 우리나라에 있어서 곧 부모의 원수입니다. 신하 된 자로서 부모의 원수와 형제가 되어서 부모를 저버리겠습니까. … 차라리 나라가 없어질지라도 의리는 저버릴 수 없습니다.

「인조실록」

(3) 호란 이후 청과의 관계

① 북벌 운동과 북학론

- 북벌 운동 : 병자호란으로 청과 군신 관계 체결 → 청에 대한 적개심과 문화적 우월감에 북벌론 제기(주장: 명에 대한 의리를 지켜 청에 복수하자)
- 북학론 : 청의 국력 신장과 문화 융성 → 청 문물을 수용, 부국 강병 추구

남한산성

② 백두산 정계비

- 배경 : 청이 만주 일대를 출입 금지 지역으로 설정 → 조선과 국경 분쟁 발생
- 백두산 정계비 건립 : 청이 백두산 일대의 경계를 명확히 하자고 제안 → 압록강과 토문강으로 경계 확정 → 백두산 정계비 건립

■ 백두산 정계비문

오라총관 목극등이 황제의 뜻을 받들어 국경을 답사하면서 여기에 와서 살펴보니, 서쪽은 압록이 되고, 동쪽은 토문이 되므로 분수령 위 돌에 새겨 기록한다.

삼전도비

Step 3 표를 통해 단원 복습하기

1. 조선 전기의 대외 관계

명	사대 외교(자주적 실리 외교, 조공과 책봉 형식)
여진	• 회유책 : 여진족의 귀순 장려, 교역 허용, 사민 정책 • 강경책 : 4군 6진 설치(압록강~두만강을 잇는 오늘날의 국경선 확정)
일본	• 강경책 : 대마도 정벌(이종무) • 교린책 : 3포 개항, 계해약조(제한된 범위 내에서 교역 허용)
동남 아시아	조공 형식, 토산품 교역

2. 왜란과 호란의 극복

왜란 (1592)	왜군의 침략		도요토미 히데요시의 침략 → 한양 점령 → 선조의 의주 피란 → 명에 원군 요청
	수군과 의병의 활약		• 수군 : 이순신의 활약(거북선, 화포, 옥포 · 한산도 등에서 승리) • 의병 : 향토 지리에 맞는 전술, 곽재우(의병장) 등 활약 • 행주 대첩(권율), 진주 대첩(김시민) 등 승리
	정유재란		휴전 협상 결렬 → 일본의 재침입 → 명량 해전 → 노량 해전
	왜란의 영향		• 조선 : 전쟁터로 인구 감소, 경작지 황폐화, 문화재 소실 · 약탈 등 • 명 : 무리한 원정군 파견으로 국력 쇠퇴, 여진족과의 긴장감 고조 • 일본 : 조선의 선진 문화 도입(도자기 등 제작), 에도 막부 성립
	왜란 이후 일본과의 관계		• 통신사 파견 : 일본의 요청으로 파견, 외교 사절, 선진 문물 전파 • 독도 수호 : 안용복이 일본에 건너가 독도가 조선의 영토임을 확인 받음
광해군의 중립 외교	전후 복구 정책		토지와 인구 재조사, 농경지 개간, 국방력 정비 등
	중립 외교		후금의 명 침략 → 명이 조선에 원군 파견 요청 → 원군 파견하되 적극적으로 개입하지 않음 → 서인 세력의 비난
호란	호란의 발생	정묘호란 (1627)	인조반정 → 서인의 친명 배금 정책 → 후금 자극 → 후금 침입 → 조선에 형제 관계 요구 → 화의
		병자호란 (1636)	후금의 청 건국, 조선에 군신 관계 요구 → 병자호란 발발 → 인조가 남한산성으로 피란, 저항 → 삼전도에서 항복(청의 군신 관계 요구 수용)
	호란 이후 청과의 관계	북벌 운동과 북학론	• 북벌 운동 : 청과 군신 관계 체결(병자호란) → 명에 대한 의리를 지켜 청에 복수하자는 주장 • 북학론 : 청의 국력 신장과 문화 융성 → 청 문물을 수용, 부국 강병 추구
		백두산 정계비 건립	청이 만주 일대를 출입 금지 지역으로 설정 → 조선과 분쟁 발생 → 백두산 정계비 건립

Step 4 암기송을 들으며 가사 완성하기

Track 13

조선 전기의 대외 관계

임진왜란이 오고 정유재란도 오고

조선은 명과 ❶ ________ 를 통해 친선 관계를 유지.

여진과 일본에게는 ❷ ________ 을 실시하지.

여진에게는 세종 때 김종서와 최윤덕을 파견해 ❸ ________ 을 설치하는 강경책과

귀순을 장려하고 국경 지역에 무역소를 설치하는 회유책을 썼지.

국토의 균형을 위해 사민 정책과 민심을 수습하기 위해 ❹ ________ 를 활용했어.

일본에게는 강경책으로 세종 때 이종무를 보내

왜구의 소굴로 ❺ ______ 를 토벌했고,

회유책으로 계해약조를 체결해 제한된 무역을 허용해 줬어.

이 밖에도 유구 · 시암 · 자바 등과도 조공, 진상 식으로 교류했어.

2 왜란의 극복

1592년 이러고 있을 때가 아냐.

일본의 ❶__________ 조선 침략. 임진왜란 일어났어.

동래성이 함락되고 충주 방어선도 붕괴됐어.

❷______는 의주로 피란했고, 결국 한양이 점령당하고 말았어.

하지만 ❸______이 옥포에서 승리하고 한산도 대첩으로 대승! 제해권 장악했어.

❹______를 비롯한 의병들도 맞서, 조 · 명 연합군이 평양성을 탈환했어.

권율의 ❺________, 김시민의 진주 대첩. 왜군은 철수했어.

휴전 협상이 결렬됐지. ❻________이 발생했지만 이순신이 명량에서 승리했지.

왜란의 영향으로 국토가 황폐화되고,

신분제가 동요되고, 불국사 · 사고 · 경복궁이 소실되었어.

일본은 에도 막부 수립되고, 조선과 기유약조를 맺고

❼______를 통해 문화가 발전할 수 있었어.

중국은 명이 쇠퇴하고 ❽______이 성장했어.

임진왜란을 극복 정유재란도 극복,

정묘호란이 오고 병자호란도 오고.

❸ 호란의 발생

광해군은 명과 후금 사이에서 ❶ ________ 펼쳐.

인조반정으로 서인이 광해군 축출.

❷ ____________ 실시.

이괄의 난으로 ❸ ________ 이 발생. 후금과 형제 관계 체결.

청은 군신 관계 요구, ❹ ________ 발생.

인조는 ❺ ________ 에서 항전. but 삼전도에서 굴욕적 강화 체결.

효종과 송시열 청에 원수 갚자! ❻ ________ 전개 실패, 나선 정벌은 성과 올려.

일부 실학자들은 ❼ ______ 주장.

임진왜란을 극복 정유재란도 극복,
정묘호란은 지고 병자호란도 지고,

임진왜란 병자호란 양난 거쳐
임진왜란 병자호란 ~ x2

암/기/송/문/제/정/답

1. ① 사대 외교 ② 교린 정책 ③ 4군 6진 ④ 토관 제도 ⑤ 대마도
2. ① 도요토미 히데요시 ② 선조 ③ 이순신 ④ 곽재우 ⑤ 행주 대첩 ⑥ 정유재란 ⑦ 통신사 ⑧ 여진
3. ① 중립 외교 ② 친명 배금 정책 ③ 정묘호란 ④ 병자호란 ⑤ 남한산성 ⑥ 북벌 운동 ⑦ 북학론

Step 5 핵심 문제를 통해 단원 마무리 짓기

실 / 전 / 문 / 제

1. OX 퀴즈

1 조선은 태종 이후 명에 사대 정책을 펴며 친선 관계를 유지하였다. ( )

2 일본인의 귀순을 장려하고, 국경 지역에 무역소를 설치하여 교역을 허용하는 등 회유책을 폈다. ( )

3 일본에서 도요토미 히데요시가 전국 시대를 통일하고 내부 불평 세력을 무마하기 위해 조선을 침략하였다. ( )

4 이순신 장군은 동해의 제해권을 장악하여 왜군의 물자 보급로를 차단하고 곡창 지대를 수호하였다.( )

5 조선과의 휴전 협상이 결렬되자 일본은 정유재란을 일으켰다. ( )

6 왜란으로 조선의 불국사, 경복궁 등의 문화재가 불에 탔다. ( )

7 왜란 후 조선의 요청으로 일본 막부에 외교 사절인 통신사가 파견되어 조선의 선진 문물을 전파하였다. ( )

8 후금이 명을 침략하자 명이 조선에 지원군 파견을 요청하였으나, 광해군은 명과 후금 사이에서 중립 외교 정책을 폈다. ( )

9 청을 건국한 후금이 조선에 형제 관계를 요구하며 병자호란을 일으켰고, 인조는 저항하였으나 결국 삼전도에서 항복하였다. ( )

10 청의 국력이 커지고 문화가 융성하자 청의 문물을 수용하고 부국강병을 추구하자는 북학론이 제기되었다. ( )

2. 빈칸 채우기

1 여진에 대한 강경책으로 ( )을 개척하여 압록강과 두만강을 잇는 오늘날의 국경선을 확정하였다.

2 왜구의 약탈이 지속되자 ( )가 대마도를 정벌하였다.

3 왜군이 한양까지 점령하자 선조는 의주로 피란하고 ( )에 원군을 요청하였다.

4 권율의 ( ), 김시민의 ( ) 등 조선 관군은 명군과 함께 왜군을 격퇴하였다.

5 도요토미 히데요시가 사망하고 철수하는 일본군을 이순신이 ( )에서 격파하였다.

6 왜란 후 도자기 등 ( )에 조선의 선진 문화가 도입되고, 조선 통신사가 파견되었다.

7 안용복은 일본에 건너가 (   )가 조선 영토임을 확인받았다.

8 인조반정으로 정권을 잡은 서인이 (   ) 정책을 펴 후금을 자극하자 후금이 조선에 침입하였다.

9 호란 이후 조선에서는 명에 대한 의리를 지켜 청에 복수하자는 (   )이 제기되었다.

10 청의 제안에 따라 압록강과 토문강을 경계로 확정하고 (   )를 건립하였다.

3. 초성 퀴즈

1 조선 시대에 왕권 확립과 국가 안정을 위해 조공과 책봉 형식으로 이루어진 자주적 실리 외교 정책은? ······ ㅅㄷ ㅈㅊ (   )

2 조선이 북방을 개척하고 압록강과 두만강 이남 지방을 개발하기 위해 실시한 여진 회유책은? ······ ㅅㅁ ㅈㅊ (   )

3 조선의 일본 교린책 중 하나로, 제한된 범위 내에서 교역을 허용한다는 내용을 담은 약조는? ······ ㄱㅎㅇㅈ (   )

4 임진왜란에서 수군의 승리 요인 중 하나로, 이순신 장군의 학이 날개를 편 모양의 진법은? ······ ㅎㅇㅈ (   )

5 『세종실록지리지』와 함께 독도를 우리 영토로 기록한 책은? ······ ㄷㄱㅇㅈㅅㄹ (   )

6 왜란 이후 명의 국력이 쇠퇴하고 여진이 성장하여 세운 나라는? ······ ㅎㄱ (   )

7 중립 외교 정책을 편 광해군은 명의 원군 요청에 누구에게 상황에 따라 후금에 투항하도록 하였나? ······ ㄱㅎㄹ (   )

8 병자호란 당시 인조가 피란하여 저항한 곳은? ······ ㄴㅎㅅㅅ (   )

9 청의 국력이 신장하고 문화가 융성하자 청의 문물을 수용하여 부국강병을 추구해야 한다는 주장은? ······ ㅂㅎㄹ (   )

10 백두산 정계비는 압록강과 어떤 강을 경계로 확정하여 건립한 것인가? ······ ㅌㅁㄱ (   )

실전 문제 정답

1 OX 퀴즈

1. O 2. X 3. O 4. X 5. O 6. O 7. X 8. O 9. X 10. O

2 빈칸 채우기

1. 4군 6진 2. 이종무 3. 명 4. 행주 대첩, 진주 대첩 5. 노량 해전 6. 일본 7. 독도 8. 친명 배금 9. 북벌론 10. 백두산 정계비

3 초성 퀴즈

1. 사대 정책 2. 사민 정책 3. 계해약조 4. 학익진 5. 동국여지승람 6. 후금 7. 강홍립 8. 남한산성 9. 북학론 10. 토문강

3-4 조선 후기 정치 변동과 제도 개편

Step 1 암기송을 통해 흐름 파악하기

Track 14

1 조선 후기 정치 구조의 변화와 농민 봉기

왜란을 거치며 비변사의 권한이 강화되고,
국정을 총괄하게 되면서
의정부의 기능과 왕권이 약화되었다.

군사 제도로 5군영과 속오군 체제로 개편되었지.

선조 때 시작된 붕당 정치. 광해군 때 북인이 정권 잡지.
동인과 서인으로 나누어 지고
동인이 북인과 남인으로 분열되었다.

인조반정 이후 서인 정국 주도. 남인 참여하는 형태로 발전했지.

현종 때 예송 논쟁으로 서인 · 남인 대립. 숙종 때 환국으로
예송 논쟁은 의례를 둘러싼 논쟁이다.

서인이 정권 잡았고 노론과 소론으로 분화되었지.

붕당 정치 변질~ 탕평책을 실시~ 세도 정치가 시작되었고,

전세는 영정법, 공납은 대동법, 군역은 균역법으로 개편되었어.

붕당 정치가 변질되자 영조는 탕평 정치 (펼치지)

탕평파 육성하고 탕평비 건립. 전랑의 권한을 제한, 서원 정리.
붕당의 근거지로 여겨졌기 때문이다.

신문고를 부활, 속대전을 편찬.
백성들의 억울한 일을 해결해주기 위해
대궐에 북을 달아 소원을 알리게 하였다.

왕의 친위 부대였다.

정조는 적극적으로 탕평 추진. 규장각을 육성, 장용영 설치.
국왕의 권력과 정책을 뒷받침하기 위해
강력한 기구로 육성하였다.

초계문신제를 시행, 화성을 건립. 대전통편을 편찬했지.
새로운 인물이나 중하급 관리 중에서 유능한 인재를 선발하여 재교육하던 제도이다.

강력한 왕권 추구했던 정조 죽자,

어린 **순조** 즉위하며 외척 세력이 권력 장악하는 **세도 정치**가 시작.

매관매직이 성행하고 **삼정이 문란**해짐에 따라 농민 봉기가 발생하지.

전세와 군포 징수, 환곡의 운영 과정에서 폐단이 발생하였다.

평안 도민에 대한 차별 대우로 **홍경래의 난**이 발생,

몰락 양반 홍경래가 주도하였다.

진주에서 시작된 **임술 농민 봉기**가 발생하지.

2 조선 후기 수취 체제의 개편

전세는 풍흉에 관계없이 토지 1결당 4두를 수취하는 **영정법**을 실시.

전세 부담이 감소했지만 소작농에게 여러 명목으로 부과세를 부과하여 역효과가 발생하였다.

공납은 방납의 폐단으로 광해군 때에 **대동법**이 실시(되지).

경기도를 시작으로, 지주의 반대로
전국으로 확대되는 데 오랜 시간이 걸렸다.

토지를 기준으로 쌀이나 포, 동전을 내게 했어.

대동법의 결과로 **공인**이 등장하게 되었어.

나라에 필요한 물품을 납부하던 상인이다.

군역은 영조 때 1년에 1필만 부과하는 **균역법**이 실시됐어.

인징, 족징, 백골징포, 황구첨정 등의 폐단이 발생하였다.

토지 소유자를 대상으로 1결당 쌀 2두를 징수하였다.

결작과 **선무군관포**, 어장세 등을 거두었어.

부유한 상민을 대상으로 세금을 거두었다.

붕당 정치 변질~ 탕평책을 실시~ 세도 정치가 시작되었고,

전세는 영정법, 공납은 대동법, 군역은 균역법으로 개편되었어.

Step 2 개념 잡고 한국사 달인 되기

1 붕당 정치와 탕평책

1. 정치 구조와 군사 제도의 변화

(1) 정치 구조의 변화

① 비변사

- 설치 : 여진족과 왜구의 침입에 대비하는 등 국방 문제를 담당하는 임시 기구로 설치(1517, 중종)
- 상설 기구화 : 을묘왜변을 계기로 상설 기구화(1555, 명종)
- 권한 확대 : 왜란 이후 구성원 확대, 국정 총괄(의정부 유명 무실화, 왕권 약화) → 19세기 세도 정권이 비변사를 중심으로 권력 장악(권한 더욱 강화)
- 폐지 : 19세기 후반 흥선 대원군의 왕권 강화책에 따라 폐지

② 3사 : 각 붕당의 이해 관계 대변(공론을 반영하기보다 상대 세력을 비판하며 자기 세력을 유지하는 데 앞장섬)

③ 전랑 : 인사권, 후임자 추천권 행사 → 자기 세력 확대와 상대 세력 축출에 앞장섬

(2) 군사 제도의 변화

① 중앙군

- 5위 → 훈련도감 설치(급료를 받는 직업 군인)
- 5군영 체제 성립(숙종) : 훈련도감 · 어영청 · 금위영(수도 방위, 왕실 호위), 총융청(경기 일대 방어), 수어청(남한산성 방어), 붕당 정치기에 서인 정권의 군사적 기반

② 지방군 : 제승방략 체제 → 왜란 이후 진관 체제[1] 복구, 속오군 설치

2. 붕당 정치

(1) 특징

① 긍정적 : 폭넓은 의견 수렴, 상호 간의 비판과 견제 가능

② 부정적 : 자기 붕당의 이익 우선시 → 권력 독점 경향

(2) 붕당 정치의 전개

① 동인의 분열(선조) : 정여립 모반 사건 → 남인(온건파)과 북인(급진파)으로 분열

② 북인 집권(광해군) : 인조반정으로 북인 몰락

③ 서인 집권(인조 이후) : 서인이 정권 주도, 남인의 정치 참여 허용, 예송 논쟁[2](현종, 서인과 남인의 대립 격화)

---

1 진관 체제 : 세조 때 바뀐 지방 방위 체제로, 각 요충지마다 진관을 설치하여 진관을 중심으로 방어하는 체제이다. 그러나 이 체제는 규모가 큰 전투에 취약하여 16세기 이후 제승방략 체제를 다시 실시하였다. 제승방략 체제는 유사 시에 각 지역 군사를 한 곳에 집결시켜 중앙에서 파견된 장수가 지휘하게 하는 방어 체제이다.

2 예송 논쟁 : 의례를 둘러싼 논쟁으로, 1차 예송 때 서인 승리, 2차 예송 때 남인이 승리하였다.

(3) 붕당 정치의 변질과 탕평론의 대두

① 붕당 정치의 변질

- 배경 : 지주제와 신분제의 동요 → 붕당 정치의 기반 붕괴
- 환국[3]: 서인의 분열(노론, 소론) → 일당 전제화(공존의 원칙 붕괴, 집권 세력이 국가 이익보다 당의 이익 우선, 권력을 지속하려는 욕심에 왕권까지 위협)
- 결과 : 비변사의 기능 강화, 3사와 이조 전랑의 정치적 비중 축소

② 탕평론의 대두 : 숙종이 탕평론 제기(강력한 왕권을 바탕으로 세력 균형 유지 도모) → 인사 관리를 통한 세력 균형 유지(실제로는 편당적 조치)

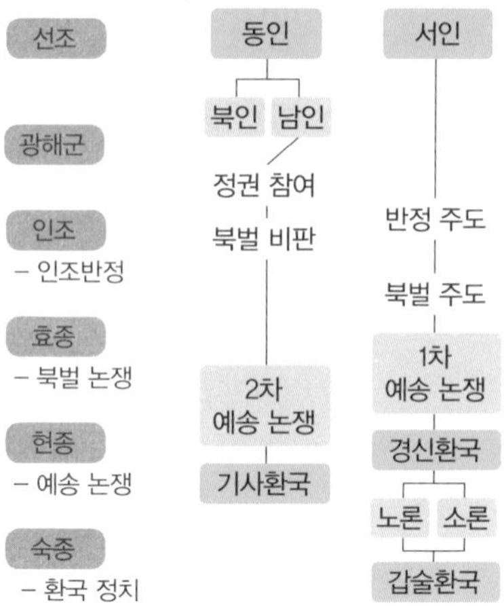

붕당 정치의 전개와 변질

3. 탕평 정치

(1) 영조의 탕평 정책

① 탕평책 : 탕평파 육성, 서원(붕당의 근거지) 대폭 정리, 이조 전랑의 인사 권한 축소

② 개혁 정치 : 균역법 실시(군포 징수의 폐단 시정), 가혹한 형벌 제도 개선, 신문고 제도 부활

③ 문물 제도 정비 : 『속대전』, 『속오례의』, 『동국문헌비고』 편찬

④ 의의와 한계

- 의의 : 붕당의 폐해 억제
- 한계 : 탕평파를 자신의 외척으로 끌어들여 외척의 권력 강화

탕평비

3 환국 : 남인 ➡ 서인 ➡ 남인 ➡ 서인

경신환국 (1680) / 기사환국 (1689) / 갑술환국 (1694)

붕당의 폐해가 요즈음보다 심한 적이 없었다. 처음에는 사문(斯文=유교) 문제에서 분쟁이 일어나더니 이제는 한쪽 편 사람들을 모두 역당으로 몰아붙였다. ……근대에 와서 인재의 임용이 당목(黨目)에 들어 있는 사람만으로 이루어지니, 이러한 상태가 그치지 않는다면 조정에 벼슬할 사람이 몇 명이나 되겠는가. 지금 새롭게 중창할 시기를 맞이하여 어찌 잘못을 고치고 새로운 정치에 힘쓸 생각이 없겠는가. 유배된 사람들은 그 경중을 헤아려 이조가 탕평의 정신으로 수용토록 하라.

「영조실록」

(2) 정조의 탕평 정치

① 탕평책 : 외척 세력 제거, 권력의 집중 분산(노론을 견제하기 위해 소론과 남인 계열 중용)

② 왕권 강화

- 규장각 설치 : 국왕의 권력과 정책을 뒷받침하는 강력한 정치 기구로 육성, 초계문신제(신진 인물이나 중하급 관리 중 유능한 인사를 선발하여 재교육), 서얼 차별 완화(유득공 · 박제가 등 등용)
- 장용영 설치 : 왕의 친위 부대(군사 기반 마련)
- 수원 화성 건설 : 아버지 사도세자 묘 이장, 정치 · 군사적 기능 부여(장용영 배치), 정치적 이상을 실현할 근거지로 활용

③ 개혁 정치 : 통공 정책(시전 상인의 금난전권 폐지 → 자유로운 상업 활동 보장), 서얼과 노비의 차별 개선

④ 문물 제도 정비 : 『동문휘고』, 『대전통편』, 『탁지지』 편찬

규장각도

수원 화성

(3) 탕평 정치의 의의와 한계

① 의의 : 왕권 강화에 도움 → 민생 안정을 위한 개혁 추진 가능

② 한계 : 왕권에 의한 붕당 간의 정쟁 조정 → 일시적인 정쟁 억제에 불과 → 정조 사후 세도 정치 출현

2 세도 정치의 폐단과 농민 봉기

1. 세도 정치

(1) 세도 정치

① 배경 : 정조 사후 어린 순조 즉위 → 왕에게 집중되었던 권력이 외척 세력에게 넘어감

② 전개

- 세도 정치의 의미 : 특정 가문이 국가 권력을 독점하는 정치 형태
- 전개 : 3대(순조, 헌종, 철종) 60여 년간 안동 김씨, 풍양 조씨 등 몇몇 가문이 권력 독점(비변사 독점, 군영 장악)

③ 결과(폐단) : 정치 기강 문란, 왕권 약화, 삼정의 문란(농민 저항 발생)

(2) 삼정의 문란

① 배경

- 세도 정치: 권력을 남용하여 부당하게 조세 수탈
- 정치 기강의 문란 : 매관매직 성행, 과거 시험 부정, 탐관오리들의 부당한 조세 수탈 등

② 전개 : 전세와 군포 징수, 환곡 운영 과정에서 폐단 발생 → 농민 부담 증가

전세	**전세 징수(운송비, 손실비 등 각종 부가세), 지주가 소작농에게 전세 전가** • 진결 : 경작하지 않는 땅에 징세 • 은결 : 토지 대장에 기록되지 않은 땅에 징세 • 도결 : 정액 이상으로 징세
군포	**군포 징수(신분제 동요로 군역을 면제받는 양반 증가)** • 백골징포 : 죽은 이에게 징세 • 황구첨정 : 어린이에게 징세 • 족징 : 친척에게 징세 • 인징 : 이웃에게 징세
환곡	**삼정 중 가장 문란** • 늑대 : 강제로 곡식을 빌려주는 것 • 반작 : 허위로 장부를 작성하여 이윤을 부당하게 차지하는 것 • 분석 : 쌀에 겨를 섞어서 분량을 부풀리는 것

■ 삼정의 문란에 대한 정약용의 시

• 전정

하하전이 2만 결이고 하중전이 1만 결인데 통틀어 6두씩 거두니 그 쌀은 18만 두가 된다. 아전은 이와 같이 징수하지만 호조에 보고할 때는 '하하전에서는 각기 4두를 거두고 하중전에서는 6두를 거두어서 모두 14만 두뿐이다.'라고 한다. 옥 같은 쌀이 4만 두가 중간에서 빠져나가니 이것이 무슨 법인가.

「목민심서」

• 군포, 환곡

① 큰아이 다섯 살에 기병으로 등록되고
세 살 난 작은 놈도 군적(軍籍)에 올라있어
두 아들 세공(歲貢)으로 오백푼을 내니
빨리 죽기 바라는데 옷이 다 무어랴

강아지 세 마리가 새로 태어나
아이들과 한 방에서 자는데
호랑이는 밤마다 울 밖에서 울어댄다
남편은 나무하러 산으로 가고
아내는 이웃에 방아품 팔러 가
대낮에도 사립 닫힌 그 모습 참담하다

지난 봄에 꾸어온 환자미가 닷 말인데
금년도 이 꼴이니 무슨 수로 산단 말가
나졸놈들 오는 것만 겁날 뿐이지
관가 곤장 맞을 일 두려워 않네

「적성촌에서」

② 내가 처음으로 강진에 귀양을 가서 읍내 주막에서 주모가 겨와 쭉정이를 따로 모아 한 곳에 쌓아 두는 것을 두고 있어 그 연유를 물으니 "창리(倉吏)가 돈을 주고 사갑니다."하였다. 또 다산에 있을 때 창리의 아우가 돼지먹이 겨를 수 백섬 사간다는 말을 들었다. 이는 모두 분석(分石)하려는 것이다. 창리들은 곡식에 겨를 섞어서 1석을 2석으로 만들고, 심한 경우에는 3석, 4석으로 만든다. 원래 알곡은 훔쳐서 자기 집으로 가져간다.
내가 다산에 있은 지 10년 동안 시골 백성이 환곡미를 받아 지나간 적이 없었는데 겨울이 되면 가호마다 곡식 5-7석을 내어 관창(官倉)에 바치는데, 그러고서도 이를 환자라 부르는 것이 부끄럽지도 않은가.

「목민심서」

2. 농민의 저항

(1) **배경** : 사회 불안 고조

① 지배층의 수탈로 농촌 경제 파탄

② 자연 재해와 질병 발생

③ 이양선 출몰로 위기 의식 고조

(2) **농민의 저항** : 탐관오리 비방, 벽보를 붙여 경고, 관리의 부정에 대해 소문 내기, 세금 납부 거부, 집단적 항의 시위, 탐관오리 폭행이나 관아 습격 등 → 농민 봉기로 발전

19세기 농민 봉기

① 홍경래의 난(1811)

- 배경 : 서북 지역(평안도)에 대한 차별
- 전개 : 몰락 양반 홍경래가 주도하여 지배층 수탈에 항거

② 임술 농민 봉기(1862)

- 배경 : 삼정의 문란 등 지배층의 수탈
- 전개 : 경상 우병사 백낙신의 탐학 → 몰락 양반 유계춘 중심의 농민 봉기 → 다른 지방의 농민 봉기 자극 → 전국으로 확대

■ 홍경래의 격문

무릇 관서는 기자와 단군 시조의 옛터로서 벼슬아치가 많이 나오고 급제하고 문물이 발전한 곳이다.… 그러나 조정에서는 서쪽 땅을 버림이 더러운 흙과 다름없다. 심지어 권문의 노비들도 서쪽 땅을 보면 반드시 평안도 놈이라 일컫는다. 서쪽 땅에 있는 자 어찌 억울하고 원통치 않은 자 있겠는가.… 지금 나이 어린 임금이 위에 있어서 권신들의 간악한 짓은 날이 갈수록 더 심해지고, 김조순 · 박종경의 무리가 국가의 권력을 제멋대로 하니 어진 하늘이 재앙을 내려 겨울 번개와 지진이 일어나고, 별과 바람과 우박이 없는 해가 없으니, 이 때문에 큰 흉년이 거듭 이르고, 굶어 부황 든 무리가 길에 널려 늙은이와 어린이가 구렁에 빠져서 산 사람이 거의 죽음에 다다르게 되었다.

(3) **정부의 대응** : 암행어사 파견, 삼정 이정청 설치 → 성과 미흡(미봉책에 불과)

3 수취 체제의 개편

1. 전세-영정법

(1) **배경** : 양난 이후 토지 대상 분실, 토지 결수 부족, 세금 부족, 몰락 양반 증가 → 개간과 경작 권장 → 토지 결수 회복, 그러나 누락 토지 다수

(2) 영정법(인조)

① 내용 : 풍흉에 관계없이 1결당 쌀 4~6두 징수(전세율 인하)

② 결과 : 전세 부담 감소, 소작농에게 여러 명목의 부가세(수수료, 운송비 등) 부과하여 역효과 발생

2. 공납-대동법

(1) 배경

① 토지 결수에 관계없이 가호(家戶) 단위로 부과 : 빈농의 부담이 큼

② 방납의 폐단 : 농민의 부담 증가

(2) 대동법

① 내용 : 토산물 대신 토지 결수에 따라 쌀(1결당 12두), 면포, 동전 등으로 징수 → 공납의 전세화

② 시행 : 경기도에서 먼저 실시(광해군) → 전국으로 확대(지주의 반대로 확대에 어려움을 겪음)

③ 의의 : 농민 부담 크게 감소, 공인 등장(나라에 필요한 물품을 납부) → 상품 화폐 경제의 발달 촉진

④ 한계 : 별공과 진상 등 현물 징수 잔존, 대동세가 작인에게 전가

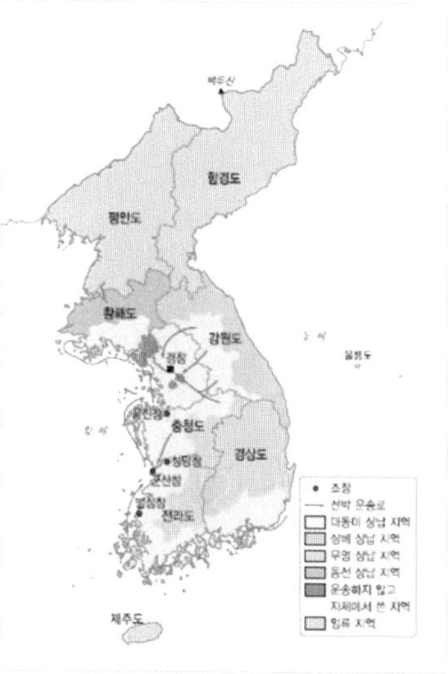

대동세의 징수와 운송

대동법의 실시

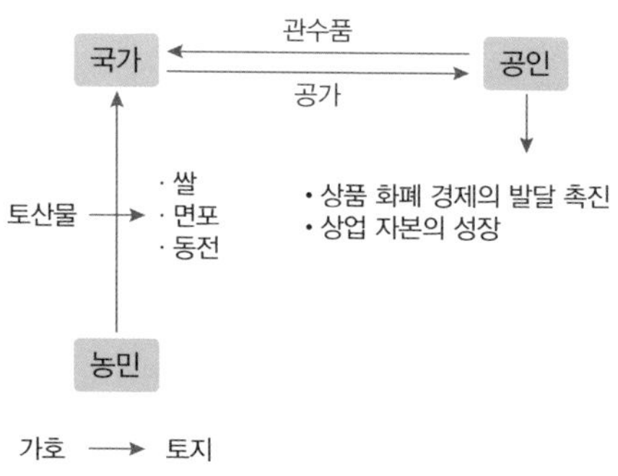

■ 방납의 폐단

각 고을에서 공물을 상납하려 할 때 각 관청의 사주인(방납인)들이 여러 가지로 농간을 부려 좋은 것도 불합격 처리하기 때문에 바칠 수가 없습니다. 이리하여 사주인은 자기가 갖고 있는 물품으로 관청에 대신 내고 그 고을 농민들에게는 자기가 낸 물건 값을 턱없이 높게 쳐서 열 배의 이득을 취하니 이것은 백성들의 피땀을 짜내는 것입니다.

「선조실록」

■ 대동법 시행에 대한 의견

• 찬성 의견

부자는 전결이 많으므로 내야 할 양도 많아 한꺼번에 준비하기가 어렵다고 하는데, 그렇지 않습니다. 무릇 부자는 수확이 많고 노동력이 많은데, 가난한 사람들도 여태껏 그럭저럭 납부해 온 것을 왜 못 내겠습니까?

조익, 「포저집」

• 반대 의견

지방에서 온 사람이 "백성이 모두 한꺼번에 납부하는 것을 고통스럽게 여긴다."라고 하였습니다. 대체로 먼 지방은 경기와 달라 부자들이 가진 땅이 많습니다. 10결을 소유한 자는 10석을 내고 20결을 소유한 자는 20석을 내야 합니다. 이렇게 하면 땅이 많으면 많을수록 더욱 고통스럽게 여길 것은 당연합니다. … 대가(大家)와 거족(巨族)이 불편하게 여기며 원망을 한다면, 어려운 시기에 심히 걱정스러운 일이라 할 것입니다.

「인조실록」

3. 군역–균역법

(1) 배경

① 5군영 체제의 성립 → 농민은 군역 대신 군포(1년 2필 원칙) 납부

② 재정 확보 위해 군포 액수 증가, 5군영 및 지방 감영에서 이중 삼중으로 군포 징수 → 농민의 군포 부담 증가

(2) 균역법

① 내용 : 군포 부담 축소(1년 2필 → 1필로 경감)

② 부족한 세금 보충 방법

- 결작 : 토지 소유자 대상, 1결당 쌀 2두 징수
- 선무군관포 : 부유한 상민에게 징수
- 왕실이 거두던 어염세 · 선세를 국고로 전환

③ 의의 : 농민의 군포 부담 일시 감소

④ 한계 : 지주가 결작을 소작농에게 전가

■ 군역의 폐단

나라의 100년에 걸친 고질 병폐로 가장 심한 것은 양역이다. 호포니 구전이니 유포니 결포니 하는 주장들이 분분하게 나왔으나 적당히 따른 만한 것이 없다. 백성은 날로 곤란해지고 폐해는 갈수록 심해지니, 혹 한 집안에 부 · 자 · 조 · 손이 군적에 한꺼번에 기록되어 있거나 서너 명의 형제가 한꺼번에 군포를 납부해야 하며, 이웃의 이웃이 견책을 당하고 친척의 친척이 징수를 당하고 황구는 젖 밑에서 군정으로 편성되고 백골은 지하에서 징수당하며, 한 사람이 도망하면 열 집이 보존되지 못하니, 비록 좋은 재상과 현명한 수령이라도 어찌할지를 모른다.

「영조실록」

NOTE

Step 3 표를 통해 단원 복습하기

1. 붕당 정치와 탕평책

정치 구조와 군사 제도	정치 구조	• 비변사 : 왜란 후 권한 확대 → 세도 정치기 권한 더욱 강화 • 3사 : 각 붕당의 이해 관계 대변 • 전랑 : 인사권, 후임자 추천권 행사
	군사 제도	• 중앙군 : 훈련도감, 5군영 체제 • 지방군 : 왜란 이후 진관 체제 복구, 속오군 설치
붕당 정치	• 특징 : 상호 비판과 견제(긍정적), 자기 붕당의 이익 우선시(부정적) • 전개 : 동인의 분열(남인, 북인) → 북인 집권 → 인조반정(북인 몰락, 서인 집권)	
붕당 정치의 변질	서인의 분열(노론, 소론) → 일당 전제화	
탕평론의 대두	숙종이 탕평론 제기(강력한 왕권을 바탕으로 세력 균형 유지 도모)	
탕평 정치	영조	• 탕평파 육성, 서원 대폭 정리, 이조 전랑의 인사 권한 축소 • 균역법 실시, 가혹한 형벌 제도 개선, 신문고 제도 부활 • 『속대전』 편찬
	정조	• 외척 세력 제거, 권력의 집중 분산 • 규장각 설치, 초계문신제, 서얼과 노비의 차별 완화, 장용영 설치, 수원 화성 건설, 통공 정책 • 『대전통편』 편찬

2. 세도 정치의 폐단과 농민의 저항

세도 정치	정조 사후 어린 순조 즉위 → 3대(순조, 헌종, 철종) 60여 년간 몇몇 가문이 권력 독점 → 정치 기강 문란, 왕권 약화, 삼정의 문란
삼정의 문란	• 전정 : 지주가 소작농에게 전세 전가 • 군정 : 백골징포 · 황구첨정 · 족징 · 인징 발생 • 환곡 : 삼정 중 가장 문란, 강제로 곡식을 빌려주고 비싼 이자를 납부하게 하는 등 폐단 심각
농민의 저항	• 홍경래의 난 : 서북 지역(평안도)에 대한 차별 • 임술 농민 봉기 : 삼정의 문란 등 지배층의 수탈 → 몰락 양반 유계춘 중심의 농민 봉기 → 전국으로 확대 • 정부의 대응 : 암행어사 파견, 삼정 이정청 설치 → 성과 미흡(미봉책에 불과)

3. 수취 체제의 개편

영정법 (전세)	내용 : 풍흉에 관계없이 1결당 쌀 4~6두 징수
대동법 (공납)	• 배경 : 방납의 폐단 • 내용 : 공납의 전세화(토산물 대신 쌀, 면포, 동전 등으로 징수) • 의의 : 농민 부담 크게 감소, 공인 등장 → 상품 화폐 경제의 발달 촉진
균역법 (군역)	• 내용 : 군포 부담 축소(1년 2필 → 1필로 경감) • 부족한 세금 보충 방법 : 결작 징수, 선무군관포 징수, 왕실이 거두던 어염세 · 선세를 국고로 전환

NOTE

Step 4 암기송을 들으며 가사 완성하기

Track 14

1 조선 후기 정치 구조의 변화와 농민 봉기

왜란을 거치며 ❶ ______ 의 권한이 강화되고,

군사제도로 ❷ ______ 과 속오군 체제로 개편되었지.

선조 때 시작된 붕당 정치. 광해군 때 ❸ ______ 이 정권 잡지.

❹ ______ 이후 서인 정국 주도. 남인 참여하는 형태로 발전했지.

현종 때 ❺ ______ 으로 서인 · 남인 대립, 숙종 때 ❻ ______ 으로

서인이 정권 잡았고 노론과 소론으로 분화되었지.

붕당 정치 변질~ 탕평책을 실시~ 세도 정치가 시작되었고,

전세는 영정법, 공납은 대동법, 군역은 균역법으로 개편되었어.

붕당 정치가 변질되자 영조는 ❼ ______ (펼치지)

탕평파 육성하고 탕평비 건립. ❽ ______ 의 권한을 제한 ❾ ______ 정리.

❿ ______ 를 부활, 속대전을 편찬.

정조는 적극적으로 탕평 추진. ⓫ ______ 을 육성, ⓬ ______ 설치.

초계문신제를 시행, 화성을 건립. 대전통편을 편찬했지.

강력한 왕권 추구했던 정조 죽자,

어린 순조 즉위하며 외척 세력이 권력 장악하는 ⓭ ______ 가 시작.

매관매직이 성행하고

삼정이 문란해짐에 따라 농민 봉기가 발생하지.

평안 도민에 대한 차별 대우로 ⑭ ________ 이 발생.

진주에서 시작된 ⑮ ________ 가 발생하지.

2 조선 후기 수취 체제의 개편

전세는 풍흉에 관계없이 토지 1결당 4두를 수취하는 ❶ ______ 을 실시.

공납은 ❷ ______ 의 폐단으로 광해군 때에 ❸ ______ 이 실시(되지).

토지를 기준으로 쌀이나 포, 동전을 내게 했어.

대동법의 결과로 ❹ ______ 이 등장하게 되었어.

군역은 영조 때 1년에 1필만 부과하는 ❺ ______ 이 실시됐어.

결작과 선무군관포, 어장세 등을 거두었어.

붕당 정치 변질~ 탕평책을 실시~ 세도 정치가 시작되었고,
전세는 영정법, 공납은 대동법, 군역은 균역법으로 개편되었어.

암/기/송/문/제/정/답

1. ① 비변사 ② 5군영 ③ 북인 ④ 인조반정 ⑤ 예송 ⑥ 환국 ⑦ 탕평 정치 ⑧ 전랑 ⑨ 서원 ⑩ 신문고 ⑪ 규장각 ⑫ 장용영 ⑬ 세도 정치 ⑭ 홍경래의 난 ⑮ 임술 농민 봉기
2. ① 영정법 ② 방납 ③ 대동법 ④ 공인 ⑤ 균역법

Step 5 핵심 문제를 통해 단원 마무리 짓기

실 / 전 / 문 / 제

1. OX 퀴즈

1 비변사는 처음에 여진족과 왜구의 침입에 대비하는 등 국방 문제를 담당하는 임시 기구로 설치되었다. ( )

2 지방군으로 훈련도감을 설치하였는데, 이는 급료를 받는 직업 군인이었다. ( )

3 5군영 중 총융청은 수도를 방위하고 왕실을 호위하는 일을 하였다. ( )

4 붕당은 상호 비판과 견제가 가능하다는 점에서 긍정적이지만, 자기 붕당의 이익을 우선시하는 등 부정적인 성격도 있다. ( )

5 광해군 때 집권 세력이었던 북인은 중종반정으로 몰락하고 서인이 집권하였다. ( )

6 붕당 정치가 변질되어 일당 전제화가 발생하면서 비변사의 기능이 강화되고, 3사와 이조 전랑의 정치적 비중은 줄어들었다. ( )

7 정조는 붕당의 근거지인 서원을 대폭 정리하고, 탕평파를 육성하였다. ( )

8 정조 사후 어린 순조가 즉위하면서 3대 60여 년 동안 몇몇 가문이 권력을 독점하는 세도 정치가 나타났다. ( )

9 서북 지역(평안도)에 대한 차별에 저항하여 몰락 양반 홍경래가 난을 일으켰다. ( )

10 균역법을 실시하여 풍흉에 관계없이 1결 당 쌀 4~6두를 징수하여 전세율을 낮추었다. ( )

2. 빈칸 채우기

1 ( )는 을묘왜변을 계기로 상설 기구가 되었다가 왜란 이후 권한이 확대되었다.

2 조선 후기 ( )는 공론을 반영하기보다 상대 세력을 비판하며 자기 세력을 유지하는 데 앞장섰다.

3 지방군은 제승방략 체제에서 왜란 이후 ( ) 체제로 복구하였다.

4 정여립 모반 사건을 계기로 동인이 ( )과 ( )으로 분열되었다.

5 인조반정 이후 ( )이 정권을 주도하며 ( )의 정치 참여를 허용하였다.

6 숙종은 강력한 왕권을 바탕으로 세력 균형을 유지하기 위해 ( )을 제기하였다.

7 정조는 ( )을 설치하여 국왕의 권력과 정책을 뒷받침하는 강력한 정치 기구로 육성하고자 하였다.

8 정조는 왕의 친위 부대로 (　　　　)을 설치하여 군사 기반을 마련하고자 하였다.

9 삼정 중 (　　　　)이 가장 문란하였는데, 강제로 곡식을 빌려주고 비싼 이자를 납부하게 하는 등 폐단이 심각하였다.

10 (　　　　)의 폐단으로 농민의 부담이 증가하자 대동법을 실시하여 공납을 전세화하였다.

3. 초성 퀴즈

1 5군영 중 남한산성을 방어하는 역할을 했던 곳은? ············ ㅅㅇㅊ (　　　　)

2 영조가 군포 징수의 폐단을 시정하기 위해 실시한 제도는? ············ ㄱㅇㅂ (　　　　)

3 정조 때 신진 인물이나 중하급 관리 중 유능한 인사를 선발하여 재교육한 제도는?
············ ㅊㄱㅁㅅㅈ (　　　　)

4 정조가 정치적 이상을 실현할 근거지로 활용하기 위해 건설한 것은? ············ ㅅㅇ ㅎㅅ (　　　　)

5 정조가 시전 상인의 금난전권을 폐지하여 자유로운 상업 활동을 보장하고자 실시한 정책은?
············ ㅌㄱ ㅈㅊ (　　　　)

6 정조 사후 특정 가문이 국가 권력을 독점했던 정치 형태는? ············ ㅅㄷ ㅈㅊ (　　　　)

7 전세 중 토지대장에 기록되지 않은 땅에 징세했던 것은? ············ ㅇㄱ (　　　　)

8 군포의 폐단 중 죽은 이에게도 세금을 징수했던 것은? ············ ㅂㄱㅈㅍ (　　　　)

9 경상 우병사 백낙신의 탐학에 대항하여 몰락 양반 유계춘을 중심으로 일어난 농민 봉기는?
············ ㅇㅅ ㄴㅁ ㅂㄱ (　　　　)

10 균역법 실시로 부족해진 세금을 보충하기 위해 토지 소유자를 대상으로 1결당 쌀 2두를 징수했던 것은? ············ ㄱㅈ (　　　　)

실전 문제 정답

1 OX 퀴즈
1.O 2.X 3.X 4.O 5.X 6.O 7.X 8.O 9.O 10.X

2 빈칸 채우기
1.비변사 2.3사 3.진관 4.남인, 북인 5.서인, 남인 6.탕평비 7.규장각 8.장용영
9.환곡 10.방납

3 초성 퀴즈
1.수어청 2.균역법 3.초계문신제 4.수원 화성 5.통공 정책 6.세도 정치 7.은결
8.백골징포 9.임술 농민 봉기 10.결작

3-5 조선 후기 사회 · 경제의 변화

Step 1 암기송을 통해 흐름 파악하기

Track 15

1 농업의 변화와 산업의 발달

조선 후기 **모내기법이** **전국적**으로 **보급**되었어.
이앙법이라고도 한다.

모내기법의 이점! **노동력 절감**, **수확량 증가**, **이모작**이 **가능**! 어마어마했지!

다수는 소작농이나 임노동자로 전락하였다.
광작이 가능해지게 됐고, 부농이 출현하게 됐지.
경작지를 늘려 넓은 토지를 경작하던 농사 방법이다.

밭농사는 견종법이 확대, 농가집성, 임원경제지 등 다양한 농서가 편찬.

상품 작물의 재배도 활발해지게 되었지.
인삼, 면화, 담배, 채소 등

소작인이 지주에게 일정 액수를 지대로 납부하는 방식
소작농의 **소작료**도 타조법에서 도조법으로
지주와 작인이 수확을 절반씩 나누는 방식

수공업도 관영 수공업에서 민영 수공업으로 변화.
자유로운 생산 활동이 가능해졌다.

선대제 수공업이 등장. **광산** 경영 전문가인 덕대가 등장.
상인이나 공인으로부터 제품의 원료와 자금을 미리 받은 후 제품을 생산하는 방식

농업과 상품 화폐 경제 발달하면서, 경제력 바탕으로 새로운 세력들이 성장했지.
중인 · 상민들의 신분 상승이 이루어져. 조선 후기 신분제가 점점 흔들리기 시작한 거야.

2 상품 화폐 경제의 발달

공인이 도고로 성장했고, 정조 때 금난전권이 폐지.

도고: 독점적 도매상인

금난전권: 육의전과 시전에게 특정 상품의 독점 판매권을 주었던 것이다.

경강 상인과 의주에 만상, 평양에 유상, 동래에 내상, 개성에 송상.

경강 상인: 한강을 무대로 활동하였다.

송상: 대외 무역을 주도하였다.

보부상들이 활약하며 장시가 발달. 포구 성장하며 객주와 여각이 발달.

보부상: 보부상단을 조직하여 장시를 무대로 활동하였다.

상평통보가 전국적으로 유통되었고 전황이 발생하기도 하지.

상평통보: 상공업이 발달하며 물품 구입이나 세금을 납부하는 데 사용하였다.

전황: 지주와 대상인이 재산 축적과 고리대에 동전을 이용하면서 시중에 동전이 부족해졌다.

3 신분제의 동요와 사회 변화

붕당 정치가 변질, 많은 수의 **양반**들이 향반이나 잔반으로 몰락했지.

상민들은 납속책과 공명첩을 사들이거나 족보를 위조해 양반이 되었지.

벼슬을 받는 사람의 이름을 비워둔 임명장

서얼들도 영조와 정조 때 신분 상승 운동을 전개했어.

서얼에 대한 차별을 없애고 문무직으로 진출할 수 있도록 해 달라는 서얼 허통 운동을 전개하였다.

노비들도 영조 때 노비 종모법 실시로 줄어, 순조 때는 공노비가 해방되었어.

신분제가 동요되고 향전이 발생.

향회를 둘러싸고 사족과 부농층이 대립하였다.

가부장적 가족 제도를 권장. 친영 제도가 정착.

신랑이 신부를 친히 맞이한다는 뜻으로, 신랑이 신부 집에 가서 예식을 올리고 신부를 맞아 오는 혼례였다.

상속에서 **장자 우대**. 과부의 재가를 금지. 효자와 열녀를 표창.

여성의 지위가 낮아졌다.

청과의 **무역**은 은과 인삼 등을 수출, 비단과 약재 등을 수입했어.

일본과는 왜관에서 인삼과 쌀 등을 수출하고 은과 구리 등을 수입했지.

농업과 상품 화폐 경제 발달하면서, 경제력 바탕으로 새로운 세력들이 성장했지.

중인 · 상민들의 신분 상승이 이루어져.

조선 후기 신분제가 점점 흔들리기 시작한 거야.

Step 2 개념 잡고 한국사 달인 되기

1 상품 화폐 경제의 발달

1. 농업 생산력의 증대

(1) 농업 생산력의 증대

① 정부 : 개간 사업 장려 → 경지 면적 확대

② 농민

- 모내기법(이앙법) : 벼와 보리의 이모작으로 수확량 증대, 노동력 감소
- 농업 기술 : 수리 시설 확충(제언, 보 등), 거름 주는 방법 개선, 쟁기 사용, 농기구 개량 → 수확량 증대
- 밭농사 : 견종법 확대(밭을 갈아 이랑과 고랑을 내고 고랑에다 씨를 뿌리는 파종법)
- 공동 노동 확대 : 두레, 품앗이

두레	마을의 공동 노동체, 바쁜 농사일이나 마을의 공동 작업 등 수행
품앗이	농번기 등 힘든 일이 있을 때 이웃끼리 상호 간에 노동력을 빌려주는 일종의 노동 교환 제도

③ 농서 편찬 : 『농가집성』, 『임원경제지』 등

■ 모내기의 효과

이앙(모내기)을 하는 것은 세 가지 이유가 있다. 김매기의 노력을 더는 것이 첫째요, 두 땅의 힘으로 하나의 모를 기르는 것이 둘째요, 좋지 않은 것은 솎아 내고 튼튼한 것을 고를 수 있는 것이 셋째이다.

서유구, 『임원경제지』

지금 남쪽에서는 모두 모내기를 하여 농사를 짓는다. 모내기법은 노동력이 직파법에 비하여 5분의 4나 절약이 된다. 따라서 집안에 아이들을 비롯하여 부릴 수 있는 노동력이 조금이라고 있는 사람들은 경작을 거의 무한으로 할 수 있다.

이익, 『성호사설』

(2) 농업 경영의 변화

① 광작 : 모내기법의 보급으로 노동력 감소 → 광작[1]의 유행 → 수확량 증대 → 수입 증대

② 상품 작물 : 인삼, 면화, 담배, 채소 등 농작물의 상품화

③ 쌀의 상품화 : 쌀의 수요 증가 → 밭을 논으로 바꾸는 현상 발생

1 광작 : 경작지를 늘려 넓은 토지를 경작하던 농사 방법이다.

④ 지대 납부

• 지대 납부 방식 : 타조법 → 도조법

타조법	일반적 형태, 지주와 소작인이 수확을 절반씩 나누는 방식
도조법	일부 지방에 등장, 소작인이 지주에게 일정 액수를 지대로 납부

• 지주와 소작인 : 종속적 관계 → 계약적 관계로 전환

⑤ 농민층의 계층 분화 : 일부는 부농으로 성장, 다수는 소작농 · 임노동자로 전락

■ 상품 작물의 재배

한전(旱田)에서는 모시 · 오이 · 배추 · 도라지 등을 잘 재배하면 참으로 수익이 많다. 또한 서울이나 대도시 주변의 파밭 · 마늘밭 · 배추밭 · 오이밭에서는 10무(4두락)의 밭에서 수만 냥의 수입을 올릴 수 있으며, 서북 지방의 담배밭, 관북 지방의 삼밭, 한산의 모시밭, 전주의 생강밭, 강진의 고구마밭, 황주의 지황밭 등에서는 모두 수전(水田) 상상등(上上等)에서의 수입과 비교하더라도 그 이익이 10배나 된다.

정약용, 『경세유표』

논갈이 | 김홍도

벼타작 | 김홍도

담배썰기 | 김홍도

2. 민영 수공업과 광업의 발달

(1) 민간 수공업의 발달

① 배경 : 도시의 인구 증가, 대동법 실시로 관청 수요품 증가 → 수공업 생산 촉진

② 민영 수공업 발달 : 관영 수공업 쇠퇴, 자유로운 생산 활동 가능

③ 선대제 수공업 발달 : 상인이나 공인으로부터 제품의 원료와 자금을 미리 받은 후 제품 생산 → 18세기 후반 독립 수공업자 등장

대장간 | 김홍도

(2) 광산 개발의 확대

① 광산 개발의 확대

- 17세기 이후 : 설점수세 정책[2]으로 은광 개발
- 18세기 이후 : 금광 개발 활기 → 광물을 몰래 캐는 잠채 성행

② 광산 경영 방식

- 덕대(광산 경영자)가 상인 물주로부터 자본을 조달받아 혈주(채굴업자), 채굴 노동자, 제련 노동자 등을 고용하여 생산
- 자본주의적 생산 관계 등장 : 자본, 노동, 경영의 분리

3. 상품 화폐 경제의 발달

(1) 공인과 사상의 활동

① 공인 : 대동법 실시로 등장, 관수품 조달, 특정 물품 독점권 → 수공업 생산 촉진, 장시 활성화 촉진

② 사상

- 종루, 칠패, 배오개, 송파 등지에서 활동(시전이 금난전권[3]을 이용해 활동 억압)
- 통공 정책 : 육의전을 제외한 시전의 금난전권 폐지 → 자유로운 상업 발전 촉진
- 도고의 출현 : 사상의 성장 → 독점적 도매 상인의 출현
- 대표적인 사상

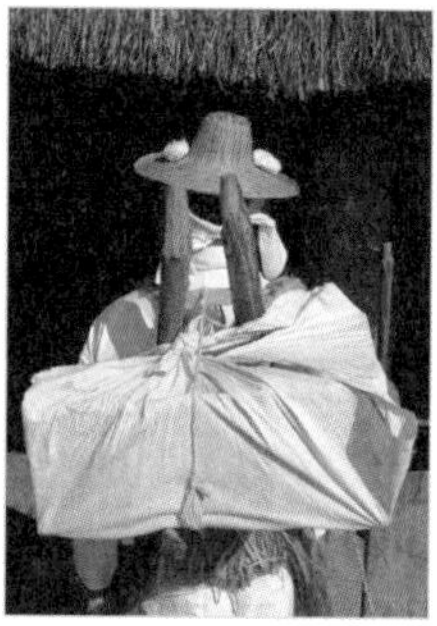

보부상

송상	개성 상인, 송방(지점) 설치, 인삼 재배, 대외 무역 주도
경강 상인	한강을 무대로 미곡, 소금, 어물 등의 운송업
보부상	장시를 무대로 생산자와 소비자 연결
선상, 객주, 여각	포구를 중심으로 상업 활동

■ 도고의 등장

(허생이) "내 조금 시험해 볼 일이 있어 그대에게만 금[萬金]을 빌리러 왔소."라고 하였다. 변씨는 "그러시오."하고 곧 만 금을 내주었다. … (허생은) 대추, 밤, 감, 배, 석류, 귤, 유자 등의 과실을 모두 두 배 값으로 사서 저장하였다. 허생이 과실을 몽땅 사들이자 온 나라가 잔치나 제사를 치르지 못하게 되었다. 그런 지 얼마 아니 되어서 두 배 값을 받은 장사꾼들이 도리어 10배의 값을 치렀다.

박지원, 『허생전』

2 설점수세 정책 : 정부가 개인에게 금, 은, 동 등을 캐는 것을 허용하고, 그들에게서 세금을 거두던 광산 경영 방법이다.

3 금난전권 : 육의전과 시전의 특정 상품의 독점 판매권을 말한다.

(2) 장시의 확대

① 장시의 확대 : 농업 생산력 증대, 유통 경제 발달 → 16세기 이후 장시의 수 증가 → 인근 장시와 연결하여 지역 시장권 형성, 일부는 상설 시장화 → 상업 도시 발전

② 보부상의 활동 : 보부상단 조직 → 하나의 유통망으로 연계하여 장시를 무대로 활동

(3) 포구에서의 상거래

① 배경 : 도로와 수레 미발달 → 대부분 수로로 운송

② 포구 상업 : 장시보다 교역 규모가 큼, 상품 유통의 거점 역할

③ 선상 : 각지 포구를 하나의 유통망으로 연결 (예 : 경강상인)

④ 객주 · 여각

- 객주 : 행상이나 객지 상인들의 상행위 주선, 위탁 매매업, 숙박업, 금융업, 창고업, 수송업 등
- 여각 : 물품의 매매를 소개하고 위탁 판매 · 금융업 · 여관업 등 대체로 객주보다 규모가 큼

(4) 개시 무역과 후시 무역의 발달

① 청과의 무역

- 형태

개시 무역	국가가 공식적으로 허용한 공무역
후시 무역	품목 · 물량 등을 통제한 사무역 → 교역량 급증

- 교역품

수출품	은, 종이, 무명, 인삼
수입품	비단, 약재, 문방구

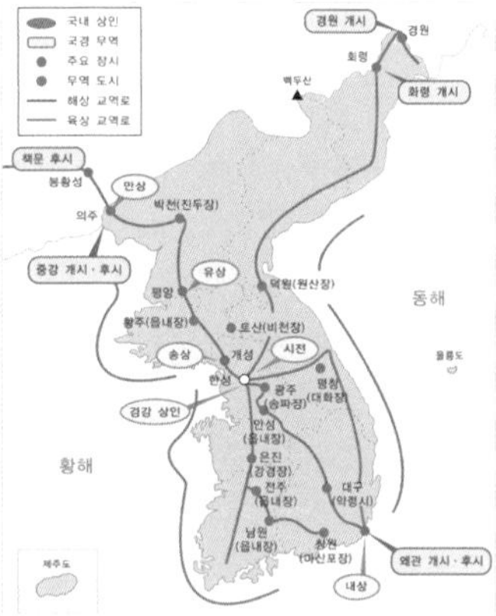

조선 후기 상업과 무역 활동

② 일본과의 무역

- 형태 : 부산포의 왜관을 통해 제한된 무역
- 교역품

수출품	인삼, 쌀, 무명
수입품	은, 구리, 황, 후추

③ 후시 무역의 확대 : 만상(청과의 무역), 송상(청과 일본의 중계 무역), 내상(일본과 무역) 성장

(5) 상평통보의 유통

① 배경 : 상공업의 발달, 조세 · 지대의 금납화 → 금속 화폐 유통

② 상평통보[4] : 세금과 소작료로 납부

③ 신용 화폐(어음, 환) 보급 : 대규모 거래 시 동전 사용 불편, 상업 자본의 축적 의미

④ 전황의 발생 : 지주와 대상인이 재산 축적과 고리대에 동전 이용 → 시중에 동전 부족 현상 발생

상평통보

2 신분제의 동요와 사회 모습의 변화

1. 신분제의 동요

(1) 신분제의 동요

① 양반층의 분화 : 일당 전제화, 상민의 신분 상승 추구 → 다수 양반의 몰락(권반, 향반, 잔반으로 분화)

② 양반 수의 증가 : 부를 축적한 농민의 공명첩[5] 매입, 족보의 구매 및 위조 등 → 양반의 수가 크게 증가, 상민의 인구 감소

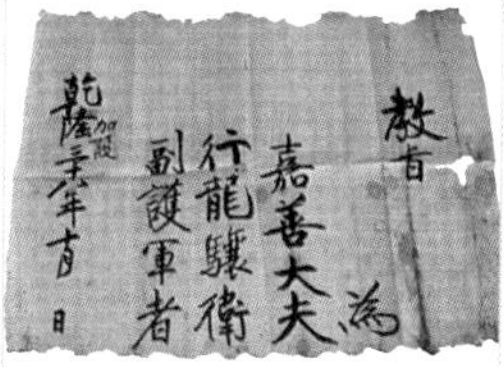

공명첩

■ 양반의 몰락

옷차림은 신분의 귀천을 나타내는 것이다. 그런데 어찌된 까닭인지 근래 이것이 문란해져서 상민, 천민들이 갓을 쓰고 도포를 입는 것이 마치 조정의 관리나 선비와 같이 한다. 진실로 한심스럽기 짝이 없다. 심지어 시전 상인들이나 군역을 지는 상민들까지도 서로 양반이라 부른다.

「일성록」

■ 공명첩의 발급

이때(왜란) 적의 목을 벤 자, 납속을 한 자, 작은 공이 있는 자에게는 고신(告身, 벼슬 임명장)이나 면천, 면역(免役)의 첩을 주었다. 병사를 모집하고 납속(納粟)을 모집하는 담당 관리가 이 첩을 가지고 지방에 내려갈 때 이름 쓰는 데만 비워두었다가 응모자가 있으면 그때마다 이름을 써서 주었다."

「선조실록」

(2) 중인층의 신분 상승

① 중인층의 불만 : 사회 활동에 제한, 고급 관료로 진출하지 못함

② 서얼 : 납속책 · 공명첩을 이용해 관직 진출, 상소 운동 전개(서얼 허통: 서얼에 대한 차

4 상평통보 : 17세기에 주조된 화폐로, 물품 구입이나 세금을 납부하는 데 사용되었다.

5 공명첩 : 벼슬을 받는 사람의 이름을 비워둔 임명장이다.

별을 없애고, 문무직으로 진출할 수 있도록 한다) → 정조 때 규장각 검서관에 등용(유득공, 이덕무, 박제가 등)

③ 기술직 : 대규모 소청 운동 전개

④ 역관 : 서학 등 외래 문화 수용에 선구적 역할

(3) 노비 제도의 해체

① 노비의 신분 상승 : 합법적 방법(군공, 납속), 불법적 방법(도망)

② 노비 해방 정책 : 군역 대상자 확대, 재정 보충 목적 → 노비 종모법(영조, 아버지가 노비여도 어머니가 양민이면 그 자녀를 양민으로 삼는 것), 공노비 해방(순조) → 사노비 해방(갑오개혁 때 신분제 폐지로 법제상으로 노비제 종말)

2. 사회 모습의 변화

(1) 향촌 사회의 재편

① 배경 : 몰락 양반 증가 → 양반의 권위 하락

② 향촌 사회의 재편

- 사족의 지위 유지 노력 : 향안 작성(사족의 결속 강화), 향회(여론을 주도하여 향촌 지배)
- 부농층의 성장 : 향회 참여, 향임직 진출 → 향촌 지배권에 도전(사족에 대항)
- 향전 : 향회를 둘러싼 사족과 부농층의 대립 → 수령이 부농층을 지원하며 사족 견제 → 수령의 권한 강화

(2) 가족 제도의 변화와 여성의 지위

① 부계 중심의 가족 제도 : 장자 상속, 장자 봉사, 양자 제도 일반화

② 여성의 지위 : 혼인 후 신랑 집에서 생활(친영 제도[6]), 여성의 이혼과 재혼 금지, 부인과 첩의 엄격한 구분(서얼 차별), 정절 중시 → 여성의 지위 하락

■ 여성의 재가 금지

세상의 도덕이 날로 나빠진 뒤로부터 여자의 덕이 정숙하지 못하여 사족(士族)의 딸이 예의를 생각지 아니해서 혹은 부모 때문에 절개를 잃고 혹은 자진해서 재가하니, 한갓 자기의 가풍을 파괴할 뿐만 아니라 실로 성현의 가르침에 누를 끼친다. … 이제부터는 재가한 여자의 자손들은 관료가 되지 못하게 하여 풍속을 바르게 하라.

「성종실록」

■ 재산 상속

우리 집안은 일찍이 제사의 기본 방침을 정한 지 오래되었고 사위와 외손자가 제사를 지내지 않는 것을 정식으로 삼아 따르게 하였다. 정으로 본다면 아들과 딸은 차이가 없으나 딸은 부모 봉양과 제사가 없으니 어찌 재산을 아들과 똑같이 나눌 수 있겠는가? 딸은 삼 분지 일만 주어도 되니 …

「부안김씨우반고문서」

6 친영 제도 : 신랑이 신부집에 가서 예식을 올리고 신부를 신랑 집으로 오게 하는 제도이다.

Step 3 표를 통해 단원 복습하기

1. 상품 화폐 경제의 발달

농업 생산력의 증대	• 농민 : 모내기법(이앙법), 수리 시설 확충, 거름 주는 방법 개선, 쟁기 사용, 농기구 개량 • 광작 : 모내기법의 보급으로 노동력 감소 → 광작 • 상품 작물 재배 : 인삼, 면화, 담배, 채소 등 농작물의 상품화 • 지대 납부 방식의 변화 : 타조법 → 도조법 • 지주와 소작인 : 종속적 관계 → 계약적 관계로 전환	
민영 수공업과 광업의 발달	• 민영 수공업 발달 : 관영 수공업 쇠퇴, 선대제 수공업 발달 • 광산 개발 : 덕대의 등장, 자본주의적 생산 관계 등장	
공인과 사상의 활동	공인	대동법 실시, 관수품 조달 → 수공업 생산과 장시 활성화 촉진
	사상	대표적 사상(송상 · 경강 상인 · 보부상 · 만상 · 내상 · 유상 · 객주 · 여각), → 도고의 출현
장시의 확대	• 농업 생산력 증대, 유통 경제 발달 → 장시의 수 증가 • 보부상의 활동 : 보부상단 조직 → 하나의 유통망으로 연계	
포구에서의 상거래	주요 상인 : 선상, 객주, 여각	
개시 무역과 후시 무역	청과의 무역	개시 무역과 후시 무역(교역량 급증)
	일본과의 무역	부산포의 왜관을 통한 제한된 무역
상평통보의 유통	상공업 발달, 조세 · 지대의 금납화 → 상평통보 유통 → 전황 발생	

2. 신분제의 동요

신분제의 동요	• 양반층의 분화 : 다수 양반의 몰락(향반, 잔반으로 분화) • 양반 수의 증가 : 부를 축적한 농민의 공명첩 매입, 족보 구매 · 위조
중인층의 신분 상승	• 서얼 : 납속책 · 공명첩을 이용해 관직 진출, 상소 운동 전개 • 기술직 : 대규모 소청 운동 전개 • 역관 : 서학 등 외래 문화 수용에 선구적 역할
노비 제도의 해체	• 노비의 신분 상승 : 합법적 방법(군공, 납속), 불법적 방법(도망) • 노비 해방 정책 : 노비 종모법, 공노비 해방(순조)

3. 사회 모습의 변화

향촌 사회의 재편	• 몰락 양반 증가 → 양반의 권위 하락 • 사족의 지위 유지 노력(향안 작성, 향회 운영), 부농층의 성장(사족에 대항), 향전 발생
가족 제도의 변화	• 부계 중심의 가족 제도 : 장자 상속, 장자 봉사, 양자 제도 일반화 • 여성의 지위 : 혼인 후 신랑 집에서 생활, 여성의 이혼과 재혼 금지, 부인과 첩의 엄격한 구분, 정절 중시 → 여성의 지위 하락

NOTE

Step 4 암기송을 들으며 가사 완성하기

Track 15

1 농업의 변화와 산업의 발달

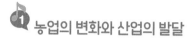

조선 후기 ❶ ________ 이 전국적으로 보급되었어.

모내기법의 이점! 노동력 절감, 수확량 증가, 이모작이 가능! 어마어마했지!

❷ ______ 이 가능해지게 됐고, 부농이 출현하게 됐지.

밭농사는 ❸ ______ 이 확대, 농가집성, 임원경제지 등 다양한 농서가 편찬.

상품 작물의 재배도 활발해지게 되었지.

소작농의 소작료도 타조법에서 ❹ ______ 으로

수공업도 관영 수공업에서 민영 수공업으로 변화.

선대제 수공업이 등장. 광산 경영 전문가인 ❺ ______ 가 등장.

농업과 상품 화폐 경제 발달하면서, 경제력 바탕으로 새로운 세력들이 성장했지.
중인 · 상민들의 신분 상승이 이루어져.
조선 후기 ❻ ______ 가 점점 흔들리기 시작한 거야.

② 상품 화폐 경제의 발달

공인이 ❶______로 성장했고, 정조 때 ❷________이 폐지.

경강 상인과 의주에 만상, 평양에 유상, 동래에 내상, 개성에 ❸______.

보부상들이 활약하며 ❹______가 발달. 포구 성장하며 객주와 여각이 발달.

❺________가 전국적으로 유통되었고 전황이 발생하기도 하지.

3 신분제의 동요와 사회 변화

붕당 정치가 변질, 많은 수의 양반들이 향반이나 잔반으로 몰락했지.

상민들은 납속책과 ❶______을 사들이거나 ❶______를 위조해 양반이 되었지.

❶______들도 영조와 정조 때 신분 상승 운동을 전개했어.

노비들도 영조 때 ❶__________ 실시로 줄어, 순조 때는 공노비가 해방되었어.

신분제가 동요되고 ❶______이 발생.

가부장적 가족 제도를 권장. 친영 제도가 정착.

상속에서 ❶______ 우대. 과부의 재가를 금지. 효자와 열녀를 표창.

청과의 무역은 ❶________ 등을 수출, ❶______과 약재 등을 수입했어.

일본과는 ❶______에서 인삼과 쌀 등을 수출하고 은과 구리 등을 수입했지.

농업과 상품 화폐 경제 발달하면서,
경제력 바탕으로 새로운 세력들이 성장했지.
중인 · 상민들의 신분 상승이 이루어져.
조선 후기 신분제가 점점 흔들리기 시작한 거야.

암/기/송/문/제/정/답

1. ① 모내기법 ② 광작 ③ 견종법 ④ 도조법 ⑤ 덕대 ⑥ 신분제
2. ① 도고 ② 금난전권 ③ 송상 ④ 장시 ⑤ 상평통보
3. ① 공명첩 ② 족보 ③ 서얼 ④ 노비 종모법 ⑤ 향전 ⑥ 장자 ⑦ 인삼 ⑧ 비단 ⑨ 왜관

Step 5 핵심 문제를 통해 단원 마무리 짓기

실 / 전 / 문 / 제

1. OX 퀴즈

1 조선 후기 모내기법의 보급으로 벼와 보리의 이모작이 가능해져서 수확량이 늘었다. ( )

2 조선 후기 인삼, 면화, 담배, 채소 등 농작물의 상품화가 활발해졌다. ( )

3 도시의 인구가 증가하고 대동법의 실시로 관청 수요품이 증가하면서 관영 수공업이 발달하였다. ( )

4 17세기 이후 설점수세 정책으로 은광을 개발하였고, 18세기 이후에는 금광 개발이 활기를 띠었다.. ( )

5 조선 후기 자본과 노동, 경영이 분리되면서 광산 경영 방식에 자본주의적 생산 관계가 등장하였다. ( )

6 보부상은 종루, 칠패, 배오개, 송파 등지에서 활동하였던 사상으로, 이후 도고로 성장하였다. ( )

7 경강상인은 송방을 설치하고 대외 무역을 주도하였다. ( )

8 조선 후기 상공업의 발달과 조세 · 지대의 금납화로 해동통보 등 금속 화폐가 유통되었다. ( )

9 부를 축적한 농민은 공명첩 매입, 족보 구매 및 위조 등으로 양반의 신분을 샀다. ( )

10 노비들의 상소 운동으로 정조 때 유득공, 이덕무, 박제가 등이 규장각 검서관에 등용되었다. ( )

2. 빈칸 채우기

1 모내기법의 보급으로 노동력이 감소하면서 (　　　)이 유행하였고, 이로 인해 수확량이 증대하면서 수입도 늘었다.

2 조선 후기 지대 납부 방식이 지주와 작인이 수확을 절반씩 나누는 (　　　)에서 일정 액수를 지대로 납부하는 (　　　)으로 바뀌었다.

3 상인이나 공인으로부터 제품의 원료와 자금을 미리 받은 후 제품을 생산하는 (　　　) 수공업이 발달하였다.

4 금광 개발이 활기를 띠면서 광물을 몰래 캐는 (　　　)가 성행하였다.

5 육의전을 제외한 시전의 (　　　)이 폐지되면서 사상의 자유로운 상업 활동이 가능해졌고, 이들은 이후 독점적 도매 상인인 도고가 되었다.

6 농업 생산력이 증대하고 유통 경제가 발달하면서 16세기 이후 (　　　　)의 수가 증가하였다. 일부는 상설 시장화되었고, 상업 도시로 발전하기도 하였다.

7 청나라와는 국가가 공식적으로 허용한 (　　　　) 무역과 사무역인 (　　　　) 무역을 통해 물품을 교역하였다.

8 지주와 대상인이 재산 축적과 고리대에 동전을 이용하면서 시중에 동전이 부족해지는 (　　　　)이 발생하였다.

9 영조 때 (　　　　　　　　)을 실시하여 아버지가 노비여도 어머니가 양민이면 그 자녀를 양민으로 삼았다. 이는 군역 대상자를 확대하고 재정을 보충하기 위한 것이었다.

10 조선 후기 (　　　　) 중심의 가족 제도가 정착되면서 장자 상속, 장자 봉사가 일반화되었다. 반면 여성의 지위는 하락하였다.

3. 초성 퀴즈

1 조선 후기에 농번기 등 힘든 일이 있을 때 이웃끼리 상호 간에 노동력을 빌려주던 일종의 노동 교환 제도는? ························ ㅍㅇㅇ (　　　　)

2 정부가 개인에게 금, 은, 동 등을 캐는 것을 허용하고 그들에게 세금을 거두던 광산 경영 방법은?
························ ㅅㅈㅅㅅ (　　　　)

3 조선 후기 상인 물주로부터 자본을 조달받아 채굴업자인 혈주, 채굴 노동자, 재련 노동자 등을 고용하여 광산을 개발했던 광산 경영자를 무엇이라 불렀나? ························ ㄷㄷ (　　　　)

4 대동법 실시로 등장한 상인으로, 관수품을 조달하고 특정 물품 독점권을 행사했던 상인은?
························ ㄱㅇ (　　　　)

5 한강을 무대로 미곡, 소금, 어물 등의 운송업을 했던 사상은? ························ ㄱㄱㅅㅇ (　　　　)

6 도로와 수레가 발달하지 않아 상거래는 대부분 어떤 통로를 통해 운송되었나? ························ ㅅㄹ (　　　　)

7 행상이나 객지 상인들의 상행위를 주선하고, 위탁 매매업, 숙박업, 금융업, 창고업, 수송업 등에 종사했던 상인은? ························ ㄱㅈ (　　　　)

8 부산포의 왜관을 통해 인삼, 쌀, 무명 등을 수출하고 은, 구리, 황, 후추 등을 수입하는 등 제한된 무역을 허용했던 나라는? ························ ㅇㅂ (　　　　)

9 서얼 유득공, 이덕무, 박제가 등이 정조 때 등용된 자리는? ························ ㄱㅈㄱ ㄱㅅㄱ (　　　　)

10 언제 법제상으로 신분제가 폐지되어 노비제가 종말되었나? ························ ㄱㅇㄱㅎ (　　　　)

실전 문제 정답

1 OX 퀴즈

1. O 2. O 3. X 4. O 5. O 6. X 7. X 8. X 9. O 10. X

2 빈칸 채우기

1. 광작 2. 타조법, 도조법 3. 선대제 4. 잠채 5. 금난 6. 장시 7. 개시, 후시 8. 전황 9. 노비 종모법 10. 부계

3 초성 퀴즈

1. 품앗이 2. 설점수세 3. 덕대 4. 공인 5. 경강 상인 6. 수로 7. 객주 8. 일본 9. 규장각 검서관 10. 갑오개혁

NOTE

3-6 조선 후기 사회 개혁론과 새로운 사상의 유행

Step 1 암기송을 통해 흐름 파악하기

Track 16

1 사회 개혁론의 대두와 과학기술의 발달

조선 후기 성리학이 현실 문제를 해결하지 못하자
유교 경전을 재해석하려는 시도를 사문난적으로 규정하였다.

일부 학자들은 성리학의 한계를 극복하려 노력했어.

정제두는 지행 합일을 강조하는 **양명학**을 수용하고 강화학파를 형성했지.

이수광은 현실 문제 해결에 도움되는 실용적인 학문 **실학**을 제기.
민생 안정과 부국 강병을 추구하였다.

먼저 농업 중심의 개혁론을 펼친 **중농학파**.
농민 생활을 안정시키기 위해
토지 제도를 개혁해야 한다고 주장하였다.

유형원은 신분에 따라 토지를 차등 분배하자는 균전론 주장하고 반계수록 저술했어.

이익은 영업전을 지급하자는 한전론을 주장하고 성호사설 저술.
최소한의 토지를 영업전으로 정해 매매를
금지해야 한다고 주장하였다.

정약용은 공동 농장제를 하자는 여전론을 주장. 목민심서와 경세유표를 저술.
전 국토를 국유화하여 1/9은 공전,
나머지는 농민에게 분배하자는 실현 가능한
정전론을 주장하였다.

화성 건설 시 거중기를 사용, 배다리도 만들었어. 마과회통이라는 의서도 편찬.

상공업 중심의 개혁론을 펼친 **중상학파**.
청의 선진 문물을 수용하자고 주장하였다.

유수원 사농공상의 직업적 평등을 주장하고 우서를 저술했어.

홍대용은 지전설을 주장, 신분제 철폐, 성리학 극복,

기술 혁신을 주장하고 **의산문답** 저술했어.

박지원은 수레와 선박 이용, 화폐 유통의 필요성을 강조했고 **열하일기**를 저술.
놀고먹는 양반을 비판하였다.

박제가는 소비 통해 생산력을 증가시키자 했고, **북학의**를 저술.
소비를 우물에 비유하였다.

조선 후기에 서양 문물이 수용돼. 시헌력이 도입되고 곤여만국전도가 소개됐어.
세계 지도로, 조선인의 세계관이 확대되는 데 기여하였다.

동의보감, 동의수세보원이란 의서도 편찬되면서 의학 기술도 발달했지.
조선과 중국의 의서를 집대성한 책이다.

2 새로운 사상의 유행

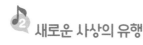

미륵불이 출현하여 이상적인 새 세상을 열어준다고 믿는 신앙이다.

백성들의 고통이 심해지면서 **정감록**과 **미륵신앙**이 유행했어.
민중의 가혹한 삶을 구원하고 새로운 세상을 열어줄 진인이 출현할 것이라고 주장한 예언서이다.

17세기 청에 다녀온 사신들을 통해 **천주교**가 **서학**으로 소개되었고,
평등 사상, 내세 사상이 백성들에게 위안이 되어 확산되었다.

'사람이 곧 하늘이다'라는 인간 존중, 평등 사상이다.
최제우가 **인내천**과 **보국안민**을 강조하는 동학을 창시했지만
'나라를 보호하고 백성을 편안히 한다'는 뜻이다.

정부의 탄압이 심했어.

Step 2 개념 잡고 한국사 달인 되기

1 실학의 대두

1. 성리학의 절대화

(1) **성리학의 절대화** : 서인 정권의 성리학 이념 강화 → 성리학에 대한 새로운 이해 시도(윤휴, 박세당) → 유교 경전의 재해석 시도를 사문난적으로 규정 → 성리학의 현실 문제 해결 능력 상실

(2) **양명학의 수용** : 성리학에 대한 비판 → 지행합일의 실천성 강조, 18세기 초 정제두가 본격 연구 → 강화 학파 형성

2. 실학의 발달

(1) **실학의 등장**

① 조선 후기 사회 모순을 해결하기 위해 등장한 사회 개혁론

② 성격 : 민생 안정과 부국 강병 추구, 남인 중심, 현실 문제에 적극적 관심, 청의 고증학과 서양 과학 기술 수용

③ 실학의 선구자 : 이수광, 김육

(2) **농업 중심의 개혁론**

① 특징 : 농민 생활 안정, 토지 제도 개혁 주장 - 중농학파(경세치용 학파)

② 유형원

- 저서 : 『반계수록』
- 균전론 주장 : 신분에 따라 차등적으로 토지 재분배
- 모든 사람이 자기 몫을 차지할 수 있는 사회를 실현하기 위한 대안 제시

③ 이익

- 저서 : 『성호사설』
- 한전론 주장 : 최소한의 토지를 영업전으로 정해 매매 금지, 소유 한도 이상의 토지는 매매 허용

④ 정약용

- 저서 : 『목민심서』, 『경세유표』
- 여전론 주장 : 토지의 공동 소유와 공동 경작 및 수확물의 공동 분배(공동 농장 제도) → 실현 가능한 정전론 주장(정전제 : 전 국토의 국유화) → 정(井)자 모양의 토지 편성 → 1/9은 공전, 나머지는 농민에게 분배

■ 이익의 한전론

국가는 마땅히 한 집의 생활에 맞추어 재산을 계산해서 토지 몇 부(負)를 1호의 영업전(永業田)으로 하여, 당 제도처럼 한다. 땅이 많은 자는 빼앗아 줄이지 않고 미치지 못하는 자도 더 주지 않으며, 돈이 있어 사고자 하는 자는 비록 천백 결이라도 허락하여 주고, 땅이 많아서 팔고자 하는 자는 다만 영업전 몇 부 이외에는 허락하여 준다.

『곽우록』

한전론 | 이익

■ 정약용의 여전론

여(閭: 마을)에는 여장을 두고 1여의 농토를 여에 사는 사람들로 하여금 함께 다스리고 같이 농사짓게 하되, 내 땅 네 땅의 구별이 없고, 오직 여장의 명령에 따르게 하는 것이다. 그들이 매양 하루 일을 하면 여장은 그들의 노력을 장부에 매일 기록하여 두었다가, 추수할 때에 곡식의 수확을 전부 여장의 집으로 운반해 놓고, 그 곡물을 나누되 먼저 나라에 바치는 세금을 떼어 놓고, 그 다음은 여장의 녹(봉급)을 주고, 그 나머지를 가지고 장부에 기준하여 분배한다.

『여유당전서』

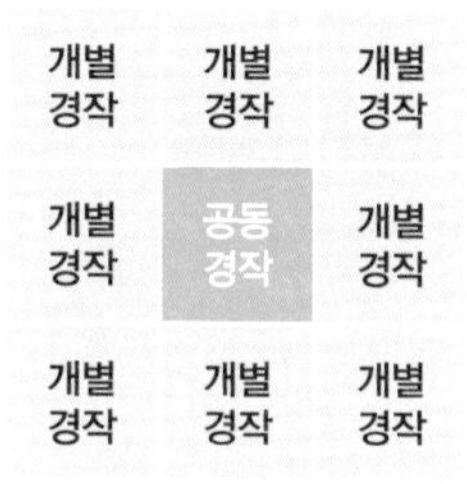

정전론 | 정약용

(3) 상공업 중심의 개혁론

- ① 특징 : 상공업 진흥과 기술 혁신 및 청의 선진 문물 수용 주장 – 중상학파(이용후생 학파)

② 유수원
- 저서 : 『우서』
- 사농공상(士農工商)의 직업적 평등 주장

③ 홍대용
- 저서 : 『임하경륜』, 『의산문답』
- 지전설 주장, 기술 혁신, 문벌 제도 폐지, 교육 기회의 균등 주장

④ 박지원
- 저서 : 『열하일기』, 『양반전』, 『호질』
- 화폐 유통 및 수레와 선박 이용의 필요성 주장
- 놀고먹는 양반 비판

⑤ 박제가
- 저서 : 『북학의』
- 소비를 통한 생산력 증대(소비를 우물에 비유), 청과의 통상 확대 주장

경상도 아이들은 새우젓을 모르고, 평안도 사람들은 감과 귤을 구분하지 못합니다. 이것은 오로지 멀리 운반할 힘이 없기 때문입니다. 수레와 선박을 이용하여야 합니다.

『열하일기』

비유하건대, 재물은 대체로 우물과 같다. 퍼내면 차고, 버려두면 말라 버린다. 그러므로 비단 옷을 입지 않아서 나라에 비단 짜는 사람이 없게 되면 여공이 쇠퇴하고, 쭈그러진 그릇을 싫어하지 않고 기교를 숭상하지 않아서 공장(工匠)이 도야(陶冶)하는 일이 없게 되면 기예가 망하게 된다. 그리하여 농사가 황폐해지고 상업이 척박하여 각각 그 업을 잃게 되면, 사농공상의 사민이 모두 곤궁하여 서로 구제할 수 없게 된다.

『북학의』

(4) 실학의 의의와 한계

① 의의 : 실사구시의 실증적 · 과학적 학풍, 민족적인 학문(중국 중심의 세계관 비판), 토지 개혁 및 상공업 진흥 등 현실 사회의 모순 극복 방안 제시 → 개화 사상으로 이어짐

② 한계 : 실학자들의 정치적 영향력이 미약하여 정책에 반영되지 못함

3. 과학기술의 발달

(1) 물품과 천문학

① 물품 : 곤여만국전도[1](세계 지도, 조선인의 세계관 확대), 서양 물품(천리경, 자명종, 안경 등) 전래

② 천문학 : 지전설 주장(김석문 · 홍대용, 성리학적 세계관을 비판하는 근거 제공)

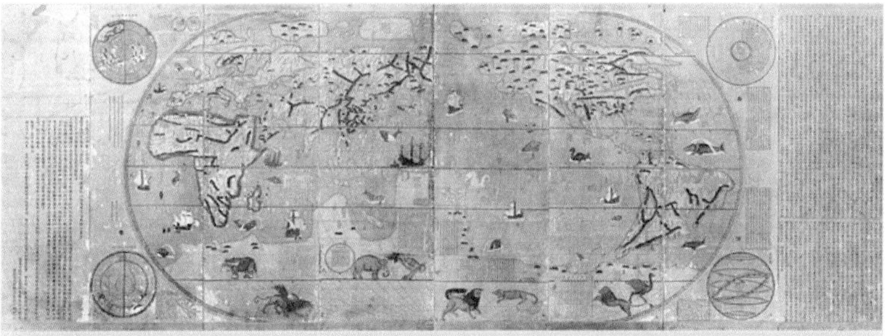

곤여만국전도

1 곤여만국전도 : 명나라에 온 선교사 마테오 리치가 베이징에서 제작한 지도를 조선에서 모사한 것이다.

천리경

자명종

(2) **의학**

① 『동의보감』 - 허준, 중국과 조선의 의서 집대성

② 『마과회통』 - 정약용, 마진(홍역)에 관한 의서

③ 『동의수세보원』 - 이제마, 사상의학에 관한 이론과 치료법

(3) **농서**

① 『농가집성』 - 벼농사 중심의 농법 소개

② 『산림경제』 - 농업과 일상생활에 관한 사항 기술

③ 『임원경제지』 - 서유구, 실학적 농촌 경제서

(4) **정약용의 기술 발달**

① 거중기 제작 : 『기기도설』 참고, 화성 축조에 이용

② 한강 배다리 설계

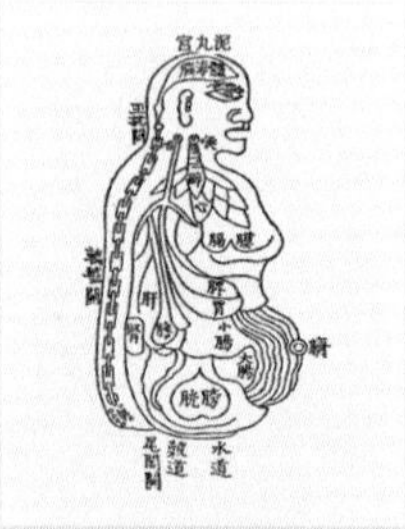
동의보감

거중기

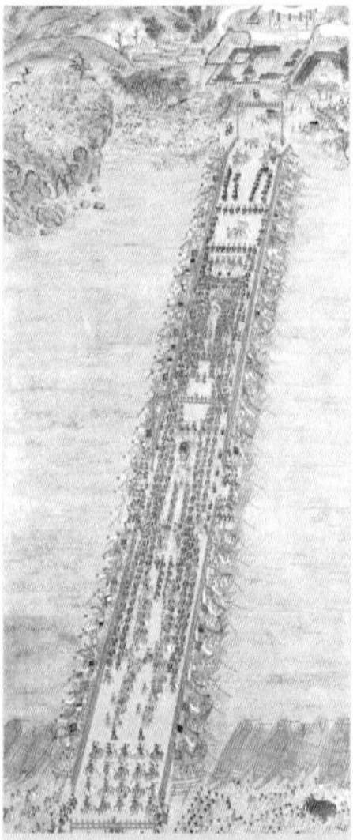
한강 배다리

2 새로운 사상의 등장

1. 예언 사상의 유행

(1) **배경** : 지배층의 수탈과 재난과 질병 발생 등 → 현실의 고난 극복, 새로운 세상 염원

(2) **내용** : 비기, 도참서(『정감록』[2]), 미륵신앙[3] 유행 → 새로운 세상이 올 것을 예언 → 사회 변혁 운동의 이념적 바탕

정감록

2. 서학(천주교)의 수용과 전파

(1) **수용**

① 17세기 : 중국에 간 사신에 의해 서학으로 수용

② 18세기 후반 : 진보적인 남인 계열 실학자들에 의해 신앙으로 수용

(2) **전파** : 천주교의 평등 사상, 내세 사상이 현실의 고통에 위안이 되어 민간에 확산

(3) **정부의 탄압**

① 천주교의 질서 부정(제사 거부)

② 서양 침략과 연결되었다는 인식 확산 : 황사영 백서 사건[4]

배론 성지 | 충북 제천

3. 동학

(1) **창시**(1860) : 최제우(경주 출신 몰락 양반)

(2) **교리**

① 인내천 : '사람이 곧 하늘이다', 인간 존중 사상, 평등 사상

② 보국안민 : '나라를 보호하고 백성을 편안히 한다', 외세 배척

③ 후천 개벽 사상 : 새로운 세상의 도래 예고 , 농민의 사회 변혁 운동에 영향

(3) **정부의 탄압** : 혹세무민의 사교로 규정하여 최제우 처형

(4) **교세 확대**

① 『동경대전』, 『용담유사』 간행(최시형)

② 교단 조직 정비하여 교세 확대

최제우

2 정감록 : 민중의 가혹한 삶을 구원하고 새로운 세상을 열어줄 '진인(眞人)'의 출현을 예고하는 내용을 담고있다.

3 미륵신앙 : 미륵불이 출현하여 이상적인 새 세상을 연다는 믿음이다.

4 사영 백서 사건 : 신유박해(1801, 정부에 의한 천주교 박해 사건)가 일어나자 천주교 신자인 황사영이 청의 베이징 주교에게 조선에 군대를 보내 도와 달라는 청원서를 보내려다 발각된 사건이다. 신유박해 당시 황사영은 박해를 피해 배론 성지에 숨어 있었다. 그러나 그의 편지가 발각되면서 정부의 탄압은 더욱 심해졌다.

Step 3 표를 통해 단원 복습하기

1. 실학의 발달

농업 중심의 개혁론	유형원	• 『반계수록』 • 균전론 주장 : 신분에 따라 차등적으로 토지 재분배
	이익	• 『성호사설』 • 한전론 주장 : 최소한의 토지를 영업전으로 정해 매매 금지, 소유 한도 이상의 토지는 매매 허용
	정약용	• 『목민심서』, 『경세유표』 • 여전론 주장: 토지의 공동 소유와 공동 경작 및 수확물의 공동 분배(공동 농장 제도) → 실현 가능한 정전론 주장(정전제 : 전 국토의 국유화) → 정(井)자 모양의 토지 편성 → 1/9은 공전, 나머지는 농민에게 분배
상공업 중심의 개혁론	유수원	• 『우서』 • 사농공상의 직업적 평등 주장
	홍대용	• 『임하경륜』, 『의산문답』 • 기술 혁신, 문벌 제도 폐지, 교육 기회의 균등 주장
	박지원	• 『열하일기』, 『양반전』, 『호질』 • 화폐 유통 및 수레와 선박 이용의 필요성 주장, 양반 비판
	박제가	• 『북학의』 • 소비를 통한 생산력 증대(소비를 우물에 비유), 청과의 통상 확대 주장

2. 과학기술의 발달

물품	곤여만국전도 전래(세계 지도, 조선인의 세계관 확대)
천문학	지전설 주장(김석문 · 홍대용, 성리학적 세계관을 비판하는 근거 제공)
의학	허준 『동의보감』, 정약용 『마과회통』, 이제마 『동의수세보원』
농서	『농가집성』(벼농사 중심의 농법 소개), 『산림경제』(농업과 일상생활에 관한 사항 기술), 『임원경제지』(서유구, 실학적 농촌 경제서)
정약용	거중기 제작(『기기도설』 참고, 화성 축조에 이용), 한강 배다리 설계

3. 새로운 사상의 등장

예언 사상의 유행	• 배경 : 지배층의 수탈과 재난과 질병 발생 등 → 현실의 고난 극복, 새로운 세상 염원 • 내용 : 비기, 도참서(『정감록』), 미륵신앙 유행	
서학(천주교)의 수용과 전파	수용	17세기 중국에 간 사신에 의해 서학으로 수용 → 18세기 후반 신앙으로 수용
	전파	천주교의 평등사상, 내세 사상이 현실의 고통에 위안이 되어 민간에 확산
	정부의 탄압	천주교의 유교적 질서 부정(제사 거부), 서양 침략과 연결되었다는 인식 확산(황사영 백서 사건)
동학	창도(1860)	최제우(경주 출신 몰락 양반)
	교리	• 인내천 : '사람이 곧 하늘이다', 인간 존중 사상, 평등사상 • 보국안민 : '나라를 보호하고 백성을 편안히 한다', 외세 배척 • 후천 개벽 사상 : 새로운 세상의 도래 예고, 농민의 사회 변혁 운동에 영향
	정부의 탄압	혹세무민의 사교로 규정하여 최제우 처형
	교세 확대	『동경대전』, 『용담유사』 간행, 교단 조직 정비하여 교세 확대

Step 4 암기송을 들으며 가사 완성하기

Track 16

1 사회 개혁론의 대두와 과학 기술의 발달

조선 후기 성리학이 현실 문제를 해결하지 못하자

일부 학자들은 성리학의 한계를 극복하려 노력했어.

정제두는 지행합일을 강조하는 ❶ ______ 을 수용하고 강화학파를 형성했지.

이수광은 현실 문제 해결에 도움되는 실용적인 ❷ ______ 을 제기.

먼저 농업 중심의 개혁론을 펼친 ❸ ______ .

유형원은 신분에 따라 토지를 차등 분배하자는 ❹ ______ 주장하고

반계수록 저술했어.

이익은 영업전을 지급하자는 ❺ ______ 을 주장하고 성호사설 저술.

정약용은 공동 농장제를 하자는 ❻ ______ 을 주장. 목민심서와 경세유표를 저술.

화성 건설 시 ❼ ______ 를 사용, 배다리도 만들었어. 마과회통이라는 의서도 편찬.

상공업 중심의 개혁론을 펼친 ❽ ______

❾ ______ 사농공상의 직업적 평등을 주장하고 우서를 저술했어.

❿ ______ 은 지전설을 주장, 신분제 철폐, 성리학 극복,

기술 혁신을 주장하고 의산문답 저술했어.

⑪ ______은 수레와 선박 이용, 화폐 유통의 필요성을 강조했고 열하일기를 저술.

⑫ ______는 소비 통해 생산력을 증가시키자 했고, 북학의를 저술.

조선 후기에 서양 문물이 수용돼. 시헌력이 도입되고 곤여만국전도가 소개됐어.

동의보감, 동의수세보원이란 의서도 편찬되면서 의학 기술도 발달했지.

2 새로운 사상의 유행

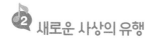

백성들의 고통이 심해지면서 ❶ ______과 미륵신앙이 유행했어.

17세기 청에 다녀온 사신들을 통해 ❷ ______가 서학으로 소개되었고,

최제우가 인내천과 보국안민을 강조하는 ❸ ______을 창시했지만

정부의 탄압이 심했어.

암/기/송/문/제/정/답

1. ① 양명학 ② 실학 ③ 중농학파 ④ 균전론 ⑤ 한전론 ⑥ 여전론 ⑦ 거중기 ⑧ 중상학파 ⑨ 유수원 ⑩ 홍대용 ⑪ 박지원 ⑫ 박제가
2. ① 정감록 ② 천주교 ③ 동학

Step 5 핵심 문제를 통해 단원 마무리 짓기

실 / 전 / 문 / 제

1. OX 퀴즈

1 서인 정권이 성리학 이념을 강화하며 유교 경전의 재해석 시도를 사문난적으로 규정하였다. ( )

2 성리학은 민생 안정과 부국강병을 추구하며 현실 문제에 적극적으로 관심을 가졌다. ( )

3 농업 중심의 개혁론자들을 중농 학파, 경세치용 학파라고도 불렀다. ( )

4 이익은 최소한의 토지를 영업전으로 정해 매매를 금지하고, 소유 한도 이상의 토지는 매매를 허용하는 한전론을 주장하였다. ( )

5 상공업 중심의 개혁론자들은 청의 선진 문물은 배척해야 한다고 주장하였다. ( )

6 박제가는 『열하일기』, 『양반전』, 『호질』 등에서 놀고먹는 양반을 비판하였다. ( )

7 유득공은 『발해고』에서 발해를 본격적으로 우리 역사에 포함시키고, '남북국'이라는 용어를 처음으로 사용하였다. ( )

8 세계 지도인 곤여만국전도가 전래되어 조선인의 세계관이 확대되는 데 기여하였다. ( )

9 천주교는 처음에 신앙으로 수용되었다가, 남인 계열 실학자들에 의해 서학으로 수용되었다. ( )

10 동학의 인내천 사상은 외세 배척 사상으로 정부의 환영을 받았다. ( )

2. 빈칸 채우기

1 성리학에 대한 비판으로 지행 합일의 실천성을 강조하는 ( )을 수용하였다.

2 조선 후기 사회 모순을 해결하기 위해 ( )이라는 사회 개혁론이 등장하였다.

3 ( )은 신분에 따른 차등적 토지 재분배 이론인 균전론을 주장하였다.

4 정약용은 토지의 공동 소유와 공동 경작 및 수확물의 공동 분배를 추구하는 일종의 공동 농장 제도인 ( )을 주장하였다.

5 ( )은 사농공상의 직업적 평등을, ( )은 문벌 제도 폐지와 교육 기회의 균등을 주장하였다.

6 ( )은 화폐 유통 및 수레와 선박 이용의 필요성을 주장하였다.

7 ( )는 『북학의』에서 소비를 우물에 비유하며 소비를 통한 생산력 증대를 주장하였다.

8 김정호의 ( )는 지도를 목판에 판각한 것으로, 산맥 · 하천 · 도로망 등을 정밀하게

표시한 조선 지도 기술을 집대성한 작품이다.

9 김석문과 홍대용은 ( )을 주장하여 성리학적 세계관을 비판하는 근거를 제공하였다.

10 ( )가 창시한 동학은 인내천, 보국안민, 후천 개벽 사상을 교리로 한다.

3. 초성퀴즈

1 18세기 초 정제두가 양명학을 본격적으로 연구하면서 형성된 학파는? ……… ㄱㅎㅎㅍ ( )

2 전 국토를 국유화하여 정(井)자 모양의 토지를 편성하여 1/9은 공전, 나머지는 농민에게 분배해야 한다는 정약용의 주장은? ……… ㅈㅈㄹ ( )

3 저서로 『우서』가 있으며, 사농공상(士農工商)의 직업적 평등을 주장한 실학자는? ……… ㅇㅅㅇ ( )

4 상공업 진흥 등 현실 사회의 모순 극복 방안을 제시한 실학은 어떤 사상으로 이어졌나? ……… ㄱㅎㅅㅅ ( )

5 허준이 지은 의서로, 중국과 조선의 의서를 집대성한 것은? ……… ㄷㅇㅂㄱ ( )

6 벼농사 중심의 농법을 소개한 책은? ……… ㄴㄱㅈㅅ ( )

7 정약용이 『기기도설』을 참고하여 만든 것으로, 화성 축조에 이용한 기구는? ……… ㄱㅈㄱ ( )

8 민중의 가혹한 삶을 구원하고 새로운 세상을 열어줄 '진인(眞人)'의 출현을 예고한 예언서는? ……… ㅈㄱㄹ ( )

9 천주교의 어떤 사상과 내세 사상이 현실의 고통에 위안이 되어 민간에 확산되었나? ……… ㅍㄷㅅㅅ ( )

10 '사람이 곧 하늘이다'라는 뜻으로, 인간 존중 사상과 평등사상을 엿볼 수 있는 동학의 교리는? ……… ㅇㄴㅊ ( )

실전 문제 정답

1 OX 퀴즈

1.O 2.X 3.O 4.O 5.X 6.X 7.O 8.O 9.X 10.X

2 빈칸 채우기

1.양명학 2.실학 3.유형원 4.여전론 5.유수원, 홍대용 6.박지원 7.박제가 8.중국 9.지전설 10.최제우

3 초성 퀴즈

1.강화학파 2.정전론 3.유수원 4.개화 사상 5.동의보감 6.농가집성 7.거중기 8.정감록 9.평등 사상 10.인내천

3-7 조선 후기 문화의 발달

Step 1 암기송을 통해 흐름 파악하기

Track 17

1 국학 연구의 확대

조선 후기 민족의 전통과 관심으로 **국학 연구**가 활발하게 진행돼.

안정복은 동사강목을 저술해. 우리 역사를 독자적으로 체계화.
중국 중심의 역사관에서 벗어났다.

이긍익은 **연려실기술**, 한치윤의 **해동역사**, 이종휘의 **동사** 등의 역사서도 편찬됐어.

유득공은 발해고를 통해 남북국이란 용어 사용했고
발해를 본격적으로 우리 역사에 포함시켰다.

김정희는 **금석과안록**으로 북한산비가 진흥왕 순수비임을 증명했어.

이중환은 각 지방의 자연 환경과 풍속, 인심 등을 기록한 **택리지**를 저술했어.

정상기는 최초로 100리 척 사용한 **동국지도** 그려.

김정호는 10리마다 눈금을 표시한 대동여지도가 있지.
지도를 목판에 판각한 것으로,
산맥 · 하천 · 도로망 등을 정밀하게 표시하였다.

신경준의 **훈민정음운해**로 국어 연구도 진행되었었지.

이수광은 백과 사전인 **지봉유설**을 저술했어.

2 문화의 발달

조선 후기 서민들의 경제력이 향상되고, 서당 교육이 확대되자 **서민 문화**가 발달했어.

서민이 작품의 주인공으로 등장하고, 인간의 감정을 솔직하게 표현하였다.

양주 별산대놀이, 송파 산대놀이, 봉산 탈춤 등

판소리와 **탈춤**이 유행, **사설 시조**와 **한글 소설** 만들어졌대.

춘향가, 심청가, 흥보가, 적벽가, 수궁가

허균이 지은 최초의 한글 소설인 『홍길동전』이 있다.

박지원은 양반전과 허생전 등 한문학으로 양반 사회 비판했대.

우리 고유의 자연을 그린 **진경산수화** 그려졌대.

정선의 **인왕제색도**와 **금강전도**가 있대.

도회지 양반들의 풍류나 남녀 간의 애정을 세심하게 표현하였다.

사람들의 생활 모습을 그린 **풍속화**는 **김홍도**와 **신윤복**이 대표적이고,

서민들의 일상생활을 익살스럽고 사실적으로 표현하였다.

민중의 소망을 담은 **민화**가 그려져.

건강과 장수 등 서민의 소망과 기원을 표현하였다.

서예는 김정희의 **추사체**가 유명했고, 법주사 팔상전 같은 건축물도 만들어졌어.

금산사 미륵전, 화엄사 각황전 등 규모가 큰 사원이 만들어졌다.

공예는 독특한 세련미를 갖춘 **청화백자**와

푸른색으로 그림을 그려 넣은 자기

서민들이 주로 사용하던 **옹기**가 만들어졌어.

Step 2 개념 잡고 한국사 달인 되기

1 국학 연구의 확대

1. 국학 연구의 확대

(1) **배경** : 실학의 발달로 우리 역사, 지리, 언어에 대한 학문적 연구 활발

(2) **국학 연구**

① 역사

- 『동사강목』 - 안정복, 중국 중심의 역사관 탈피, 고조선~고려까지의 역사 체계화
- 『동사』 - 이종휘, 고구려와 발해사 연구
- 『발해고』 - 유득공, 발해를 본격적으로 우리 역사에 포함시킴, '남북국'이라는 용어 처음 사용
- 『연려실기술』 - 이긍익, 실증적 · 객관적으로 조선의 역사 연구
- 『해동역사』 - 한치윤, 고조선~고려까지의 역사를 실증적으로 서술
- 『금석과안록』 - 김정희, 북한산비가 신라 진흥왕 순수비임을 밝힘
-

② 지리지와 지도

- 『택리지』 - 이중환, 인문 지리서, 전국 각지의 산천 · 인물 · 풍속 등을 서술
- 『동국지리지』 - 한백겸, 역사 지리서
- 「동국지도」 - 정상기, 최초로 축적 사용(100리 척)
- 「대동여지도」 - 김정호, 지도를 목판에 판각(22개의 첩으로 구성), 조선 지도 기술의 집대성, 산맥 · 하천 · 도로망 등을 정밀하게 표시, 10리마다 눈금 표시

대동여지도

③ 한글

- 『훈민정음운해』 - 신경준
- 『언문지』 - 유희

2 서민 문화의 발달

1. 서민 문화의 발달

(1) **배경** : 서민의 경제력 향상, 서당 교육의 확대 → 서민 문화 등장

(2) **특징**

① 서민이 작품의 주인공으로 등장

② 인간의 감정을 솔직하게 표현

③ 양반의 위선을 비판하거나 사회의 부정과 비리 풍자

(3) **의의**

① 다양한 문화의 발전 계기 마련

② 민중의 의식 수준 향상 및 현실 사회의 모순에 대한 비판 의식 확산에 기여

2. 다양한 문예 활동

(1) 문학

① 한글 소설

- 『홍길동전』 - 허균, 최초의 한글 소설, 서얼 차별 철폐와 탐관오리 응징 주장 등 현실 비판을 통해 이상 사회 실현 추구
- 『춘향전』 - 신분을 뛰어넘는 사랑으로 신분제 비판

홍길동전

■ 그네뛰기

한 번 굴러 힘을 주며 두 번을 굴러 힘을 주니 발 밑의 가는 티끌 바람따라 펄펄, 앞뒤 점점 멀어가니 머리 위의 나뭇잎은 몸을 따라 흔들흔들, 오고갈 제 살펴보니 녹음 속의 붉은 치맛자락이 바람결에 내비치니, 구만장천(九萬長天) 흰 구름 속에 번갯불이 비치는 듯 문득 보면 앞에 있더니 문득 다시 뒤에 있네.

「춘향전」

그네뛰기

② 사설 시조 : 남녀 간의 사랑 등 서민들의 감정을 솔직하게 표현

③ 한문 소설

- 현실 사회의 문제점 비판
- 박지원 : 『양반전』과 『허생전』 등을 통해 양반 사회의 허구성 비판

정선 고을에 한 양반이 살고 있었다. 그는 어질고 글 읽기를 매우 좋아하였다. 하지만 그는 몹시 가난하여 환곡을 타먹었는데, 여러 해가 지나 천 섬의 빚을 지게 되어 옥에 갇히게 되었다. 때마침 그 동네 부자가 이 소문을 듣고 가족끼리 회의를 열어 말하였다. "이제 저 양반이 환곡을 갚을 길이 없어서 곤란한 모양이니 그 양반 자리를 더 유지할 수 없을 것이다. 이 기회에 내가 양반 신분을 사는 것이 어떨까"

박지원, 「양반전」

④ 한시

- 중인 : 시사(일종의 문학 동호회)를 조직하여 문학 활동 전개
- 정약용 : 삼정의 문란 폭로

(2) 판소리와 탈춤

① 판소리

- 창과 아니리로 구성
- 춘향가, 심청가, 흥보가, 적벽가, 수궁가

② 탈춤

- 얼굴에 탈을 쓴 광대들이 양반의 위선 풍자
- 양주 별산대놀이, 송파 산대놀이, 봉산 탈춤 등

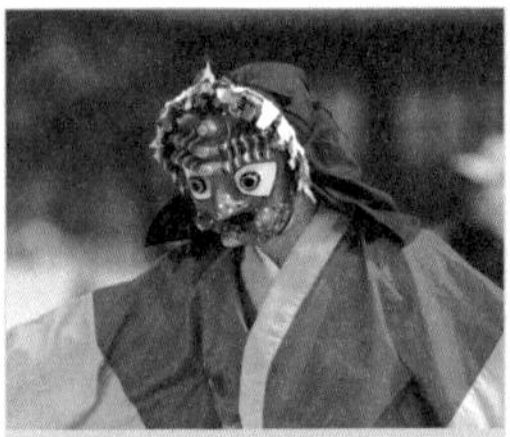

탈춤

■ 봉산 탈춤

【제6과장 양반춤】

말뚝이 : (가운데쯤 나와서) 쉬이, 양반 나오신다아! …… 개잘량이라는 '양'자에 개다리 소반이라는 '반'자를 쓰는 양반이 나오신단 말이오.

양반들 : 야아, 이놈, 뭐야아!

말뚝이 : 아, 이 양반들, 어찌 듣는지 모르갔소. 노론, 소론, 호조, 병조, 옥당을 다 지내고 삼정승, 육판서 다 지내고 퇴로 재상으로 계신 이 생원네 삼 형제분이 나오신다고 그리하였소.

양반들 : (합창) 이 생원이라네~.

(3) 회화와 서예

① 진경산수화

- 우리나라의 산천을 사실적으로 묘사한 산수화
- 정선 : 「금강전도」, 「인왕제색도」

② 풍속화

- 김홍도 : 서민들의 일상생활을 간결한 필치로 익살스럽고 사실적으로 표현
- 신윤복 : 양반들의 풍류나 남녀 간의 애정을 섬세하게 표현

인왕제색도 | 정선

금강전도 | 정선

단오풍정 | 신윤복

씨름 | 김홍도

서당 | 김홍도

③ 민화 : 이름 없는 화가들의 작품, 건강과 장수 등 서민의 소망과 기원 표현

④ 서예 : 김정희(추사체)

작호도

문자도

(4) 자기

① 분청사기
- 고려 말부터 유행, 조선 초까지 제작
- 소박한 무늬, 자유로운 양식

② 백자
- 16세기 이후
- 선비 취향과 어울려 유행

③ 청화백자
- 조선 후기 유행
- 푸른색으로 그림을 그려 넣음
- 청아한 한국적 정취

④ 옹기
- 서민들이 주로 사용

매조죽무늬 항아리 | 청화백자

백자 달항아리

(5) 다양한 건축물

① 17세기 : 규모가 큰 사원(양반 지주와 부유한 상인의 지원), 김제 금산사 미륵전, 구례 화엄사 각황전, 보은 법주사 팔상전 등

② 18세기 : 수원 화성 건립

김제 금산사 미륵전

구례 화엄사 각황전

보은 법주사 팔상전

Step 3 표를 통해 단원 복습하기

1. 국학 연구의 확대

역사	• 『동사강목』 – 안정복 • 『동사』 – 이종휘 • 『발해고』 – 유득공 • 『연려실기술』 – 이긍익 • 『해동역사』 – 한치윤 • 김정희 : 북한산비가 신라 진흥왕 순수비임을 밝힘
지리지와 지도	• 『택리지』 – 이중환, 전국 각지의 산천 · 인물 · 풍속 등을 서술 • 『동국지리지』 – 한백겸, 역사 지리서 • 『동국지도』 – 정상기, 최초로 축적 사용(100리 척) • 『대동여지도』 – 김정호, 조선 지도 기술의 집대성, 산맥 · 하천 · 도로망 등을 정밀하게 표시, 10리마다 눈금 표시
한글	• 『훈민정음운해』 – 신경준 • 『언문지』 – 유희

2. 문학

한글 소설	• 『홍길동전』 – 허균, 최초의 한글 소설 • 『춘향전』 – 신분을 뛰어넘는 사랑으로 신분제 비판
사설 시조	남녀 간의 사랑 등 서민들의 감정을 솔직하게 표현
한문 소설	• 현실 사회의 문제점 비판 • 박지원 : 『양반전』과 『허생전』 등을 통해 양반 사회의 허구성 비판
한시	• 중인 : 시사(일종의 문학 동호회)를 조직하여 문학 활동 전개 • 정약용 : 삼정의 문란 폭로

3. 판소리와 탈춤

판소리	• 창과 아니리로 구성 • 춘향가, 심청가, 흥보가, 적벽가, 수궁가
탈춤	• 얼굴에 탈을 쓴 광대들이 양반의 위선 풍자 • 양주 별산대놀이, 송파 산대놀이, 봉산 탈춤 등

4. 회화와 서예

진경산수화	• 우리나라의 산천을 사실적으로 묘사한 산수화 • 정선 : 「금강전도」, 「인왕제색도」
풍속화	• 김홍도 : 서민들의 일상생활을 간결한 필치로 익살스럽고 사실적으로 표현 • 도회지 양반들의 풍류나 남녀 간의 애정을 섬세하게 표현
민화	이름 없는 화가들의 작품, 건강과 장수 등 서민의 소망과 기원 표현
서예	김정희 : 추사체

5. 자기

분청사기	고려 말부터 유행, 조선 초까지 제작
백자	• 16세기 이후 • 선비 취향과 어울려 유행
청화백자	푸른색으로 그림을 그려 넣음
옹기	서민들에 주로 사용

6. 다양한 건축물

17세기	• 규모가 큰 사원 : 양반 지주와 부유한 상인의 지원 • 김제 금산사 미륵전, 구례 화엄사 각황전, 보은 법주사 팔상전 등
18세기	수원 화성 건립

Step 4 암기송을 들으며 가사 완성하기

Track 17

1 국학 연구의 확대

조선 후기 민족의 전통과 관심으로 국학 연구가 활발하게 진행돼.

안정복은 ❶ ________ 을 저술해. 우리 역사를 독자적으로 체계화.

이긍익은 연려실기술, 한치윤의 ❷ ________ ,

이종휘의 동사 등의 역사서도 편찬됐어.

유득공은 ❸ ______ 를 통해 남북국이란 용어 사용했고

❹ ______ 는 금석과안록으로 북한산비가 진흥왕 순수비임을 증명했어.

이중환은 각 지방의 자연 환경과 풍속, 인심 등을 기록한 ❺ ______ 를 저술했어.

정상기는 최초로 100리 척 사용한 ❻ ________ 그려.

김정호는 10리마다 눈금을 표시한 ❼ __________ 가 있지.

신경준의 훈민정음운해로 국어 연구도 진행되었었지.

이수광은 백과 사전인 ❽ ________ 을 저술했어.

2 문화의 발달

조선 후기 서민들의 경제력이 향상되고, 서당 교육이 확대되자 서민 문화가 발달했어.

판소리와 탈춤이 유행, 사설 시조와 한글 소설 만들어졌대.

박지원은 양반전과 허생전 등 한문학으로 ❶______ 사회 비판했대.

우리 고유의 자연을 그린 ❷______ 그려졌대.

정선의 인왕제색도와 ❸______가 있대.

사람들의 생활 모습을 그린 풍속화는 김홍도와 ❹______이 대표적이고,

민중의 소망을 담은 ❺______가 그려져.

서예는 김정희의 ❻______가 유명했고, 법주사 팔상전 같은 건축물도 만들어졌어.

공예는 독특한 세련미를 갖춘 ❼______와

서민들이 주로 사용하던 옹기가 만들어졌어.

암/기/송/문/제/정/답

1. ① 동사강목 ② 해동역사 ③ 발해고 ④ 김정희 ⑤ 택리지 ⑥ 동국지도 ⑦ 대동여지도 ⑧ 지봉유설
2. ① 양반 ② 진경산수화 ③ 금강전도 ④ 신윤복 ⑤ 민화 ⑥ 추사체 ⑦ 청화백자

Step 5 핵심 문제를 통해 단원 마무리 짓기

실 / 전 / 문 / 제

1. OX 퀴즈

1 유득공은 『발해고』에서 발해를 본격적으로 우리 역사에 포함시키고, '남북국'이라는 용어를 처음으로 사용하였다. ( )

2 『홍길동전』은 최초의 한문 소설로, 서얼 차별 철폐와 탐관오리 응징 등을 주장하였다. ( )

3 사설시조는 남녀 간의 사랑 등 서민들의 감정을 솔직하게 표현하였다. ( )

4 얼굴에 탈을 쓴 광대들이 양반의 위선을 풍자한 판소리가 서민들 사이에서 유행하였다. ( )

5 조선 후기 우리나라의 산천을 사실적으로 묘사한 진경산수화가 유행하였다. ( )

6 이름 없는 화가들의 작품인 풍속화가 유행하였는데, 건강과 장수 등 서민의 소망과 기원을 표현하였다. ( )

7 고려 말부터 분청사기가 유행하기 시작하여 조선 초까지 제작되었다. ( )

8 조선 후기 푸른색으로 그림을 그려 넣어 청아한 한국적 정취를 느낄 수 있는 청화백자가 등장하였다. ( )

9 17세기 양반 지주와 부유한 상인의 지원이 끊기면서 규모가 작은 사원이 지어졌다. ( )

10 18세기에는 수원 화성이 건립되었다. ( )

2. 빈칸 채우기

1 김정호의 ( )는 지도를 목판에 판각한 것으로, 산맥 · 하천 · 도로망 등을 정밀하게 표시한 조선 지도 기술을 집대성한 작품이다.

2 ( )은 신분을 뛰어넘는 사랑으로 신분제를 비판한 한글 소설이다.

3 ( )은 『양반전』과 『허생전』 등을 통해 양반 사회의 허구성을 비판하였다.

4 양주 별산대놀이, 송파 산대놀이 등은 대표적인 ( )이다.

5 ( )의 금강전도, 인왕제색도는 대표적인 진경산수화 작품이다.

6 ( )는 서민들의 일상을 익살스럽고 사실적으로 묘사하였고, ( )은 도회지 양반들의 풍류나 남녀 간의 애정을 섬세하게 표현하였다.

7 (　　　　)는 이름 없는 화가들의 작품으로, 건강과 장수 등 서민의 소망과 기원을 표현하였다.

8 서예에서는 김정희의 (　　　　)가 유명하였다.

9 16세기 이후 선비의 취향과 어울려 (　　　　)가 유행하였다.

10 17세기에는 양반 지주와 부유한 상인의 지원으로 금산사 미륵전, 구례 (　　　　　　), 보은 법주사 팔상전 등 규모가 큰 사원이 지어졌다.

3. 초성 퀴즈

1 중국 중심의 역사관에서 탈피하여 고조선~고려까지의 역사를 체계화한 안정복의 역사서는?
······ ㄷㅅㄱㅁ (　　　　)

2 최초로 축척(100리 척)을 사용한 정상기의 지도는? ······ ㄷㄱㅈㄷ (　　　　)

3 한시를 통해 삼정의 문란을 폭로한 사람은? ······ ㅈㅇㅇ (　　　　)

4 판소리는 창과 무엇으로 구성되었는가? ······ ㅇㄴㄹ (　　　　)

5 진경산수화 중 정선의 대표적인 작품으로는 「금강전도」와 무엇이 있나?
······ ㅇㅇㅈㅅㄷ (　　　　)

6 김홍도는 누구의 일상생활을 간결한 필치로 익살스럽고 사실적으로 표현하였나? ······ ㅅㅁ (　　　　)

7 작호도, 문자도 등은 어떤 종류의 그림인가? ······ ㅁㅎ (　　　　)

8 고려 말부터 유행한 자기로 소박한 무늬와 자유로운 양식이 특징적인 것은?
······ ㅂㅊㅅㄱ (　　　　)

9 푸른색으로 그림을 그려 넣은 자기로 청아한 한국적 정취가 특징인 것은?
······ ㅊㅎㅂㅈ (　　　　)

10 17세기의 건축물 중 보은에 지어진 사원은? ······ ㅂㅈㅅ ㅍㅅㅈ (　　　　)

실전 문제 정답

1 OX 퀴즈
1. O　2. X　3. O　4. X　5. O　6. O　7. O　8. O　9. X　10. O

2 빈칸 채우기
1. 대동여지도　2. 춘향전　3. 박지원　4. 탈춤　5. 정선　6. 김홍도, 신윤복　7. 민화　8. 추사체
9. 백자　10. 화엄사 각황전

3 초성 퀴즈
1. 동사강목　2. 동국지도　3. 정약용　4. 아니리　5. 인왕제색도　6. 서민　7. 민화　8. 분청사기
9. 청화백자　10. 법주사 팔상전